HANDIS

introduction

저는 중학생 때 재봉틀을 처음 만나게 되었습니다.
그때, 서툴게 도시락 주머니를 만들어 보곤 부모님께 자랑하던 때가 생각이 나네요.
그 이후, 결혼을 하고 직장과 육아를 병행하며 바쁘게 살면서도 틈틈이 아이들 옷을 만들었고,
소잉은 잊히지 않는 저의 오랜 취미가 되었습니다.

어느 날 운명처럼 만난 '심플소잉'이라는 이름의 간판은 저의 오랜 직장 생활도 접게 할 만큼
소잉에 대한 저의 열망을 일깨워 주었으며, 두 해전, 좋은 기회로 여러 작가님들과
'소잉하루에 Vol.27 사계절 핸드메이드 여성복' 서적을 공동 출간도 하게 되었습니다.
늘 꿈꾸던 보람된 작업이었습니다.

이후 제게 또다시 출간의 기회가 찾아왔고, 난독 출간이라 걱정이 되기도 했지만
지난 공동 작업의 경험이 바탕이 되어 저에게 도전할 수 있는 큰 용기를 주었습니다.

지금까지 제가 접해온 의상 서적들은 주로 리넨 소재의 비슷한 디자인들만 만들어왔기에
이번 단독 출간서적만큼은 새로운 변화를 주면 어떨까 고민하고 생각했습니다.
기존의 단조롭고 획일적인 디자인에서 탈피해 자유롭고 특색 있는 스타일을 표현해 줄
언밸런스한 랩 디자인과 화려한 컬러, 다양한 패턴이 조화를 이뤄
하나만 걸쳐도 멋스러운 분위기를 연출할 수 있는 랩 스타일만의 유니크함을 담았습니다.

저만의 새로운 시도를 담아낸 이 서적을 통해 보시는 모든 분들이
디자인을 바라보는 폭을 넓히고 안목을 높이는 데 기여할 수 있길 기대합니다.
이제 여러분들도 저와 함께 새로운 변화에 도전해 보시겠어요?

마지막으로 디자인 선정부터 작품이 완성되기까지 함께해 준 소잉스토리 담당자분들
그리고 모델, 사진작가님 모두 감사의 말씀 전합니다. 그리고 부족한 저와 함께 열정으로 소잉을
함께 해온 제자분들, 수강생 여러분들이 있었기에 이 서적을 완성할 수 있었다 생각합니다.

평생 일하느라 아내로도 엄마로도 제대로 잘해준 것 없는 저를 끝까지
응원해 주고 힘이 되어준 남편과 두 딸들에게 이 책을 바칩니다.
지난달 천사처럼 나에게 와준 손녀 다나가 언젠가 이 책을 보게 될 날을 꿈꾸며..

- 전 연 희 -

SEWING HARUE VOL.33

The series begins on a new sewing day.
right now let me introduce the beautiful color rap style handmade recipe.

contents

CLOTHING D.I.Y

작가 소개 introduction 02

목차 contents 04

화보 photo 06

기초 부자재 basic materials 34

미싱 소개 machine introduction 36

소잉을 시작하기 전에 before sewing 40

원 포인트 레슨 one point lesson 44

일러스트 제작설명서 how to make 49

a	베이직 원피스	06	50
b	베이직 블라우스	08	56
c	베이직 스커트	09	58
d	테일러드 블라우스	10	62
e	지퍼 와이드 팬츠	11	67
f	반팔 셔츠 원피스	13	71
g	셔링 스커트	14	77
h	반팔 테일러드 원피스	15	80
i	페플럼 칼라 원피스	17	82
j	드레이프 스커트	18	87
k	민소매 테일러드 원피스	19	91
l	날개 스커트	20	94
m	포켓 스커트	22	96
n	긴팔 셔츠 원피스	23	100
o	숄 칼라 재킷	24	105
p	프릴 원피스	26	109
q	소매 턱 블라우스	27	116
r	버튼 와이드 팬츠	28	118
s	숄 칼라 블라우스	30	121
t	날개 팬츠	31	124

a

basic dress

how to make p.50

b

basic blouse

how to make p.56

how to make p.58

c

basic skirt

d

tailored blouse

how to make p.62

e

zipper wide pants

how to make p.67

f

short sleeve shirt dress

how to make p.71

g

shirring skirt

how to make p.77

h

short sleeve tailored dress

how to make p.80

how to make p.82

i

peplum collar dress

j
draped skirt

how to make p.91

k

sleeveless tailored dress

l

wing skirt

how to make p.94

m

pocket skirt

how to make p.96

how to make p.100

n

long sleeve shirt dress

O

shawl collar jacket

how to make p.105

p

frill dress

how to make p.109

how to make p.116

q

sleeve tuck blouse

r

button wide pants

how to make p.118

S

shawl collar blouse

how to make p.121

t

wing pants

how to make p.124

SEWING NOTE

소 잉 노 트

STEP 1

기초 부자재 p.34
basic materials

STEP 2

미싱 소개 p.36
machine introduction

STEP 3

소잉을 시작하기 전에 p.40
before sewing

STEP 4

원 포인트 레슨 p.44
one point lesson

1-1 제도용품

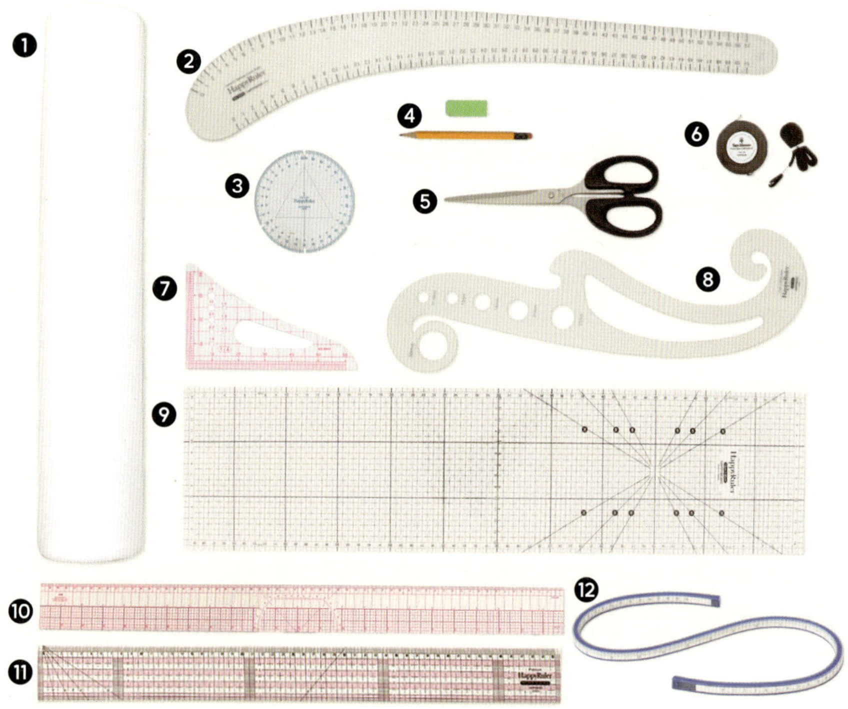

❶ **패턴지** 폴리에스테르 부직포 성분으로 연필, 초크 등으로 잘 그려집니다. 패턴을 복사하기 쉬운 부직포 패턴지를 사용하면 좋습니다.

❷ **곡자** 한쪽 끝이 곡을 이루고 있는 자로 스커트 옆선, 소매 옆선, 절개선, 다트 곡선 등을 그리는 데 주로 사용합니다.

❸ **원형자** 패턴상의 다양한 곡선 길이 측정이 가능하며 15, 20cm 단위의 홀(구멍)로 곡선상의 너치(맞춤점)를 표시할 때도 용이합니다.

❹ **연필&지우개** 패턴지에 패턴을 그릴 때 사용합니다.

❺ **종이가위** 패턴(종이나 부직포)을 자를 때 사용하는 가위로, 재단가위로 종이를 오리면 가위의 날이 상할 수 있으므로 가위는 반드시 패턴 재단용과 원단 재단용을 구분하여 사용합니다.

❻ **줄자** 신체 치수를 측정하거나 곡선의 치수를 잴 때 사용합니다.

❼ **축도자** 실 사이즈의 패턴을 1/4 또는 1/5로 축도하여 자료를 남기고자 할 때 사용합니다.

❽ **S자** S 모양의 자로 소매산, 진동 둘레 등 거의 모든 기본 곡선을 그릴 수 있으며, 사이즈별 원 모양이 있어 단추 표시를 하기 좋습니다.

❾ **직각&컷팅자** 정확한 직각이 제도작업을 원활하게 합니다. 넓은 폭이 작업물을 뒤틀리지 않게 잡아줘 원단 컷팅 작업에도 사용됩니다.

❿ **양면그레이딩자** 일반 시접자나 퀼팅자에 비해서 두께가 얇기 때문에 편리한 작업이 가능하며, 패턴상의 암홀라인이나 네크라인 등 곡선부분의 길이를 잴 때도 세워서 유용하게 사용할 수 있습니다.

⓫ **시접자** 눈금이 잘 지워지지 않는 굵힘 방지 가공이 되어있어 눈금이 깨끗하게 유지되며, 자의 위아래 면이 비스듬히 사선으로 깎여 있기 때문에 선을 그을 때 용이하여 정확한 작업이 가능합니다.

⓬ **프리 커브 룰러** 자유자재로 잘 구부러지고 잘 고정되어 각종 라인의 사이즈 측정과 제도를 신속하고 편리하게 작업할 수 있습니다.

1-2 재단용품

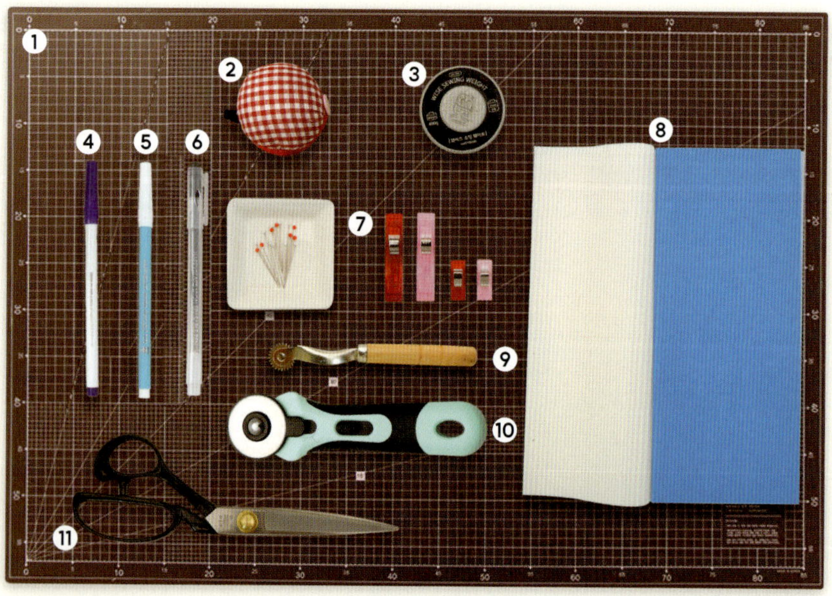

❶ **컷팅매트** 재단칼로 원단을 재단할 때 함께 사용하면 재단칼의 날이 손상되지 않고, 원단이 깔끔하게 재단됩니다.

❷ **핀쿠션** 자주 사용하는 시침핀, 바늘 등을 적당량 꽂아두고 필요할 때 바로 사용합니다.

❸ **문진** 원단과 패턴이 서로 뒤틀리지 않도록 묵직하게 고정해주는 누름 쇠입니다.

❹ **기화성 펜초크** 선을 긋고 일정 시간이 지나면 자연스럽게 선이 사라지는 고급 기화성 펜입니다.

❺ **수성 펜초크** 선이 깔끔하게 그어지며, 물로 간편하게 지워집니다.

❻ **아이론 열펜** 펜촉 두께는 0.5cm 정도로 가늘어 섬세한 작업에 사용하기 좋습니다. 다리미로 열을 가하면 지워집니다.

❼ **시침핀&집게** 시침핀은 옷감을 고정하거나 입체 재단 시 사용합니다. 구슬핀, 실크핀 등 용도에 따라서 사용하세요. 핀 작업이 어려운 니트 원단에는 집게를 사용하세요.

❽ **초크페이퍼** 패턴을 원단에 마름질할 때 초크 대신 사용할 수 있는 도구로, 페이퍼를 원단 아래 놓고 위에서 룰렛을 굴려주면 원단에 완성선이 표시됩니다.

❾ **룰렛** 톱니를 굴려 원단에 마킹하는 도구로 초크페이퍼와 함께 사용합니다. 톱니형과 원반형으로 두 가지 타입이 있습니다. 원반형은 헤라로도 사용 가능합니다.

❿ **재단칼** 재단가위 대신 원단을 재단할 때 사용하며, 여러 겹의 원단을 한 번에 컷팅할 수 있어 편리합니다. 컷팅매트와 함께 사용하세요.

⓫ **재단가위** 원단 재단에 사용하는 전용가위로 자신의 손에 맞는 크기의 가위를 사용하는 것이 좋습니다. 왼손용, 오른손용으로 두 가지 타입이 있습니다.

1-3 봉제용품

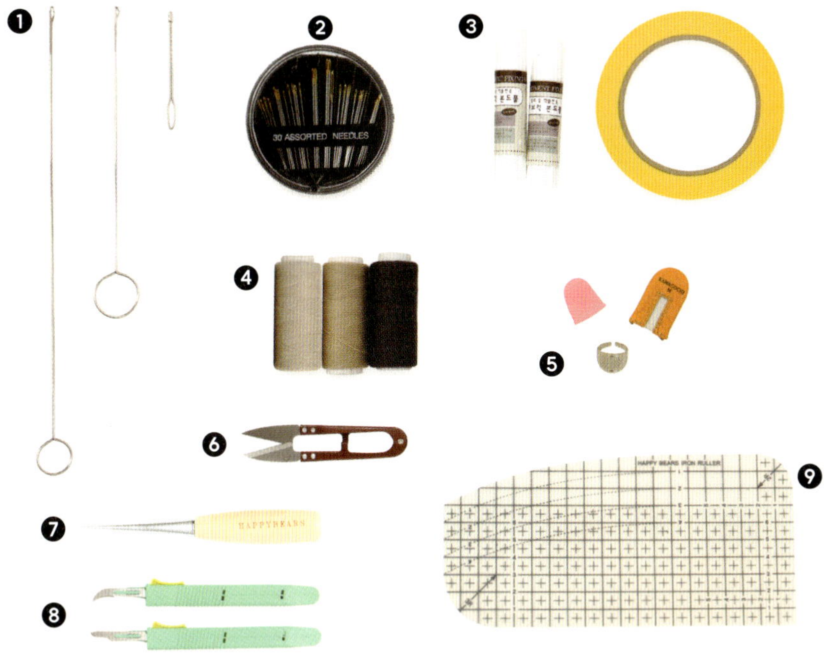

❶ **뒤집개&끼우개** 원단으로 리본 등을 만들 때 좁은 폭의 원단을 쉽게 뒤집을 수 있고, 작품에 고무줄이나 끈을 끼워 넣을 때 편리하게 작업할 수 있습니다.

❷ **손바늘** 작품의 마무리 또는 장식 작업 시 자주 사용되므로 사이즈별로 준비해두세요.

❸ **직물전용 본드풀&매직테이프** 시침핀을 꽂기 힘든 곳, 지퍼 및 시접 등 임시고정이 필요한 부분에 사용하면 원단의 밀림 없이 편하게 봉제할 수 있습니다. 수용성 재질로 세탁 후 완전히 제거됩니다.

❹ **손바느질용 봉제실** 기본적으로 가장 많이 사용되는 색상은 휴대가 편리한 소형 사이즈로 준비해두고 간편하게 사용하세요.

❺ **골무** 손바느질을 할 때 손가락 끝을 보호해 주어 작업의 능률을 높입니다. 가죽, 금속, 고무 등 다양한 재질이 있으니 용도에 맞게 골라 사용하세요.

❻ **쪽가위** 작업 중 가장 많이 사용되는 가위로, 깔끔한 마무리 작업을 위해 꼭 필요합니다.

❼ **송곳** 원단에 구멍을 뚫거나 맞춤점을 표시할 때, 주머니, 가방, 옷깃의 모서리 모양을 잡을 때 등 다양한 작업에 사용합니다.

❽ **실뜯개** 봉제가 잘못되어 바늘땀을 뜯어야 할 때나, 단춧구멍을 자를 때 유용하게 사용됩니다. 일반형과 갈고리형이 있습니다.

❾ **아이론시접자** 정확한 치수 체크와 함께 다림질로 손쉽게 시접 부분을 만들 수 있도록 도와주는 열에 강한 시접자입니다.

1-4 미싱용품

❶ **멀티매트** 재봉틀 매트로 사용하기 좋은 멀티매트입니다. 충격 흡수에 탁월하며, 미싱의 소음과 진동을 완화시켜줍니다.

❷ **미싱바늘** 공업용과 가정용을 잘 구분하여 사용해야 합니다. 원단의 소재와 두께에 따라 9/11/14/16/18호의 바늘을 맞춰 사용하세요. 니트원단에는 니트용 바늘을 사용하세요.

❸ **드라이버** 노루발과 미싱바늘을 교체할 때 사용합니다.

❹ **미싱기름** 미싱의 소음이나 마찰을 완화시켜줍니다.

❺ **핀셋** 일반 미싱이나 오버록 미싱에 실을 끼울 때나, 미싱의 세밀한 곳을 작업할 때 사용합니다.

❻ **크리닝브러시** 봉제 후 미싱에 쌓인 먼지를 청소할 때 사용하는 미싱 청소용 브러시입니다.

❼ **미싱용 봉제실** 원단의 소재와 두께 및 작업 용도에 맞게 골라 사용합니다.

❽ **북집(보빈케이스)** 공업용과 가정용을 잘 구분하여 사용해야 합니다. 북집이 필요 없는 미싱 기종도 있으니 확인 후 사용하세요.

❾ **북알(보빈)&북알케이스** 북알은 공업용과 가정용을 잘 구분하여 사용해야 하며, 밑실은 윗실에 맞춰 바로 사용할 수 있도록 미리 다양하게 감아서 준비해두면 좋습니다. 북알케이스에 보관하면 편리합니다.

2-1 가정용 미싱

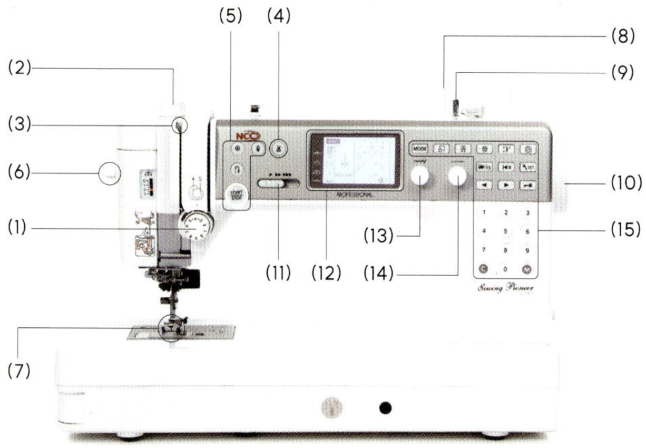

[NCC 소잉파이오니아 CC-1877]

본 서적 작품을 제작할 때 사용한 미싱인 NCC 소잉파이오니아를 기준으로 소개합니다. 기종에 따라 각 미싱의 사용 방법이 다르니 설명서를 참고하세요.

(1) 윗실 장력 조절 다이얼
(2) 노루발 압력 조절 다이얼
(3) 실채기 안전 장치
(4) 자동 사절 버튼
(5) 미싱 조작 버튼
(6) 자동 실끼우기 장치 레버
(7) 원터치형 노루발
(8) 실패꽂이
(9) 밑실감기 장치
(10) 풀리 다이얼
(11) 속도 조절 슬라이더
(12) LCD 모니터
(13) 땀 폭 조절 다이얼
(14) 땀 길이 조절 다이얼
(15) 기능 조작 버튼

자세한 미싱 설명과 구입처는 QR코드로 확인하실 수 있습니다.

| 미싱의 주요 기능 |

①LCD 모니터, 기능 버튼 및 조그 다이얼

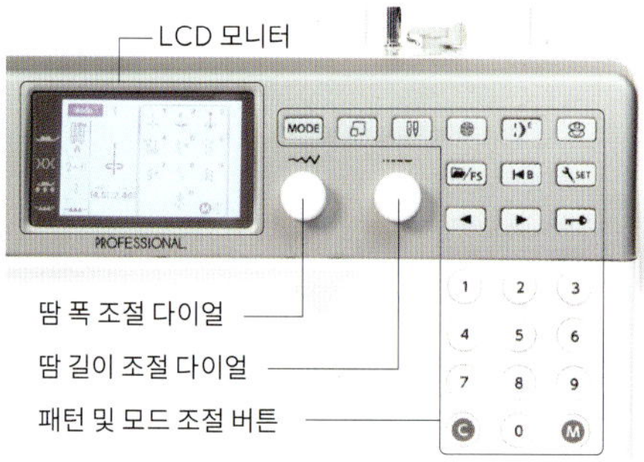

LCD 모니터, 패턴 및 모드를 조절하는 버튼, 땀의 간격을 조절하는 다이얼입니다. 재봉틀의 기종마다 패턴이나 바느질의 설정 방법이 다르기 때문에, 각 미싱의 사용 설명서를 확인해 주세요.

②속도 조절 슬라이더

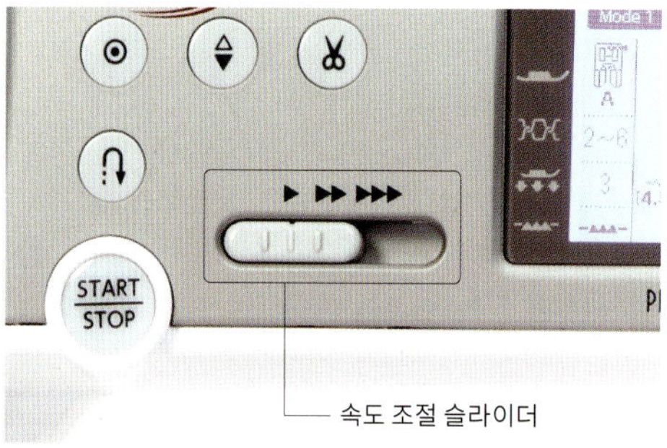

슬라이더를 좌/우로 움직여 속도를 조절합니다. 오른쪽으로 밀면 빨라지고, 왼쪽으로 밀면 느려집니다.

③패턴 완성 버튼

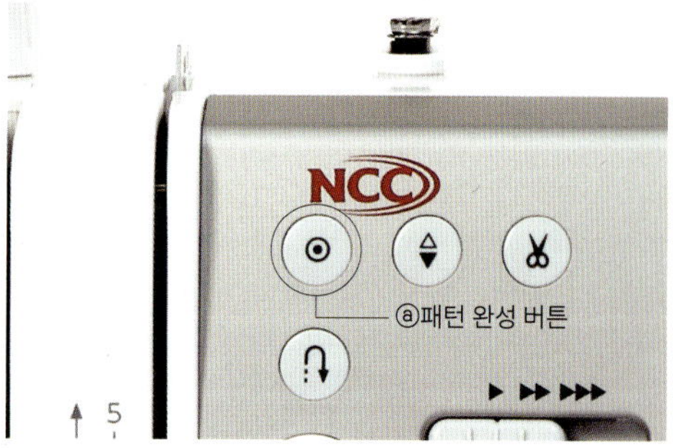

모드의 패턴 작업을 진행할 때, 버튼을 누르면 패턴 완성 기능이 작동하여 하나의 패턴을 마무리 완성 후 자동으로 정지합니다.

④미싱 조작 버튼

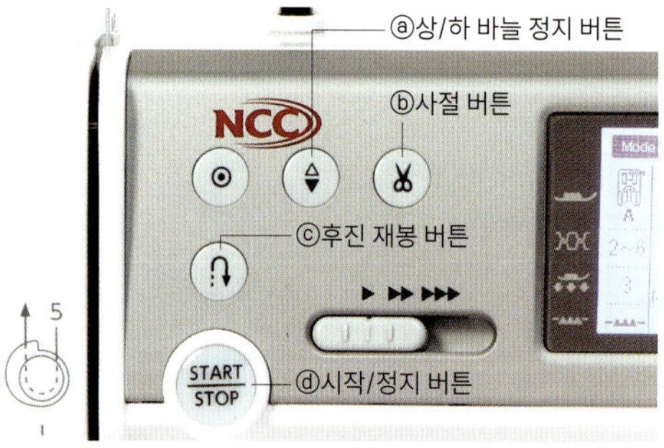

ⓐ 바늘을 위/아래로 움직일 때 사용합니다.
ⓑ 자동으로 실을 자를 때 사용합니다.
ⓒ 바느질 방향을 바꿔 되돌아 박기 할 때 사용합니다.
ⓓ 봉제를 시작하거나 멈출 때 발판 대신 사용합니다.

⑤노루발 압력 조절 다이얼

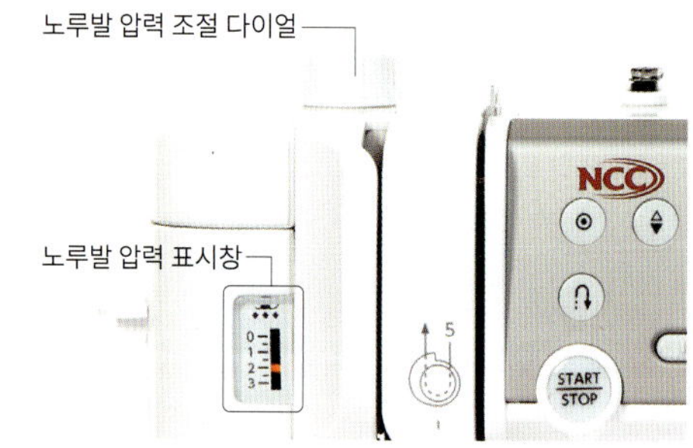

노루발의 압력을 조절하는 다이얼입니다. 노루발 압력 표시창의 숫자가 높을수록 압력이 세지고, 낮을수록 압력이 약해집니다.

⑥윗실 장력 조절 다이얼

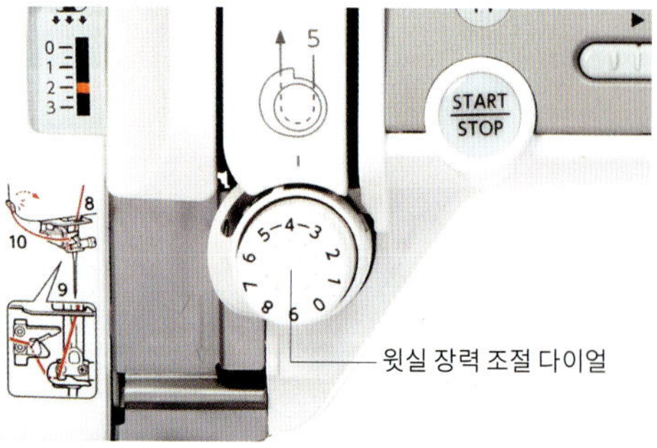

윗실의 장력을 조절하는 다이얼입니다. 윗실의 장력이 셀 때는 낮추고, 윗실의 장력이 약할 때는 높입니다.

2-1 가정용 미싱

⑦실채기 안전 장치

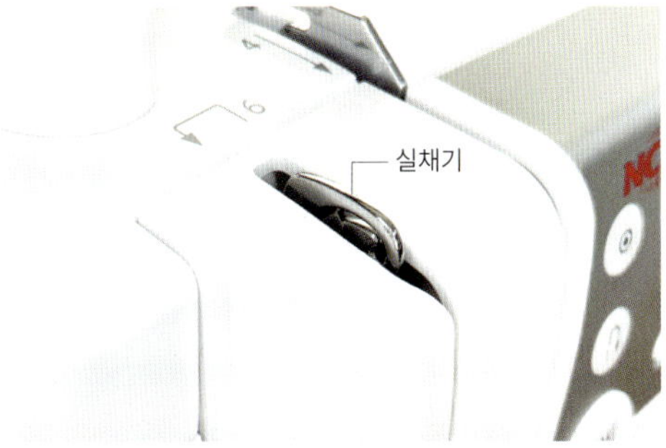

실채기 안전장치는 윗실을 한 번 더 잡아 주어 실이 빠지지 않고 팽팽하게 유지되도록 고정시켜줍니다.

⑧One step 자동 단춧구멍 봉제

소잉파이오니아의 자동 단춧구멍 노루발(R)을 활용하면 내가 원하는 크기의 단춧구멍을 한 번에 봉제할 수 있습니다.

⑨가마 소음 방진 패드

많은 소어들이 불편함을 겪는 미싱의 소음을 줄여주는 소음 방진 패드입니다. 조용한 미싱으로 차분하게 봉제해 보세요.

| 침판 주변 부분의 명칭 |

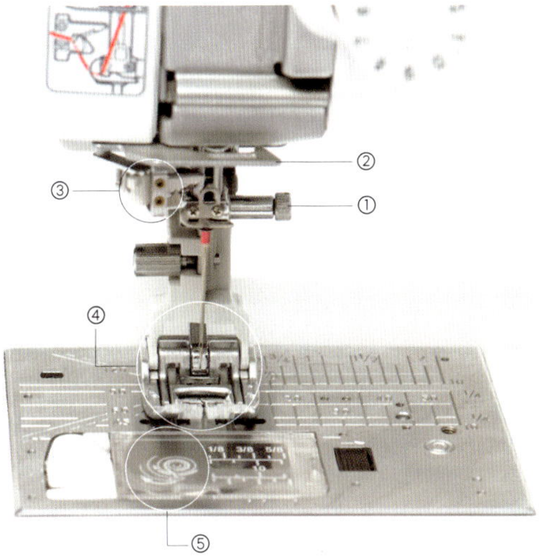

①바늘 조임 나사
바늘을 고정하거나 교체할 때 사용합니다.

②실걸이 가이드
바늘에 실을 끼울 때, 실이 움직이지 않도록 고정해 줍니다. 실을 실걸이 가이드에 통과시킨 다음 바늘에 끼웁니다.

③자동 실 끼우기 장치
미싱 바늘에 실을 끼우는 번거롭고 어려운 작업을 손동작 몇 번으로 쉽고 빠르고 간편하게 할 수 있도록 도와줍니다.

④노루발
원단을 작업이 가능한 상태로 미싱에 고정하는 부품입니다. 봉합 종류에 따라 해당 전용 노루발을 사용합니다.

⑤수평 가마
북알 장착이 수월한 수평형 가마로 밑실을 감아둔 북알을 장착합니다.

[③자동 실 끼우기 장치]

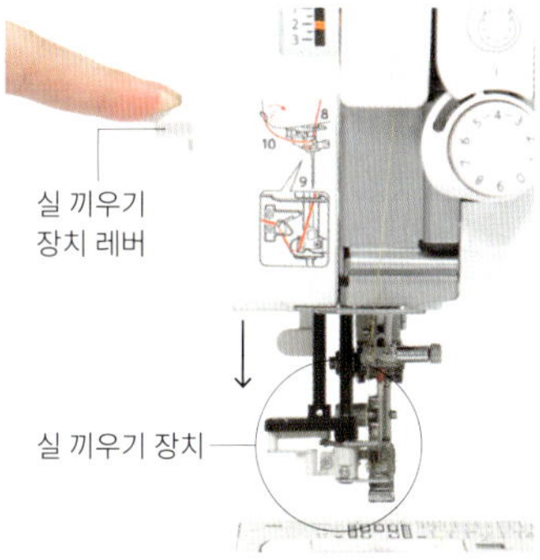

| 다양한 디자인 봉제 & 이니셜 봉제 |

다양한 디자인의 스티치와 이니셜 봉제가 가능해 나만의 개성이 담긴 작품을 만들 수 있습니다.

2-2 가정용 오버록 미싱

본 서적에 사용한 오버록 미싱인 자노메 에어스레드 2000D를 기준으로 소개합니다.
기종에 따라 각 미싱의 사용 방법이 다르니 설명서를 참고하세요.

[자노메 에어스레드 2000D]

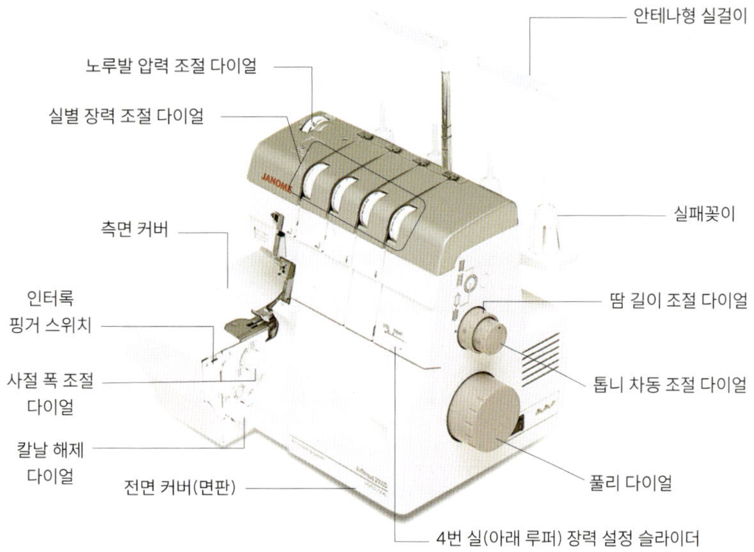

| 오버록 스티치 종류 |

1)기본 스티치

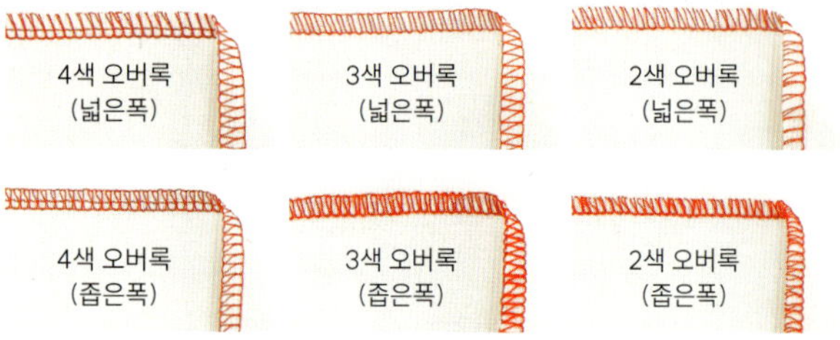

2)고급 장식 스티치

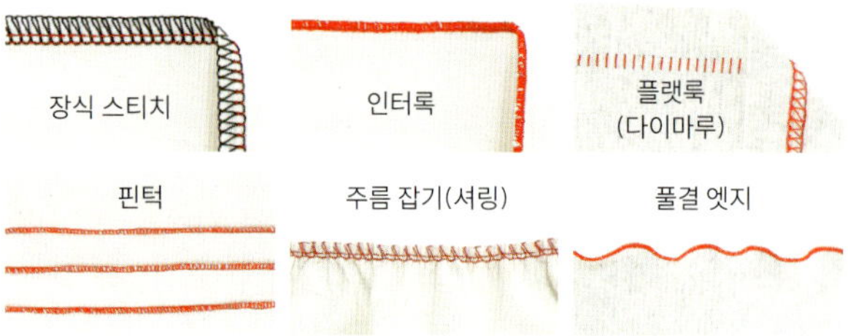

| 오버록 미싱의 주요 기능 |

①1번, 2번 실 끼우기 장치

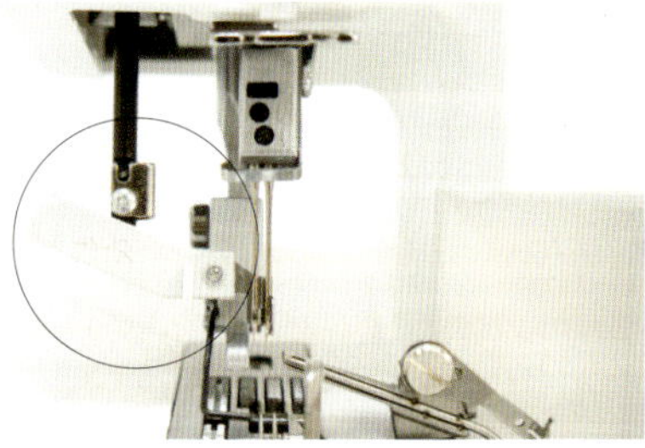

바늘구멍을 찾을 필요 없이 자동 실 끼우기 장치로 한 번에 1번, 2번 실을 끼울 수 있습니다.

②3번, 4번 실 끼우기 장치

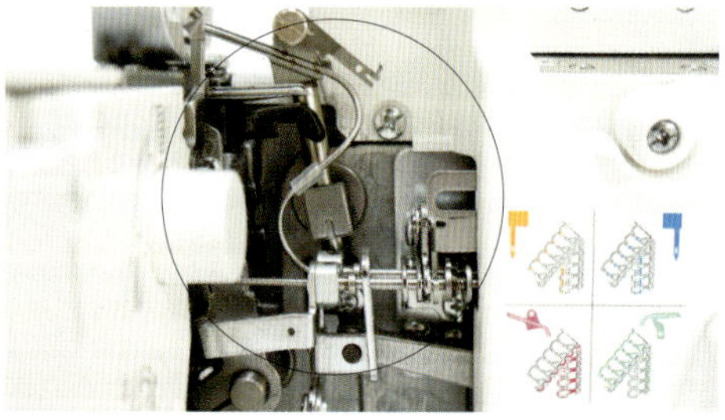

공기로 실을 끼우는 에어 스레딩 기술로 레버를 움직여 3, 4번 실을 간편하게 끼울 수 있습니다.

③쉬운 바늘 교체

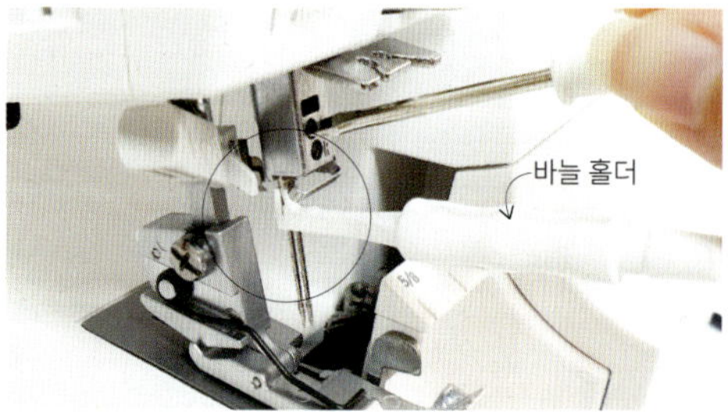

자노메 에어스레드 미싱에는 바늘 홀더가 기본 구성품으로 들어있어 쉽고 정확하게 바늘을 교체할 수 있습니다.

④칼날 해제 다이얼(ⓐ), 사절 폭 조절 다이얼(ⓑ)

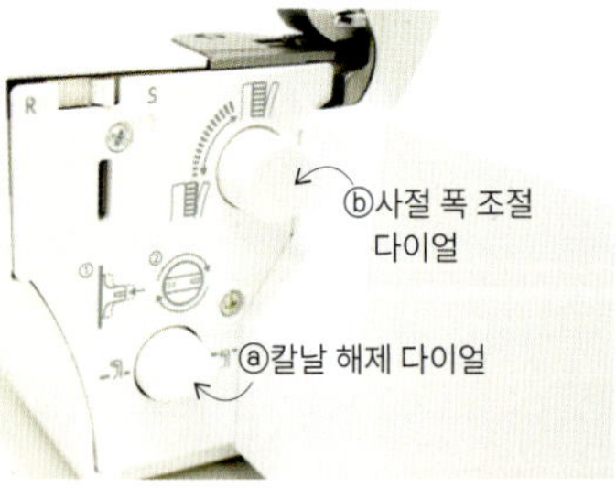

봉제 도중 원단을 들추거나 커버를 열 필요 없도록 다이얼을 미싱 오른쪽에 두었습니다. 특히 자주 변경하는 '칼날 해제', '사절 폭 조절' 다이얼은 칼날 바로 아래에 있어 효율적입니다.

⑤통합 조절 다이얼

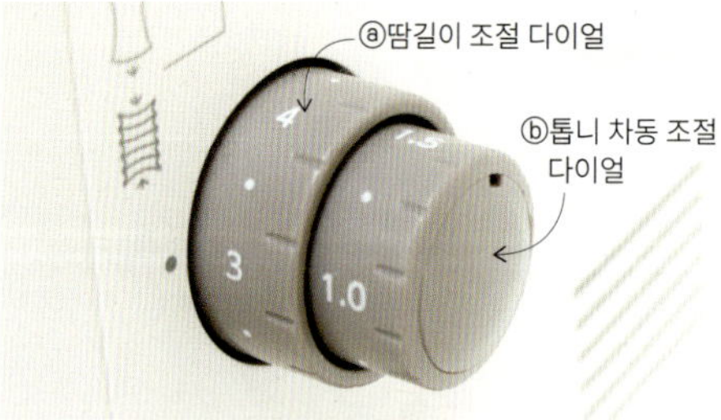

다양한 스티치 표현을 결정하는 '땀 길이 조절(ⓐ)'과 '톱니 차동 조절(ⓑ)'을 1개의 통합 다이얼로 조절할 수 있으며, 설정값을 한눈에 보고 조작할 수 있어 편리합니다.

자세한 미싱 설명과
구입처는 QR코드로
확인하실 수 있습니다.

2-3 가정용 자수 미싱

미싱 외 NCC 자수 미싱 티파니를 소개합니다.
기종에 따라 각 자수 미싱의 사용 방법이 다르니 설명서를 참고하세요.

[NCC 티파니 CC-1879]

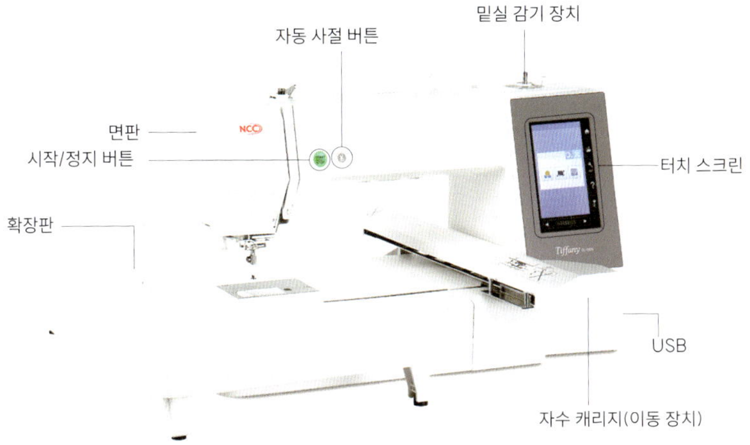

| 용도에 따른 크기별 자수틀 |

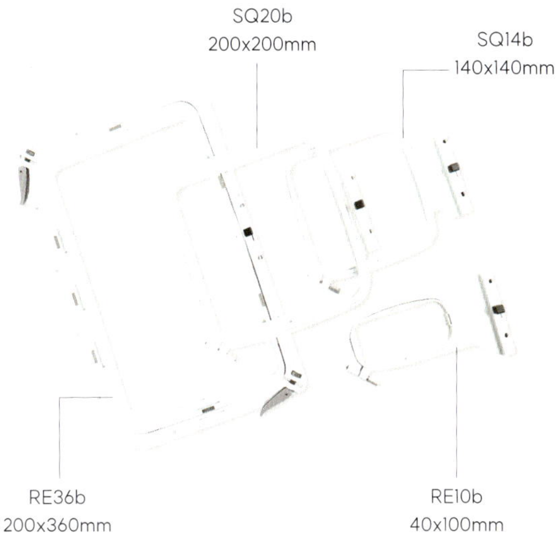

| 자수 미싱의 주요 기능 |

①자수틀을 장착할 캐리지

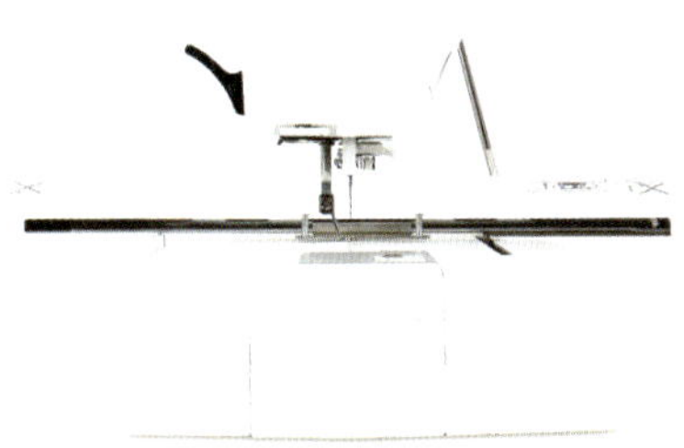

더 간편하고 더 안정적인 '레버+핀고정' 방식 고정 장치로 초대형 후프도 안전하게 지탱해 줄 수 있습니다.

②편리한 사절 장치

티파니 미싱은 가위 없이도 언제나 사용할 수 있도록 3곳에 사절 장치가 내장되어 있어 편리합니다.

③다양한 전문 편집기능

티파니 미싱은 터치 스크린을 통해 자수 디자인 회전·이동·복사 등 기본 편집과 편리한 설정들을 활용할 수 있습니다.

④USB를 활용한 파일 전송

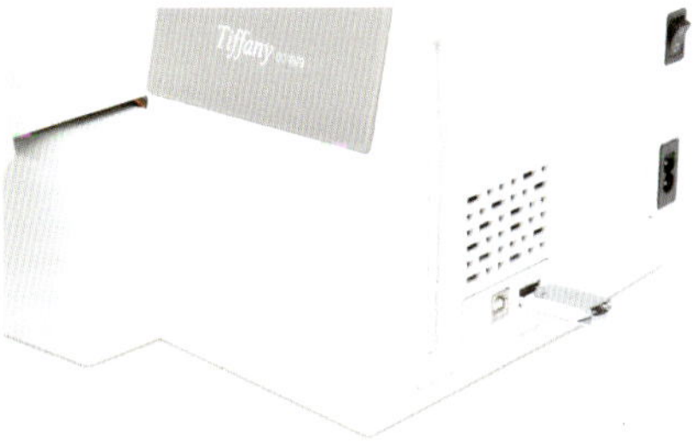

2가지 타입의 USB 포트로 USB 저장 장치 또는 PC와 직접 연결하여 빠른 파일 전송이 가능합니다.

자수 사용 작품

자세한 미싱 설명과
구입처는 QR코드로
확인하실 수 있습니다.

3-1 사이즈 표

본 서적의 실물크기 패턴은 아래의 사이즈 표를 기준으로 제작되었습니다. 상의는 가슴둘레를 기준으로, 하의는 허리둘레와 엉덩이둘레를 기준으로 실물크기 패턴을 사용해 주세요. 먼저 사이즈를 측정하여 제일 근접한 사이즈의 실물크기 패턴을 사용하는 것이 좋습니다.

· 성인 여성 신체 실측 치수 ※단위(cm)

사이즈 분류	55	66	77	88
가슴둘레	84	88	92	96
허리둘레	66	70	74	78
엉덩이둘레	90	94	98	102
팔길이	54	54	54	54

| 참고 |

· 사이즈는 재는 방법에 따라 1~3cm 정도 차이가 있을 수 있습니다.
· 화보 촬영 시 모델(167cm)은 55사이즈를 착용했습니다.

3-2 선세탁 하기(정련)

선세탁은 과거에 충분한 가공이 되지 않은 원단으로 옷을 완성할 경우, 세탁 후 심하게 줄어드는 현상을 예방하기 위해 하는 제작 공정이었습니다. 하지만 최근 생산되는 대부분의 원단은 충분한 가공이 되어 거의 수축되지 않으므로, 선세탁 없이 옷을 만들어도 괜찮습니다.

| 면과 마의 선세탁 |

①충분한 양의 물에 원단을 1시간 정도 담가둔다

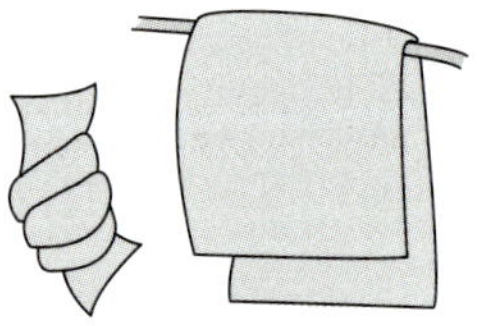

②원단을 가볍게 짜고, 주름을 펴서 말린다

③원단이 완전히 마르면 안쪽부터 바깥쪽으로 직조된 올 방향을 따라 다림질한다

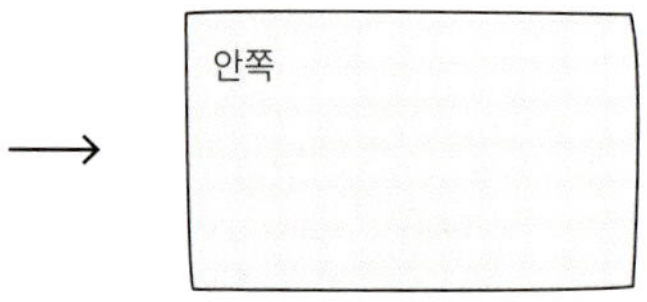

④완성

3-3 올 방향 바로잡기

| 원단의 세부 명칭 |

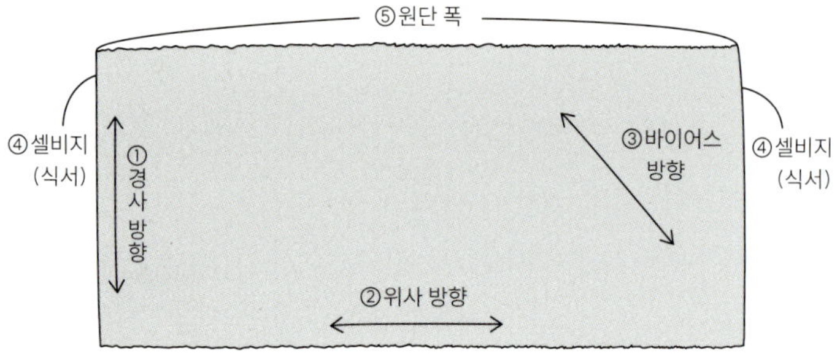

※ 원단의 씨실과 날실의 짜임 방향을 올 방향이라고 합니다. 원단의 셀비지 방향이 식서 방향, 원단의 식서 방향과 패턴의 식서 방향을 맞춥니다.

①경사 방향	원단의 날실(세로실) 방향. 패턴의 올 방향을 나타내는 화살표는 세로 올 방향(식서 방향)을 나타냅니다.
②위사 방향	원단의 씨실(가로실) 방향. 푸서 방향이라고도 합니다. 세로 올 방향에 비해 원단이 잘 늘어납니다.
③바이어스 방향	원단의 45도 대각선 방향. 원단이 가장 잘 늘어나는 방향입니다.
④셀비지	원단의 가장자리 부분으로, 좌우의 양 끝을 가리키며 식서라고도 합니다. 촘촘하게 직조되어 있어 실의 올 풀림이 없으며, 원단에 따라서 색상이 다르거나 제조사명이 프린트되어 있습니다.
⑤원단 폭	원단의 셀비지(식서)부터 반대쪽 셀비지(식서)까지의 길이를 말합니다.

| 원단의 올 방향 정리하기 |

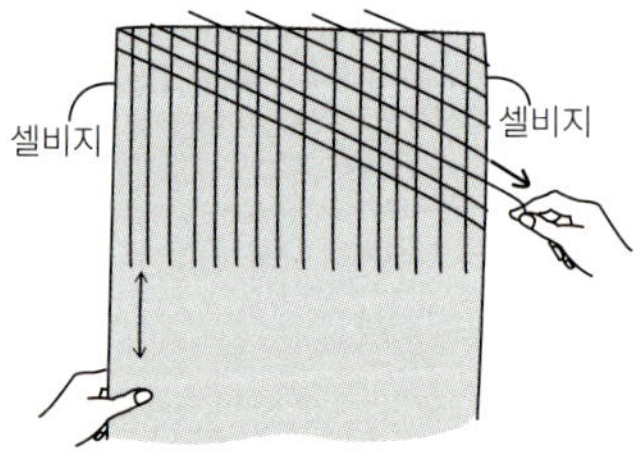

①씨실 한 가닥을 빼낸 다음, 씨실을 빼낸 선을 따라 원단의 가장자리를 잘라낸다

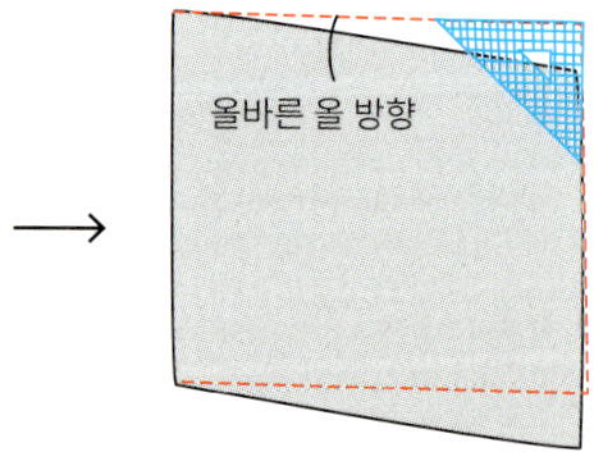

②원단의 모서리에 자를 대고 원단이 뒤틀리지 않았는지 확인한다

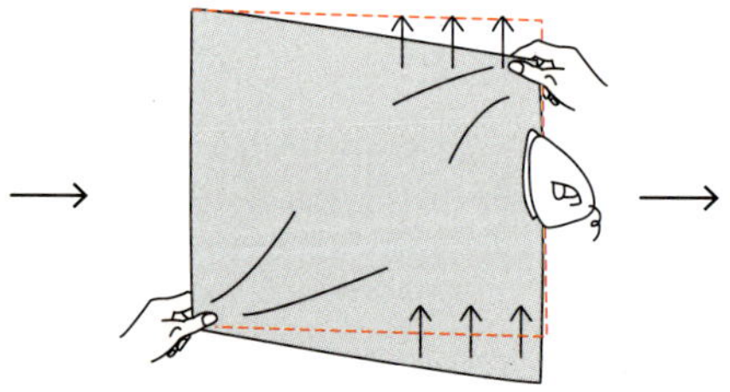

③원단의 방향이 올바르게 되도록 양손으로 원단을 잡아당긴 후, 다림질하여 정리한다

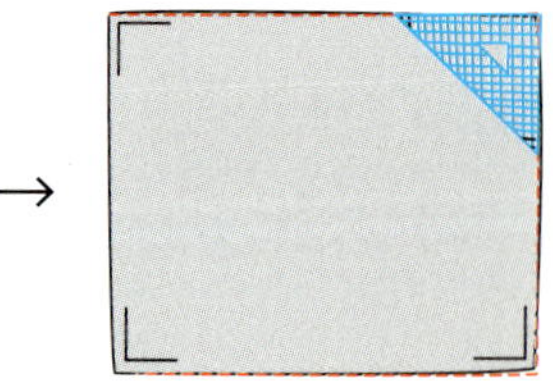

④준비 완성

3-4 패턴 제도 기호

식서 표시
원단의 세로 올 방향(식서 방향)을 표시합니다.

접음선
접는 위치를 표시한 선입니다.

턱
빗금의 높은 쪽에서 낮은 쪽으로 원단을 접어 주름을 만듭니다.

맞춤 표시
2장 이상의 원단을 서로 맞춰 봉합할 때, 원단이 어긋나지 않도록 맞추는 표시입니다.

완성선
작품을 완성했을 때의 선을 표시합니다. 시접이 포함되지 않은 경우에는 가장 바깥쪽에 있는 선이 완성선이 됩니다.

상침선
장식 효과와 더불어 형태를 안정시키는 선입니다.

단추
단추 다는 곳을 나타냅니다.

개더(주름)
큰 땀으로 봉제하여 주름을 잡는 부분을 나타냅니다.

골선
원단을 반으로 접어 재단할 때, 원단의 접음선 부분에 맞추는 선입니다.

다트
선과 선을 맞춰 봉합하여 형태를 입체적으로 만듭니다.

단춧구멍
단춧구멍 뚫는 곳을 나타냅니다.

오그림
오그려가며 줄여서 봉제하는 부분을 나타냅니다.

3-5 패턴 사용 방법

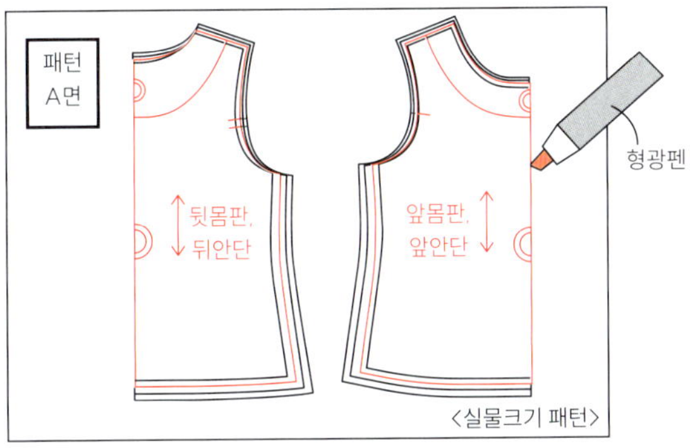

① 각 작품의 만드는 방법 페이지에 기재되어 있는 사용 패턴을 확인하고, 실물크기 패턴 용지(A~D면)를 펼친 후, 필요한 패턴 사이즈를 찾아 형광펜으로 선을 따라 그려준다

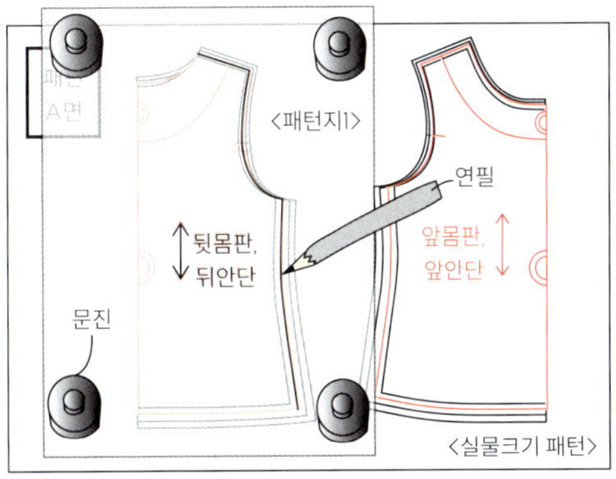

② 실물크기 패턴 위에 패턴지1을 올려두고 문진으로 움직이지 않도록 고정한 후, 완성선, 맞춤점, 봉합 끝점, 올 방향선, 단추 다는 곳, 주머니 다는 곳 등 연필로 빠짐없이 베낀다

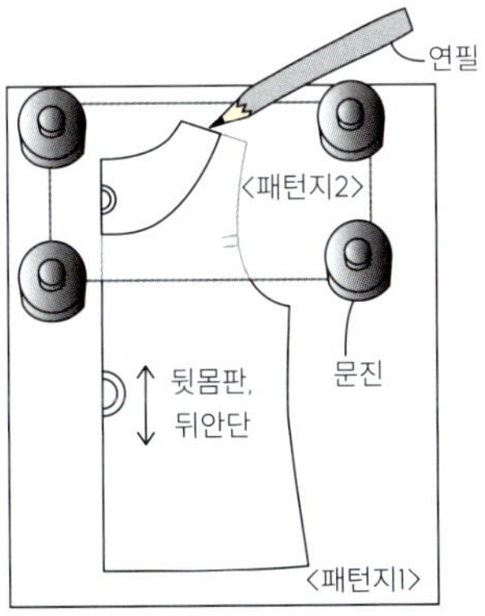

③ 그려놓은 패턴지1 위에 다른 패턴지2를 올려두고 문진으로 고정한 후, 패턴에 포함된 다른 패턴도 같은 방법으로 베낀다

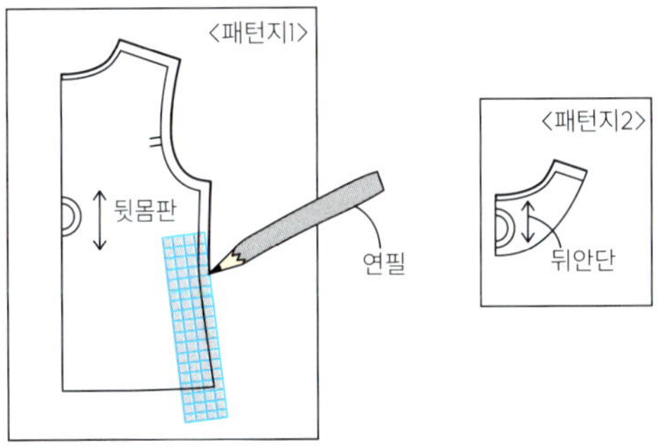

④ 실물크기 패턴에는 시접이 포함되어 있지 않기 때문에, 재단 배치도를 참고하여 패턴에 시접을 추가로 그려야 할 경우에는 방안자 등을 사용해 베낀 패턴지의 완성선에 맞춰서 평행하게 시접선을 그려준다

3-6 원단 소요량 계산하는 방법

원단의 폭에 따라 필요한 길이도 다릅니다. 계산법에 맞춰 원단의 소요량을 미리 예상할 수 있습니다.

| 계산법 |

원단 폭	상의	스커트
90~92cm	[몸판 길이+소매 길이] ×2+30cm	스커트 길이×2+20cm
110~120cm	[몸판 길이×2+소매 길이] +30cm	스커트 길이×2+20cm
140~180cm	몸판 길이+소매 길이 +20cm	스커트 길이+15cm (벨트를 다는 경우, 벨트 길이+5cm)

| 패턴 배치 및 요척 계산법 (1/10축도법) |

재단 전 사용할 원단을 넉넉히 준비하면 좋으나, 애매하게 남는 경우에는 낭비가 될 수 있습니다. 또한, 적절히 준비한 원단이어도 패턴의 배치에 따라 원단이 부족할 수 있으므로 미리 원단에 배치해 본 후 재단합니다. 그러므로 한눈에 배치하기 쉽도록 1/10축도법을 사용하여 패턴을 미리 배치한 후 원단을 재단합니다.

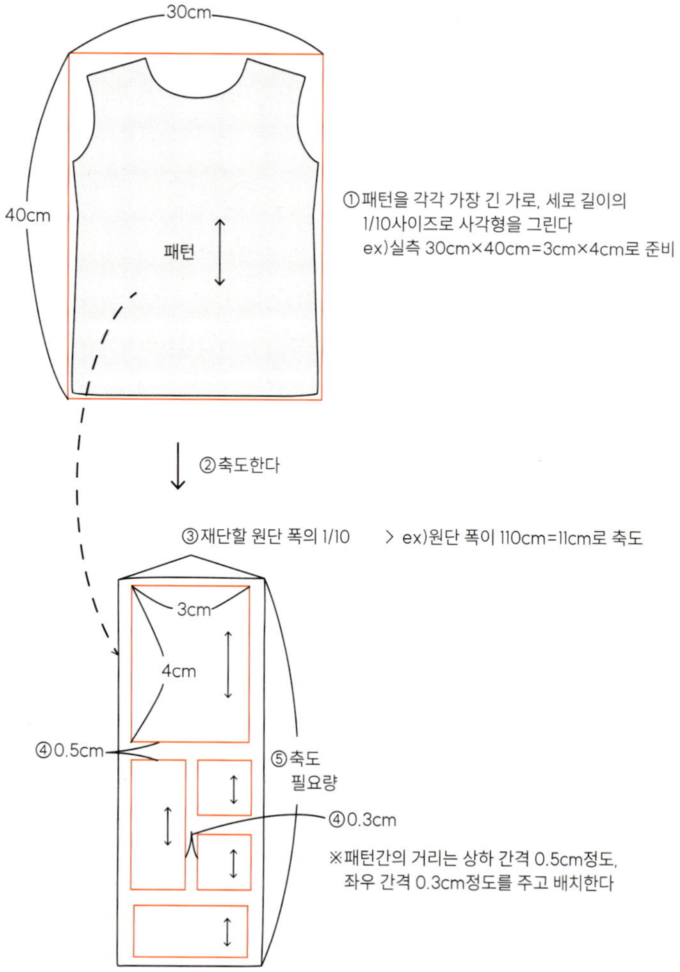

⑥ ①번의 사각형을 필요한 장수만큼 식서 방향에 맞춰서 배치하고 가로, 세로 길이를 잰 다음, 10배를 곱하면 필요한 원단의 양이 된다 (요척=10×축도 필요량)
ex)축도 필요량이 15cm이면, 150cm길이가 필요

3-7 원단 종류에 따른 바늘과 실 고르는 방법

아래의 표를 참고하여 원단에 알맞은 미싱실과 미싱바늘을 사용합니다. 미싱바늘은 호수가 커질수록 굵어집니다. 미싱실은 호수가 커질수록 두께가 얇은 실이며, 기본적으로 윗실과 밑실을 같은 것으로 사용합니다.

| 원단 종류에 따른 바늘과 실 |

원단의 종류	미싱바늘	미싱실	
얇은 원단 (노방, 쉬폰, 코튼 론)	9호		파인 프라임실
보통 두께의 원단 (30~40수 코튼 리넨)	11호		프라임실
조금 두꺼운 원단 (20수 옥스포드)	14호		프라임실
두꺼운 원단(겉쪽 상침용) (데님, 18호 캔버스)	16호		스티치 프라임실

3-8 재단하는 방법

| 재단하는 방법 |

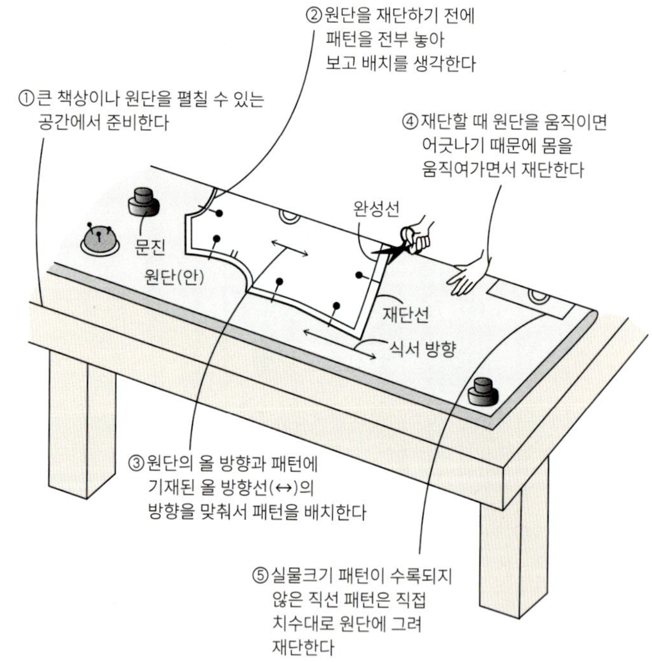

3 - 9 심지 붙이기

심지의 소재는 다양하다. 사용하는 소재가 합성 섬유일 경우, 다리미의 온도를 소재에 맞게 맞춘 후 예열하고 사용한다. 특히, 다리미에 접착풀이 묻지 않도록 항상 주의한다.

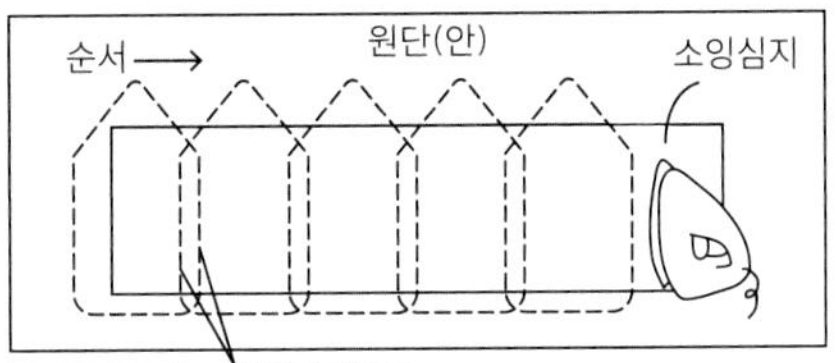

① 원단에 소잉심지를 붙일 때에는 다리미로 틈이 생기지 않도록 꼼꼼하게 눌러가면서 접착합니다.

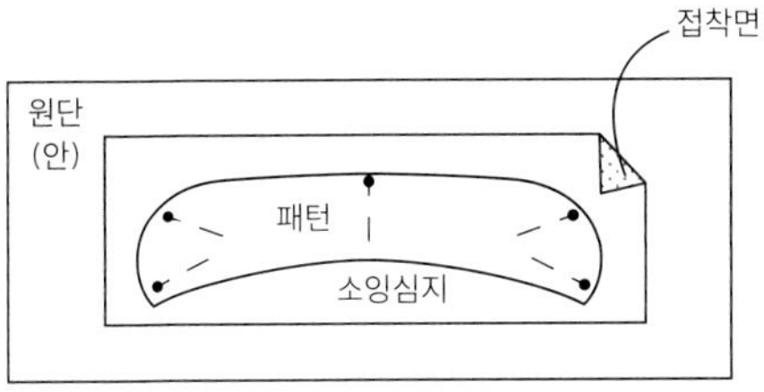

② 칼라나 곡선이 있는 패턴의 경우, 크게 재단한 원단의 안에 소잉심지를 붙이고 나서 패턴을 올리고, 원단을 재단하면 좋습니다.

3 - 10 테이프 심지 종류

1) 식서 방향 테이프 심지

주로, 직기 원단에 사용하며 늘어남을 방지 하기 위해 직선 부분에 부착해 사용한다.

2) 바이어스 방향 테이프 심지

주로, 다이마루 원단이나 곡선 부위에 사용되며 늘어남을 방지하기 위해 몸판의 암홀이나 목둘레 등 곡선에 부착해 사용한다.

3) 소잉테이프 심지

바이어스 방향 테이프 심지와 얇은 폭의 식서 방향 테이프 심지가 함께 두 겹으로 되어 있어, 직선과 곡선 중 어떤 부분에도 사용할 수 있다.

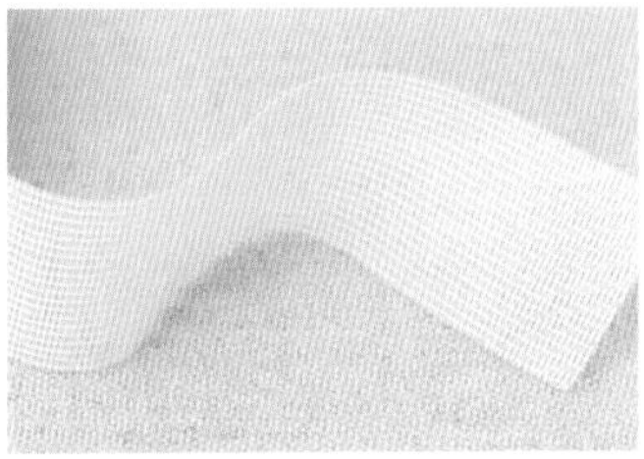

4) 지퍼전용 테이프 심지

1.8cm폭의 심지이며, 지퍼 다는 부분에 늘어남을 방지하기 위해 부착한다. 시접보다 폭이 넓기 때문에 지퍼 봉제선까지 부착되어 안정적으로 봉제할 수 있다.

3 - 11 테이프 심지 붙이기

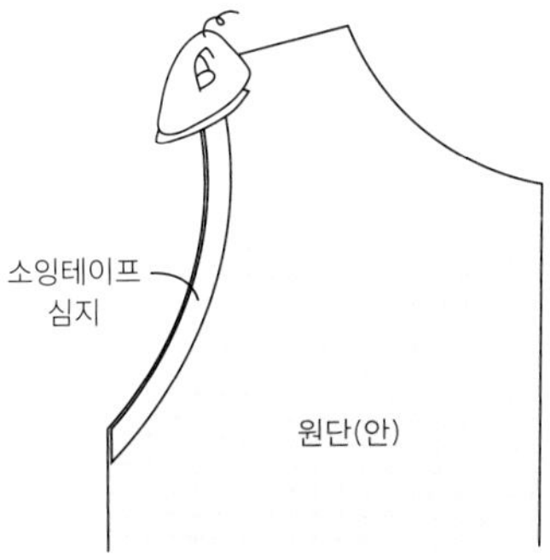

· 목둘레나 암홀 둘레에는 늘어남을 방지하기 위해, 테이프 모양의 소잉테이프 심지를 사용하면 편리합니다.

· 소잉테이프 심지의 접착면을 겉감 원단 안쪽면의 부착해야 할 시접에 맞춰 얹고, 겉감과 심지 사이에 먼지나 실오라기 등이 들어가지 않도록 주의하며 다리미로 꾹꾹 눌러 다림질합니다.

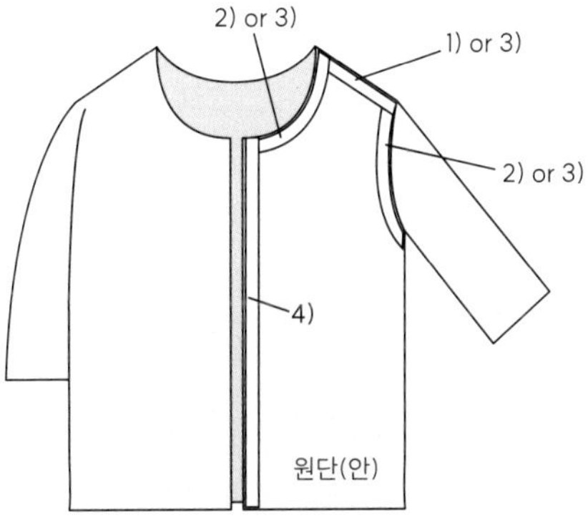

※번호는 P.43 / 3-10 테이프 심지 종류의 번호입니다.

4 - 1 콘실지퍼 다는 방법

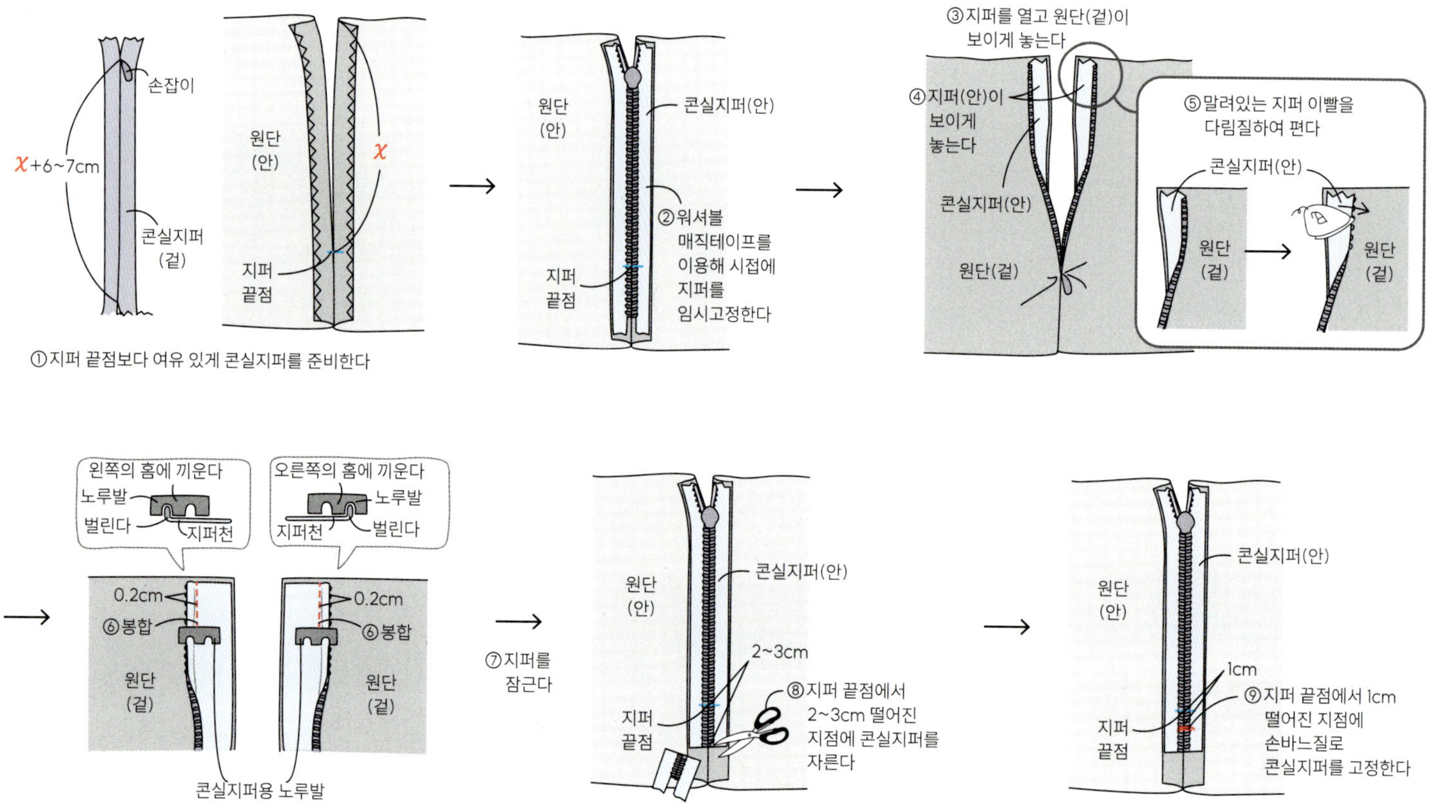

4 - 2 안바이어스천 만들기

| 안바이어스천 만들기 |

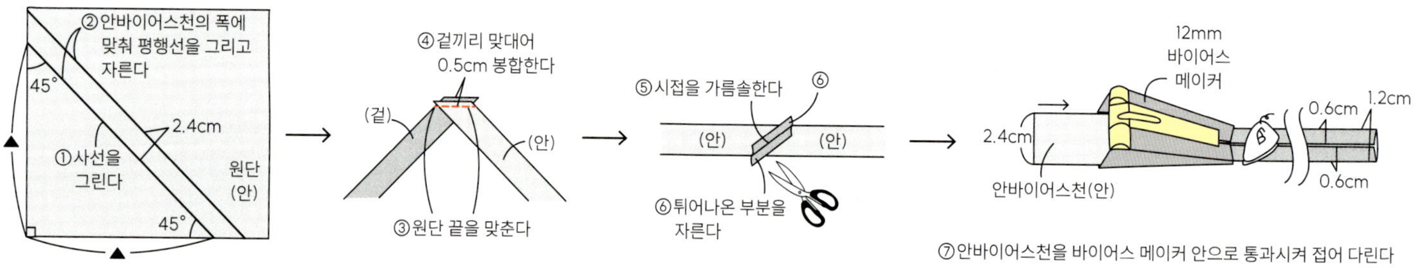

⑦안바이어스천을 바이어스 메이커 안으로 통과시켜 접어 다린다
※바이어스 메이커가 없는 경우에는 지정된 폭으로 접어 다린다

| 안바이어스천 달기 |

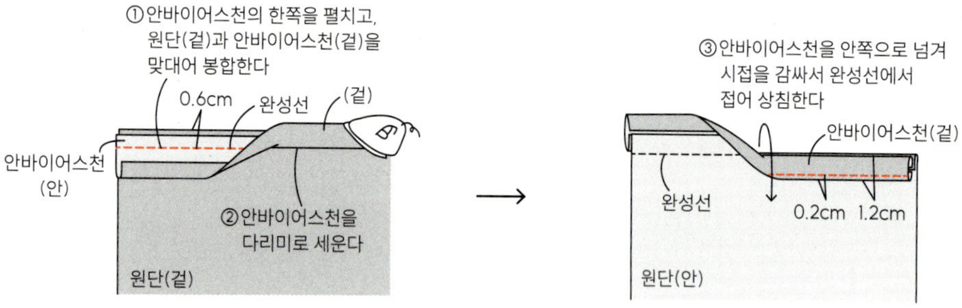

4 - 3 기성 바이어스 테이프로 안바이어스 테이프 만드는 방법

안바이어스로 사용되는 테이프는 시중에 판매되고 있지 않기 때문에 바이어스 테이프를 잘라 안바이어스로 만들어 사용합니다.

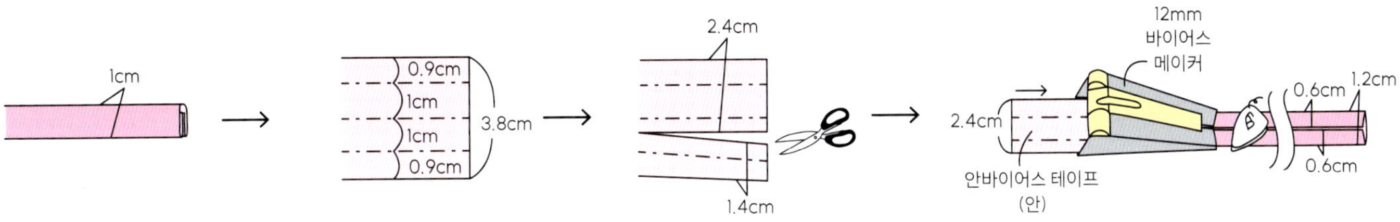

①바이어스 테이프를 지정된 길이만큼 준비한다

②바이어스 테이프를 펼친다

③바이어스 테이프의 한 쪽을 잘라낸다

④자른 바이어스 테이프를 바이어스 메이커 안으로 통과시켜 접어 다린다
※바이어스 메이커가 없는 경우에는 지정된 폭으로 접어 다린다

4 - 4 맞주름 표시와 만드는 방법

빗금의 높은 쪽에서 낮은 쪽으로 원단을 접어 맞주름을 만든다.

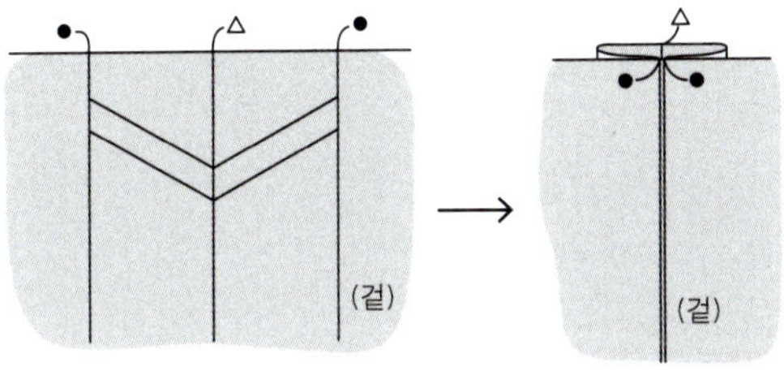

4 - 5 턱 표시와 만드는 방법

빗금의 높은 쪽에서 낮은 쪽으로 원단을 접어 턱 주름을 만든다.

①

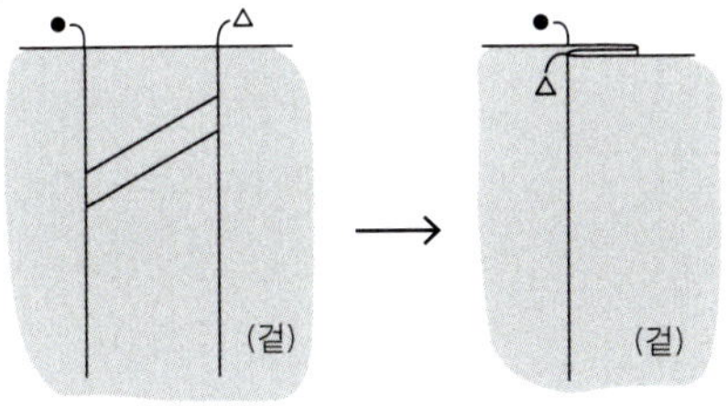

②

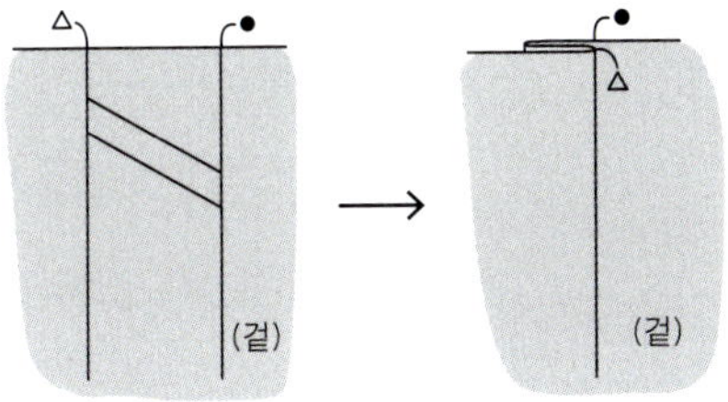

4 - 6 주름 잡는 방법

이 페이지에서는 스커트 다는 방법 기준으로 설명합니다.

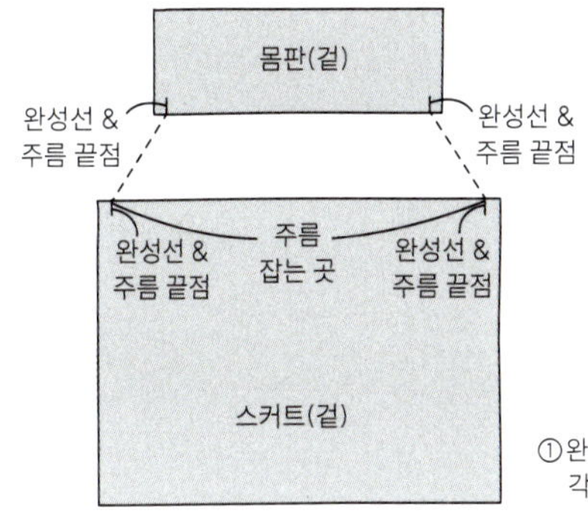

①완성선 & 주름 끝점에 각각 맞춰 표시한다

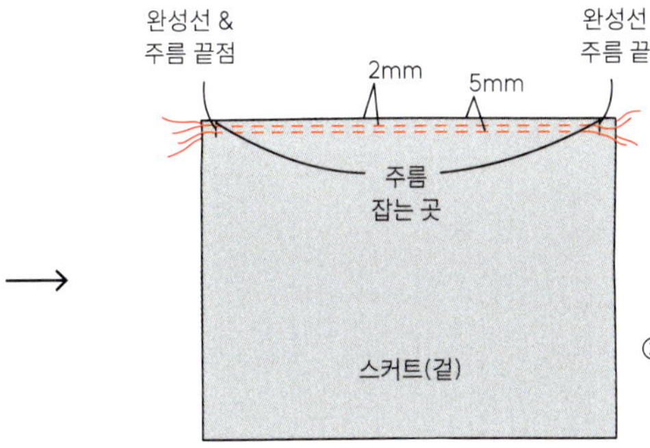

②주름 잡는 곳에 큰 땀 (4~5mm)으로 2줄 주름 잡기 봉제한다

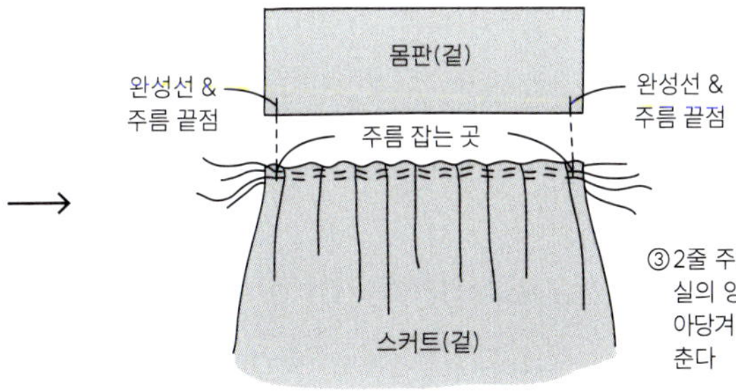

③2줄 주름 잡기 봉제한 실의 양 끝을 잡고, 잡아당겨 몸판 길이에 맞춘다

4-7 단추 위치 정하기

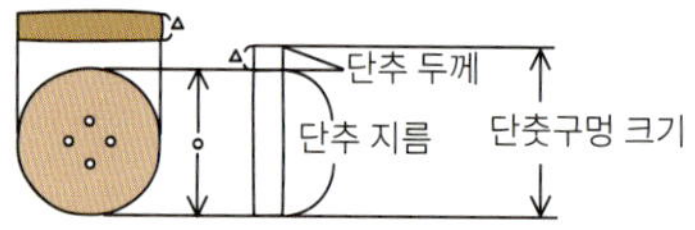

<단춧구멍 크기 계산하기>

①가로 단춧구멍 위치 정하기

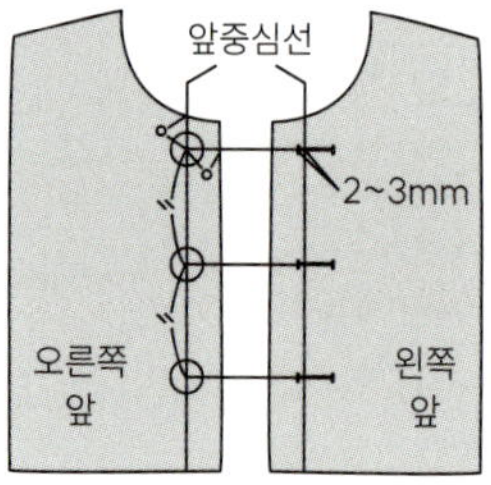

②세로 단춧구멍 위치 정하기

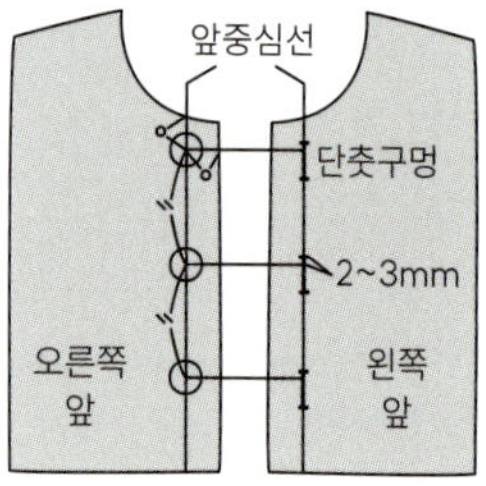

4-8 단춧구멍 만들기와 단추 달기

| 손바느질로 단춧구멍 만들기 |

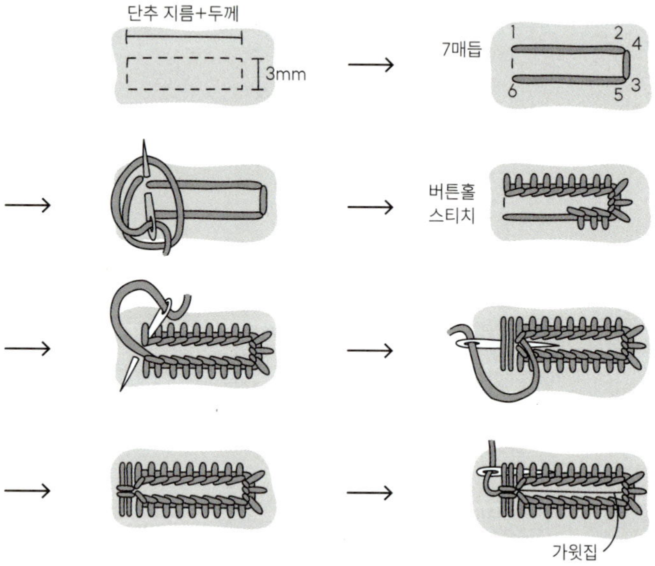

| 단추 달기 |

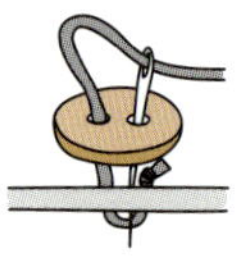

①2~3회 반복하여 바느질 한다

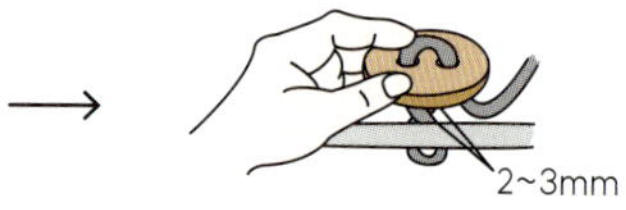

②천과 단추 사이에 2~3mm 정도의 공간을 만든다

③매듭을 2~3회 반복해서 만들어 준다

④매듭을 만들고 겉으로 실을 뽑아 자른다

4-9 끈감 만드는 방법

| 끈감 만드는 방법 A |

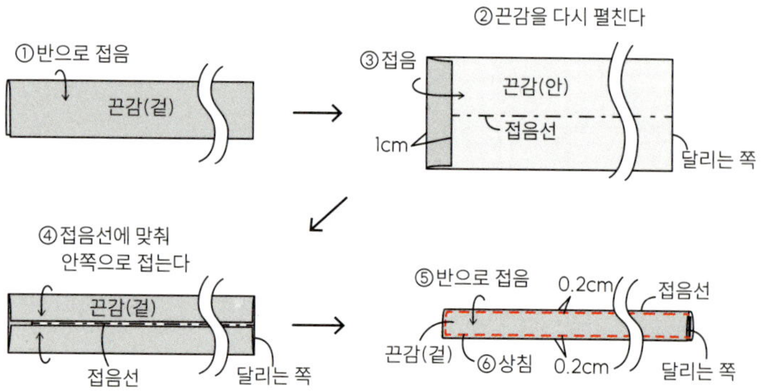

| 끈감 만드는 방법 B |

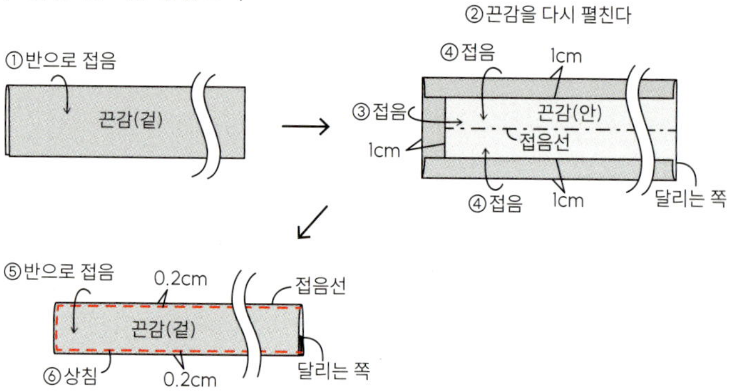

| 끈감 만드는 방법 C |

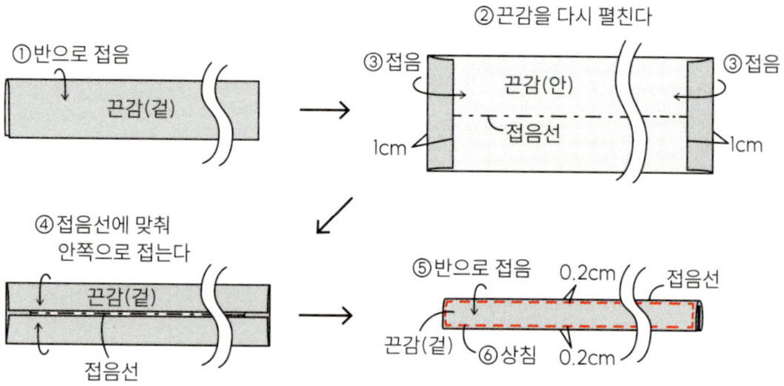

| 끈감 만드는 방법 D |

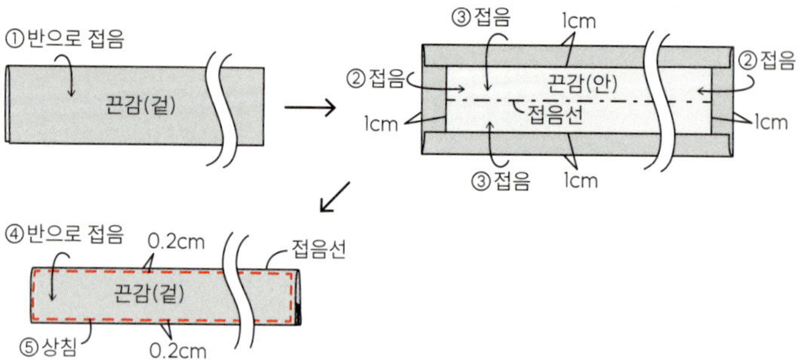

4 - 10 말아박기 노루발 사용 방법

말아박기 봉제란, 원단의 끝 시접을 안으로 두 번 말아서 세 겹으로 박는 봉제 방법입니다. 주로 얇은 원단의 가장자리를 처리할 때 유용하게 사용되며 셔츠, 스커트, 손수건 등의 끝 처리하는 데에 주로 사용합니다. 시작하기 전, 사용하는 미싱 기종에 맞는 말아박기 노루발을 준비합니다. 미싱마다 말아박기 노루발 및 모드(그림)가 상이할 수 있으니 확인하여 준비해 주세요. 본 서적에 는 소잉파이오니아 미싱 기준으로 소개합니다.

① 말아박기 전용 노루발을 준비한다. 말아박기 노루발은 중앙에 회오리같이 생긴 홈이 있으며 홈 틈 사이로 원단이 말려 들어가며 봉제된다.

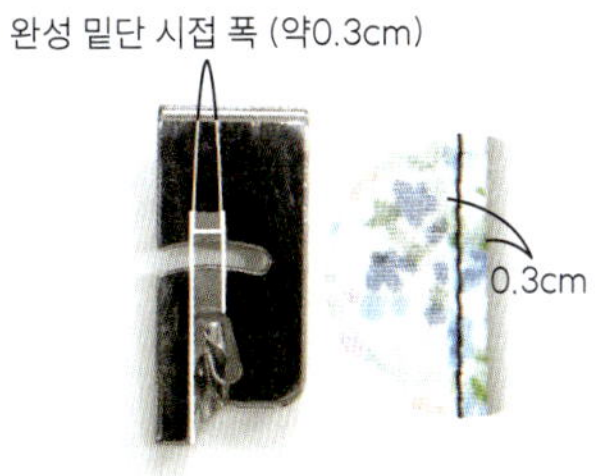

② 말아박기 봉제 후 완성된 시접폭은 0.3cm로, 두 번 접어 봉제되기 때문에 원단에 말아박기가 필요한 부분에는 총 시접 분량을 0.6cm 더해준다.

③ 봉제 전 말아박기 노루발을 미싱에 끼워 장착한다.

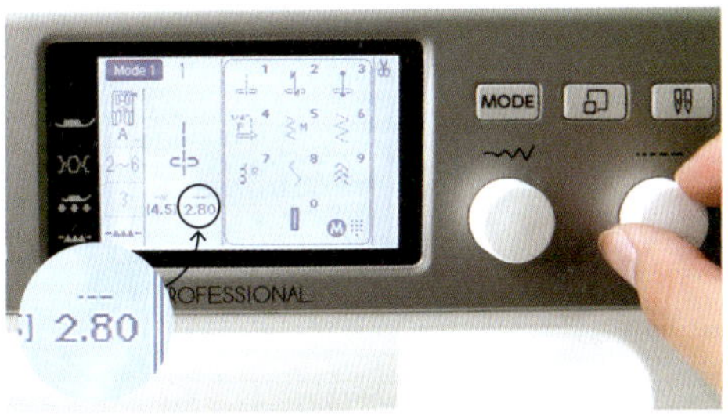

④ 기본 직선 박기 모드로 설정 후 땀 길이만 변경한다. (땀 길 이 : 2.8)

⑤ 원단을 준비하고, 노루발 홈에 원단이 잘 들어갈 수 있게 봉제가 시작될 부분을 사선으로 자른다.

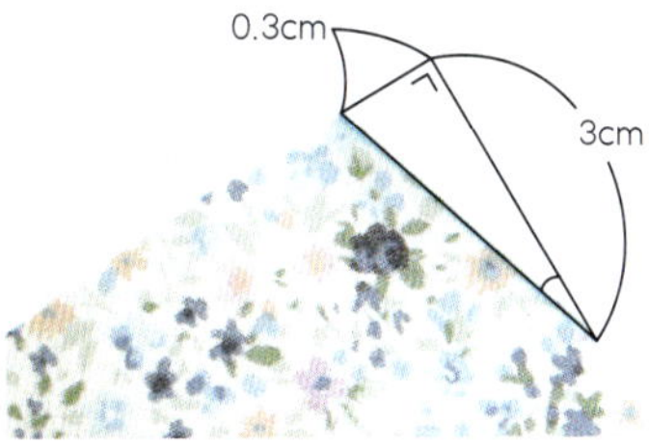

⑥ ②과정의 완성 시접폭을 기준으로 약 0.3cm만큼만 잘라낸다.

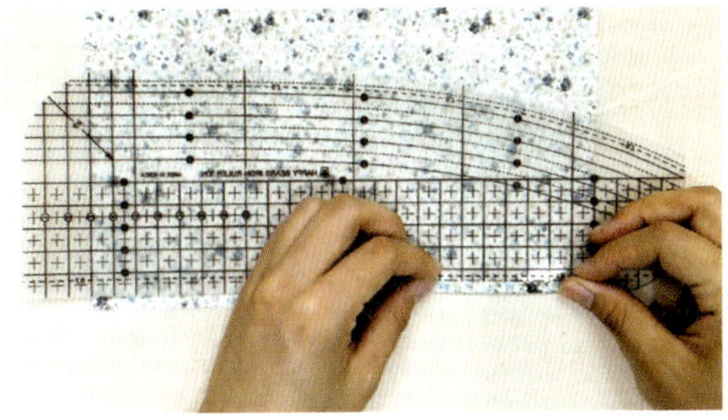

⑦ 잘라낸 사선 폭만큼 원단 안쪽으로 시접을 접어 다려준다.

※ 말아박기 봉제가 시작될 부분을 미리 안쪽으로 접어 다려주면 노루발 홈에 원단을 더욱 수월하게 통과시킬 수 있습니다.

⑧ 윗실과 밑실을 노루발 아래의 뒤쪽으로 10~15cm 정도 뒤로 빼준 뒤 장착된 노루발 홈으로 원단을 돌리며 밀어 넣어줍니다. 바늘 뒤쪽까지 원단이 들어가면 바늘을 원단에 꽂아준 상태에서 노루발을 내려줍니다.

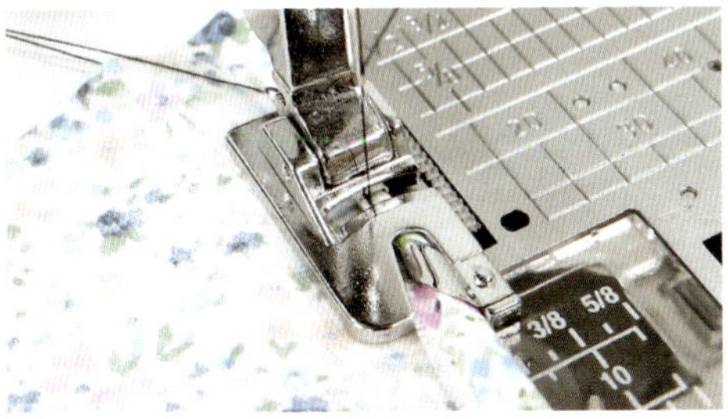

⑨ 봉제를 시작할 때 원단이 뒤로 밀리지 않도록 노루발 뒤로 나온 실 꼬리를 잡아당기면서 봉제합니다. 어느 정도 봉제 되면 실 꼬리를 놓은 뒤 속도를 낮춰 천천히 봉제합니다.

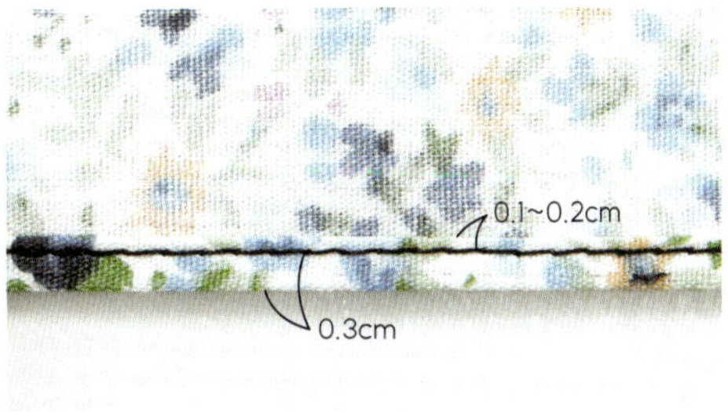

⑩ 완성!

CLASSY WRAP STYLE

HOW TO MAKE

일러스트 제작설명서

◎ 이 책에서는 작품을 55, 66, 77, 88 사이즈로 소개하고 있습니다. P.40의 3-1 사이즈 표를 확인한 다음, 각 작품의 만드는 방법 페이지에 기재된 완성 사이즈를 참고해 적합한 사이즈를 선택해 주세요.

◎ 패턴을 사용하는 방법은 P.41의 3-5 패턴 사용 방법을 참고합니다. 이 책의 부록인 실물크기 패턴지의 패턴에는 시접이 포함되어 있지 않습니다. 각 작품 만드는 방법 페이지의 재단 배치도에 기재된 치수에 따라 시접을 더해주세요.

◎ 각 작품 만드는 방법 페이지의 재단 배치도에 표기된 원단 요척과 재료의 양은 가장 큰 사이즈의 패턴을 기준으로 작성되어 있습니다. 다른 사이즈의 패턴으로 제작할 경우, 약간의 차이가 있을 수 있습니다.

◎ 각 작품 만드는 방법 페이지에 기재된 원단의 폭은 화보 속 작품을 제작한 원단의 폭 기준으로 작성되었습니다. 다른 폭의 원단으로 제작 시 소요량에 약간의 차이가 있을 수 있으니, P.42의 3-6 원단 소요량 계산하는 방법을 참고하여 원단 소요량을 계산한 다음 재단해 주세요.

◎ 랩 디자인 특성상 착장자의 착용 방식에 따라서 각각의 작품을 만드는 방법에 기재된 완성 사이즈 가슴둘레 치수가 변동이 있을 수 있으니 유의해 주세요.

α

베이직 원피스 basic dress ... PHOTO > P.06

◈ 완성 사이즈(cm)

사이즈 분류	55 size	66 size	77 size	88 size
옷길이	122.5	125	127	129.5
가슴둘레	98	103	108	112.5
소매길이	58	59	60	61

◈ 재료

· 원단 요척과 재료의 양은 가장 큰 사이즈의 패턴을 기준으로 작성되어 있습니다.
다른 사이즈의 패턴을 제작할 경우, 약간의 차이가 있을 수 있습니다.
· 겉감(코튼) … 110cm폭 x 495cm
· 소잉심지 … 110cm폭 x 135cm
· 1.2cm폭 소잉테이프 심지 … 1팩
· 0.8cm폭 고무줄 … 1팩

◈ 패턴

· 패턴 면수 … A면의 [α] 패턴을 사용합니다.
· 실물 패턴 … 앞몸판(위), 앞몸판(아래), 뒷몸판(위), 뒷몸판(아래), 앞안단(위), 앞안단(아래),
뒤안단, 옆선 주머니, 소매
· 참고 사항 … 1. 길이가 긴 패턴은 분리하여 수록하였습니다. 맞춤점에 맞춰 한 장으로 연결해주세요.
2. 끈감1·2·3은 직접 제도하여 사용합니다. (재단배치도 참고)

◈ 만드는 순서

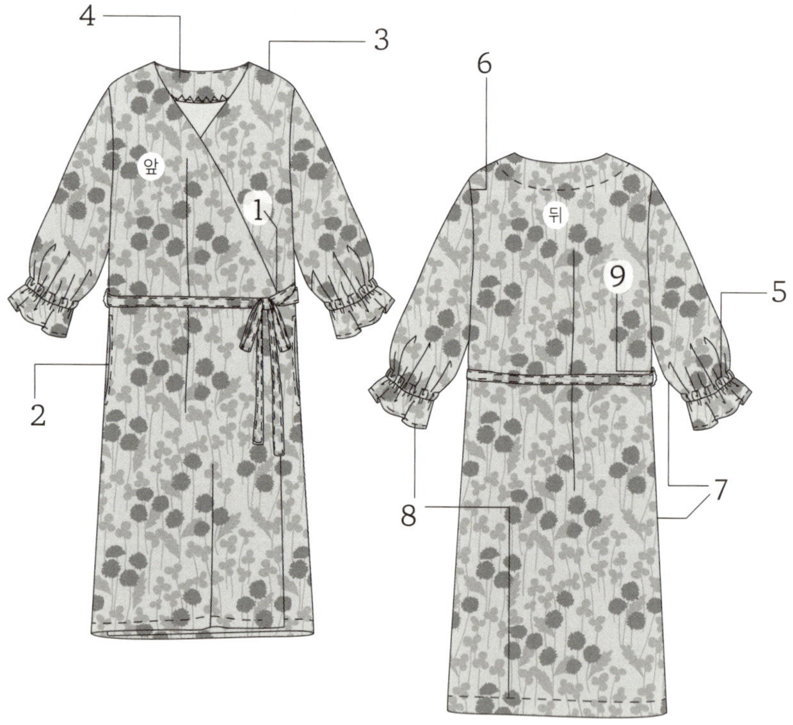

◈ 재단 배치도

· 지정 이외의 시접은 1cm
· [점무늬] 부분에 소잉심지를 붙인다
· [분홍색] 부분에 소잉테이프 심지를 붙인다
· 〰 표시된 부분은 지그재그봉제 또는 오버록 처리한다
· 끈감1·2·3은 직접 제도하여 사용한다

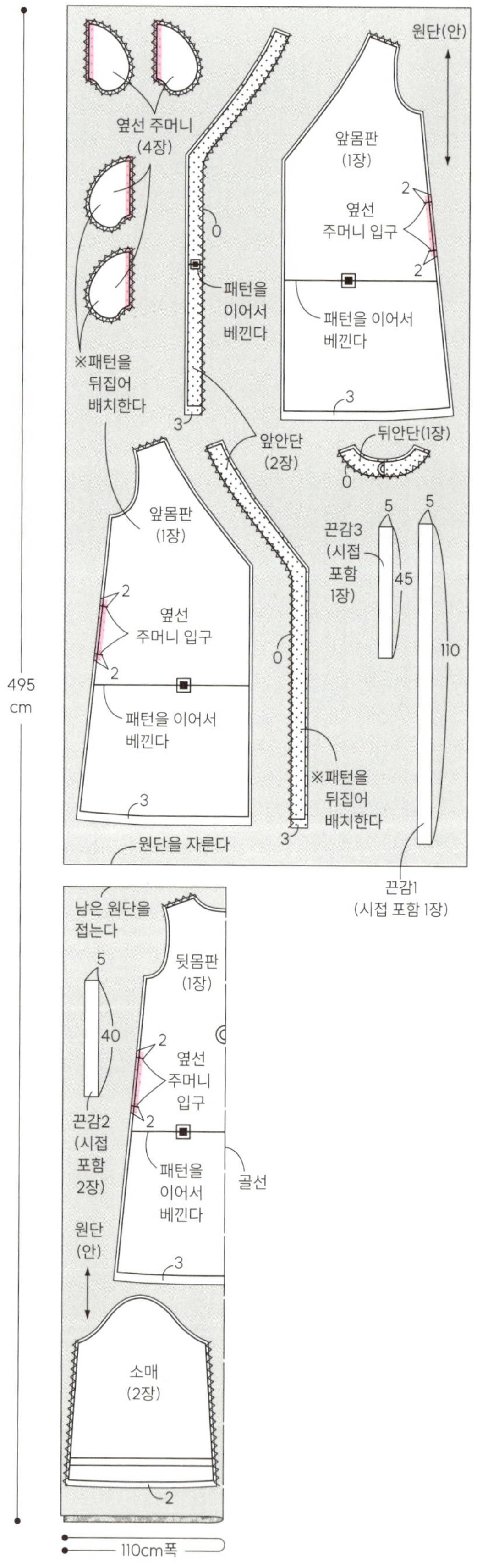

◈ 만드는 방법

· 치수가 기재되어 있지 않은 곳은 1cm로 봉합합니다.

1 끈감을 만들어 몸판에 단다

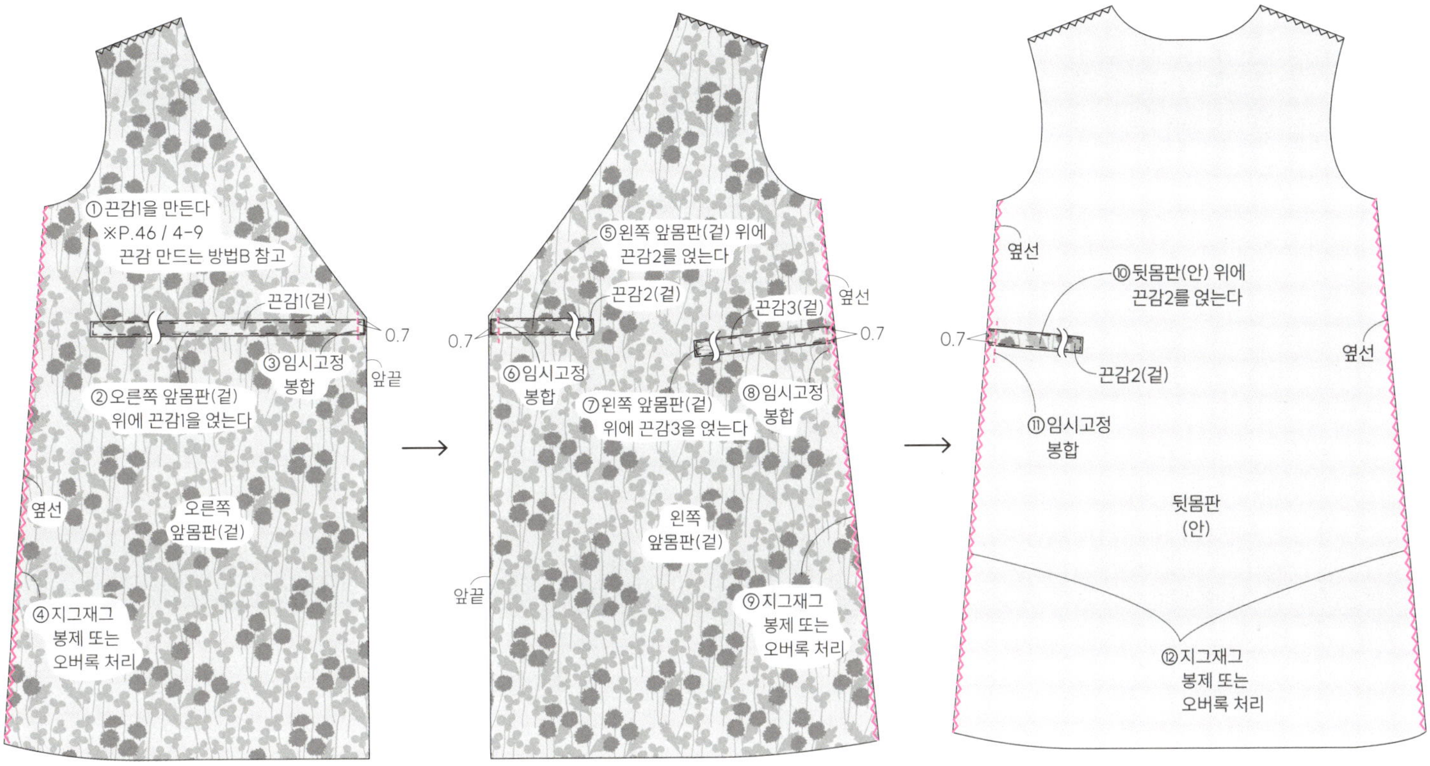

※끈감1을 총 1개 만든다
※끈감2도 ①과정과 같은 방법으로 총 2개 만든다
※끈감3도 ①과정과 같은 방법으로 총 1개 만든다

2 몸판에 옆선 주머니를 단다

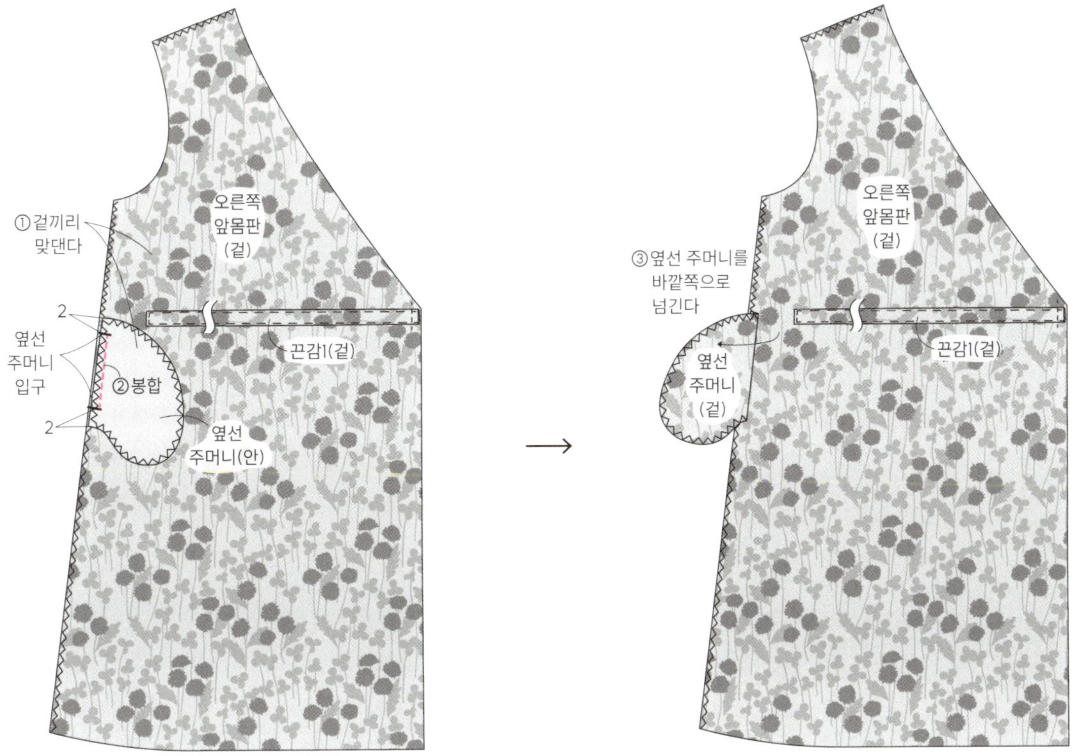

※왼쪽 앞몸판, 뒷몸판의 옆선도
①~③과정과 같은 방법으로 만든다

3 몸판과 안단의 어깨를 봉합한다

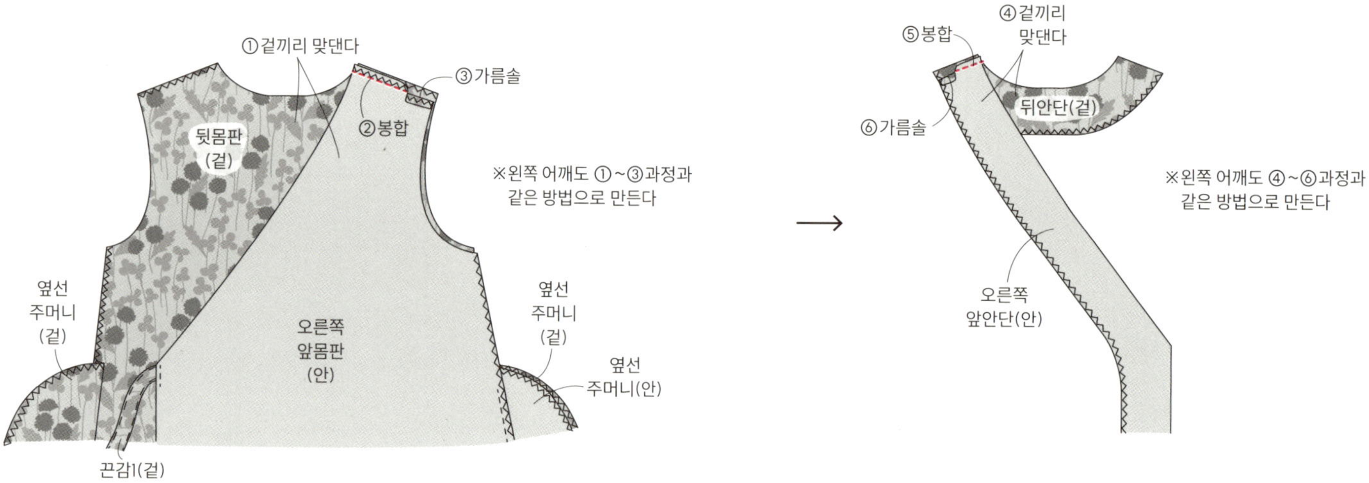

4 몸판에 안단을 단다

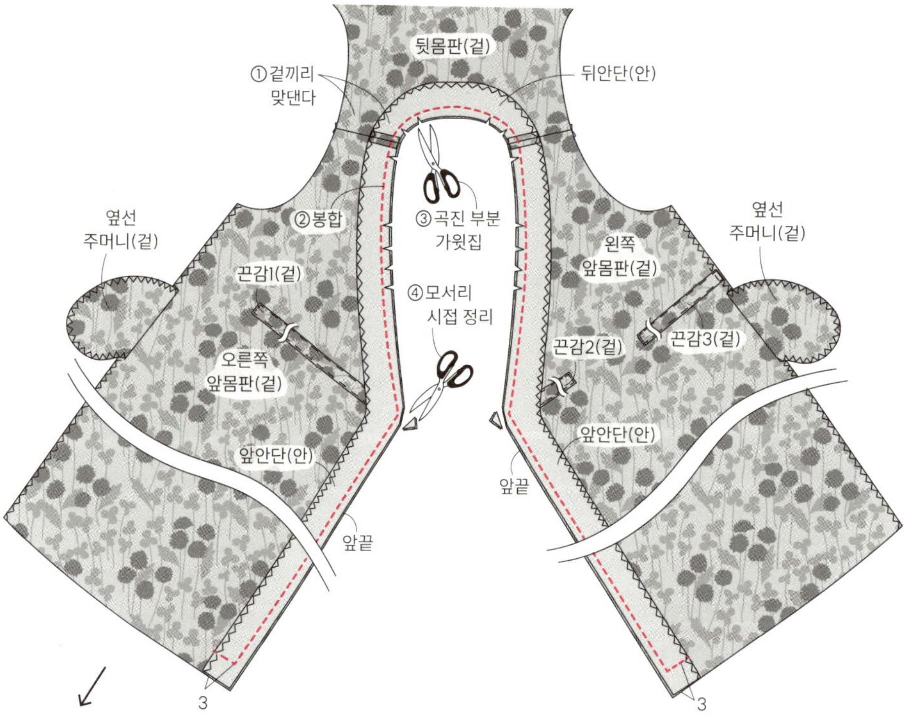

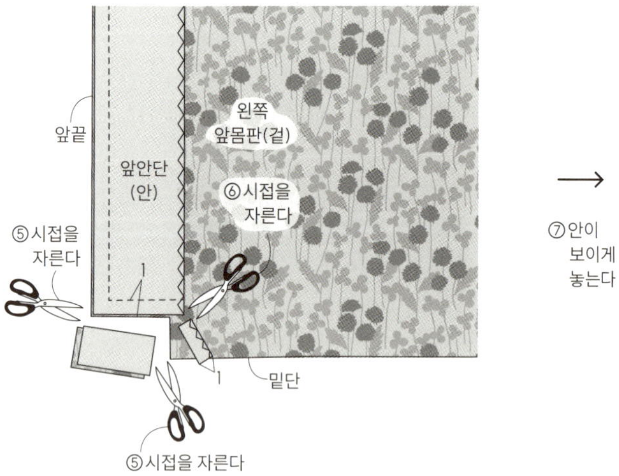

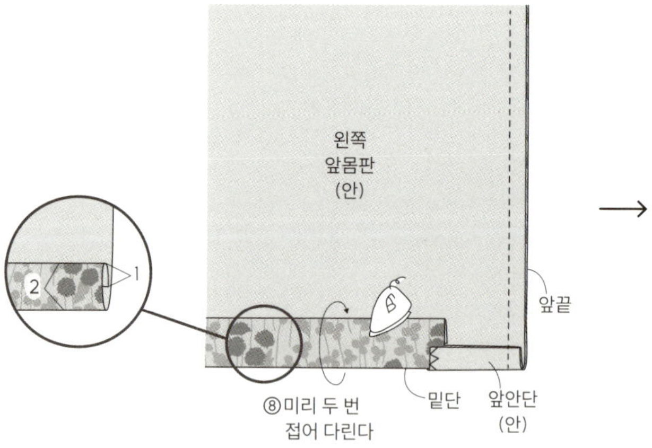

※오른쪽 앞몸판 밑단도 ⑤~⑧과정과 같은 방법으로 만든다

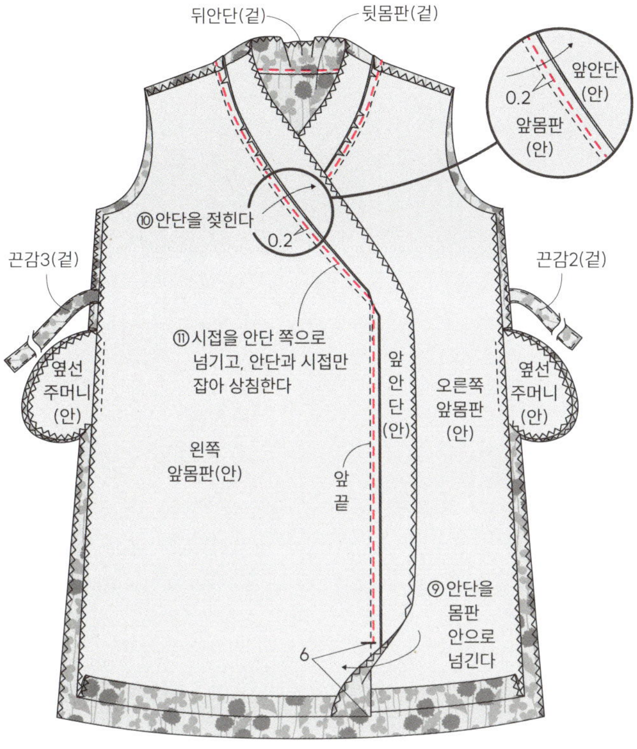

※안단 겉에서 상침한다
※앞끝 밑단 6cm 떨어진 지점부터
목둘레까지 한 번에 이어서 상침한다
※안단과 시접을 상침으로 고정해주면 겉에서
봤을 때 안단이 뒤집어지지 않는다
※몸판 겉에서 봤을 때 상침선은 보이지 않는다

→

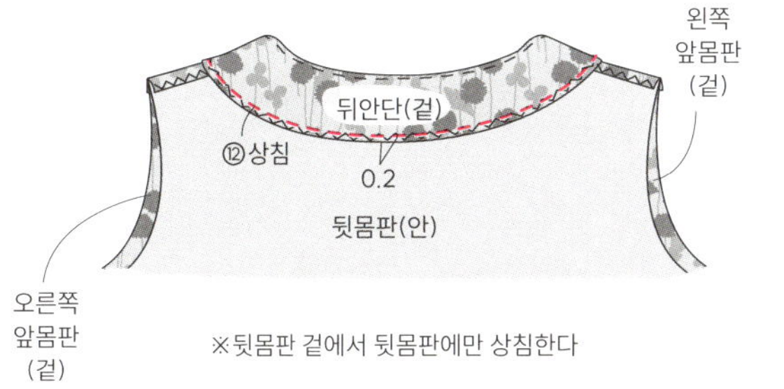

※뒷몸판 겉에서 뒷몸판에만 상침한다

5 소매에 고무줄을 단다

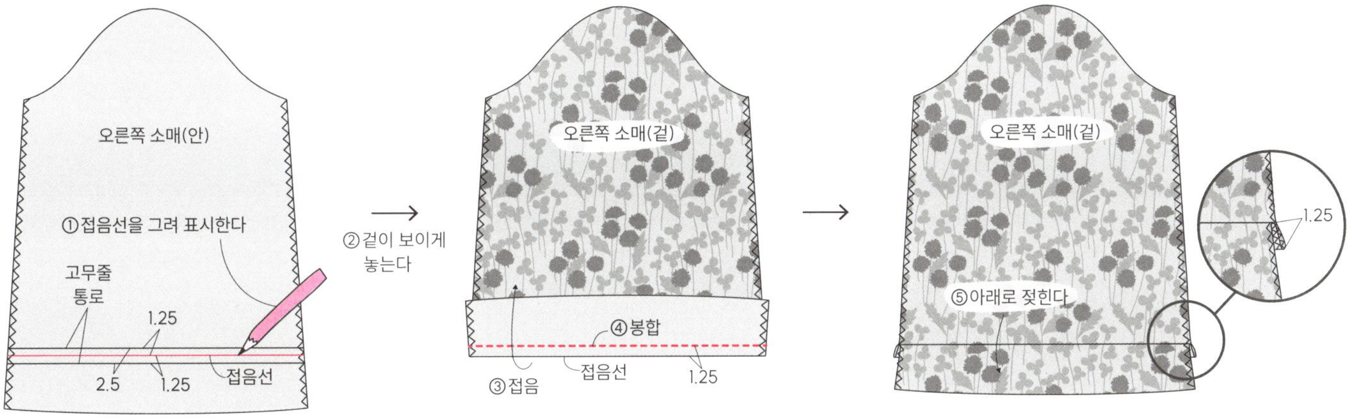

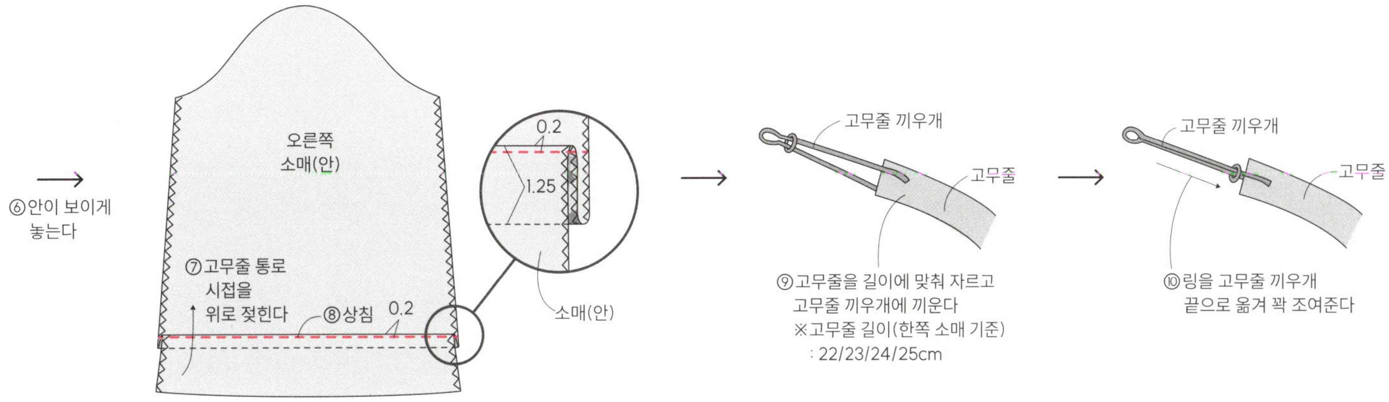

※소매 겉에서 상침한다

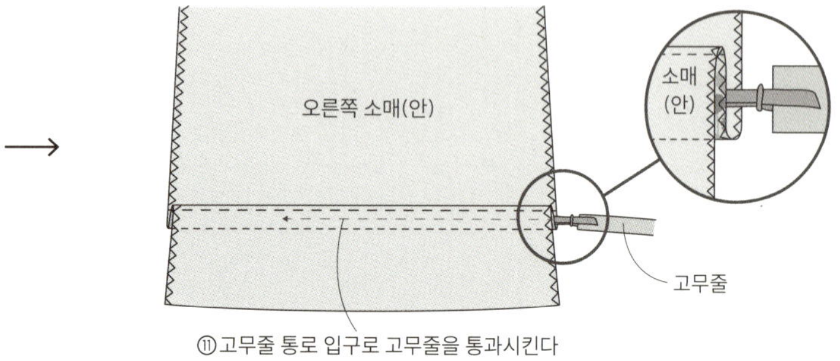

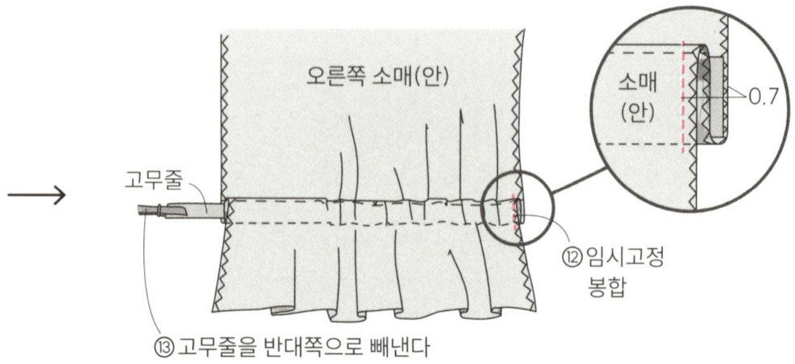

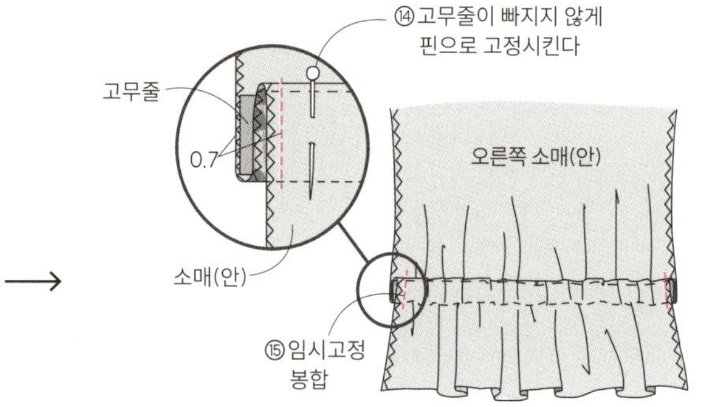

※임시고정 봉합 후, 핀을 제거한다
※왼쪽 소매도 ①~⑮과정과 같은 방법으로 만든다

6 몸판에 소매를 단다

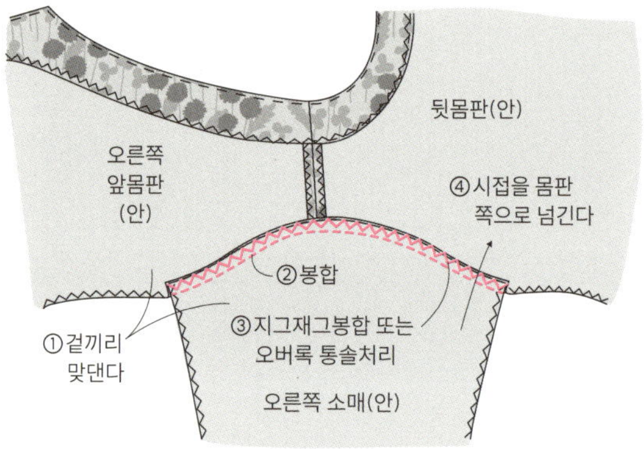

※왼쪽 암홀 둘레도 ①~④과정과 같은 방법으로 만든다

7 몸판과 소매의 옆선을 한 번에 이어서 봉합한다

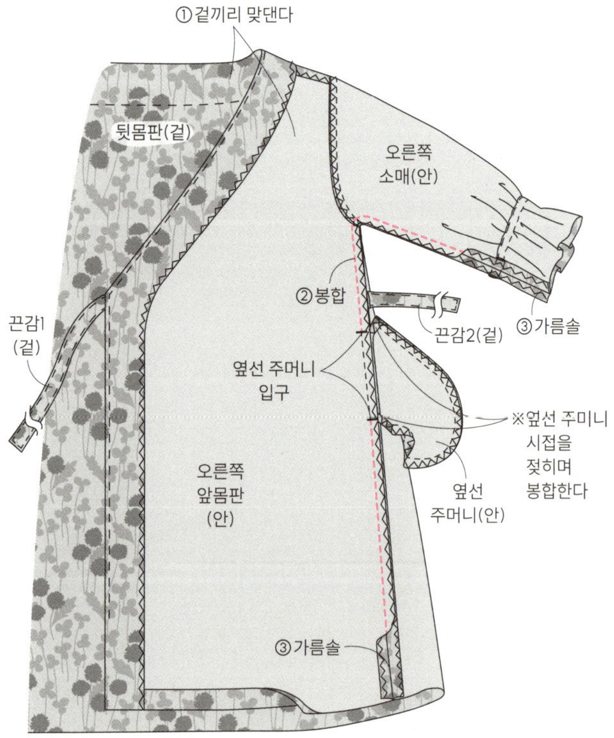

※미리 접어놓은 앞몸판 옆선 쪽 밑단 시접을 펼친 상태에서 봉합한다

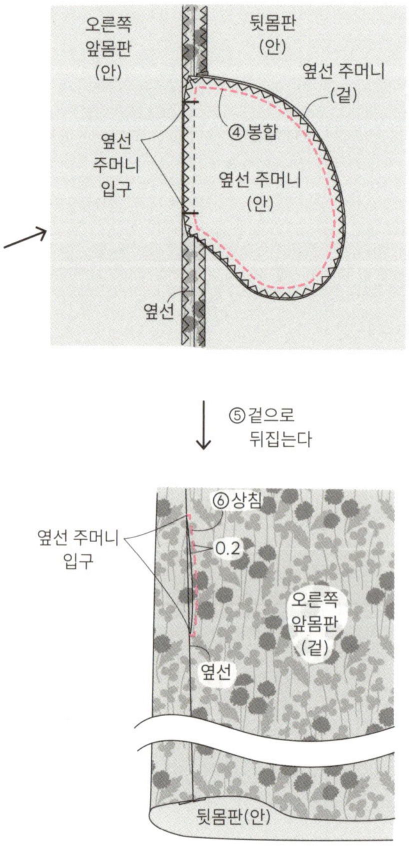

※몸판 시접을 젖혀 옆선 주머니와 함께
봉합되지 않도록 주의한다

※앞몸판과 앞몸판 쪽
옆선 주머니 입구만 잡아 상침한다
※왼쪽 옆선도 ①~⑥과정과
같은 방법으로 만든다

8 몸판과 소매의 밑단을 정리한다

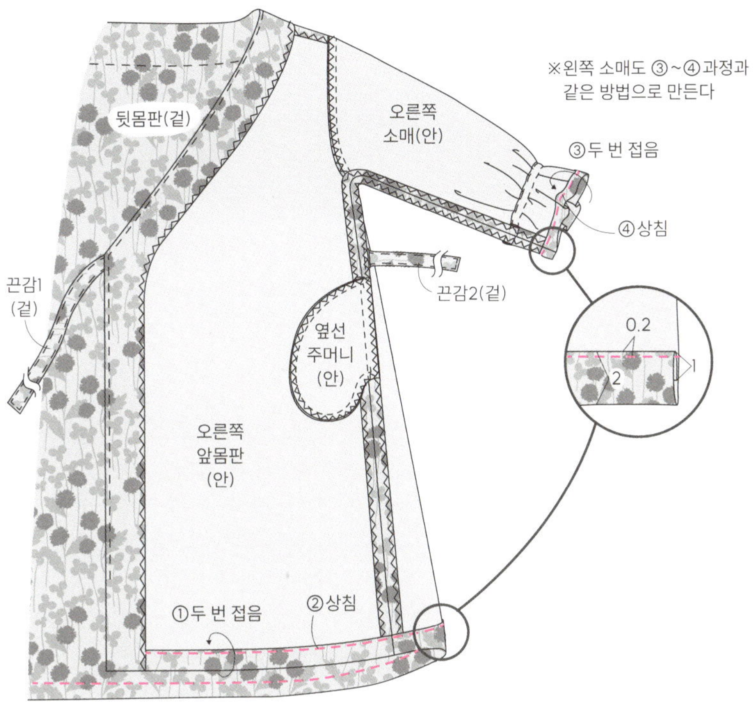

※몸판과 소매 겉에서 상침한다

9 실루프를 만들어 몸판에 달고, 끈감1을 실루프에 끼운다

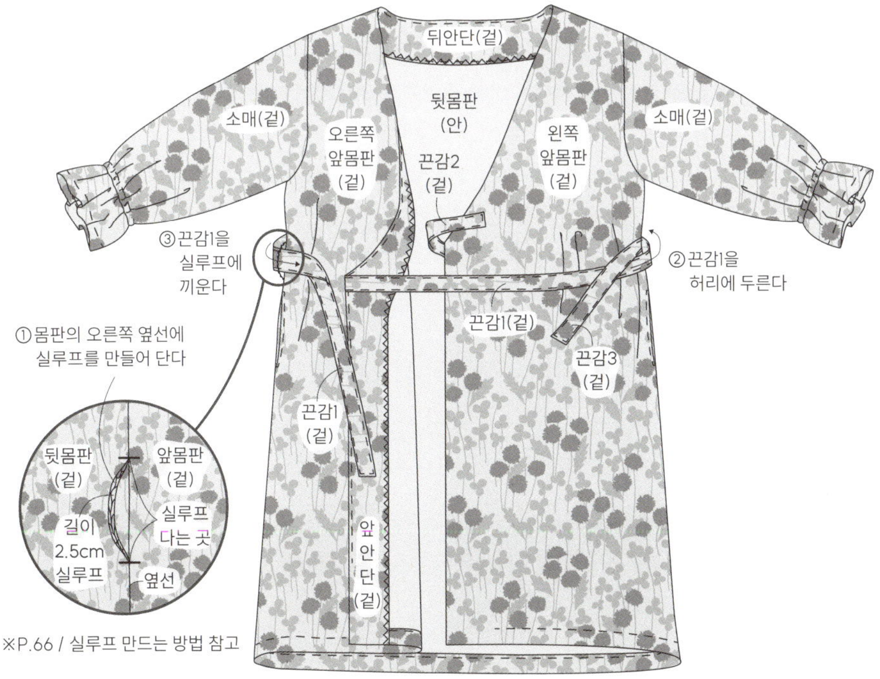

※P.66 / 실루프 만드는 방법 참고

b

베이직 블라우스 basic blouse ... PHOTO > P.08

◈ 완성 사이즈(cm)

사이즈 분류	55 size	66 size	77 size	88 size
옷길이	66	68.5	71	73
가슴둘레	98	103	108	112.5
소매길이	41.5	42.5	43.5	44.5

◈ 재료

· 원단 요척과 재료의 양은 가장 큰 사이즈의 패턴을 기준으로 작성되어 있습니다.
다른 사이즈의 패턴을 제작할 경우, 약간의 차이가 있을 수 있습니다.
· 겉감(린넨) ··· 140cm폭 x 225cm
· 소잉심지 ··· 110cm폭 x 90cm

◈ 패턴

· 패턴 면수 ··· A면의 [b] 패턴을 사용합니다.
· 실물 패턴 ··· 앞몸판, 뒷몸판, 앞안단, 뒤안단, 소매
· 참고 사항 ··· 1. 끈감 1·2·3은 직접 제도하여 사용합니다. (재단배치도 참고)

◈ 만드는 순서

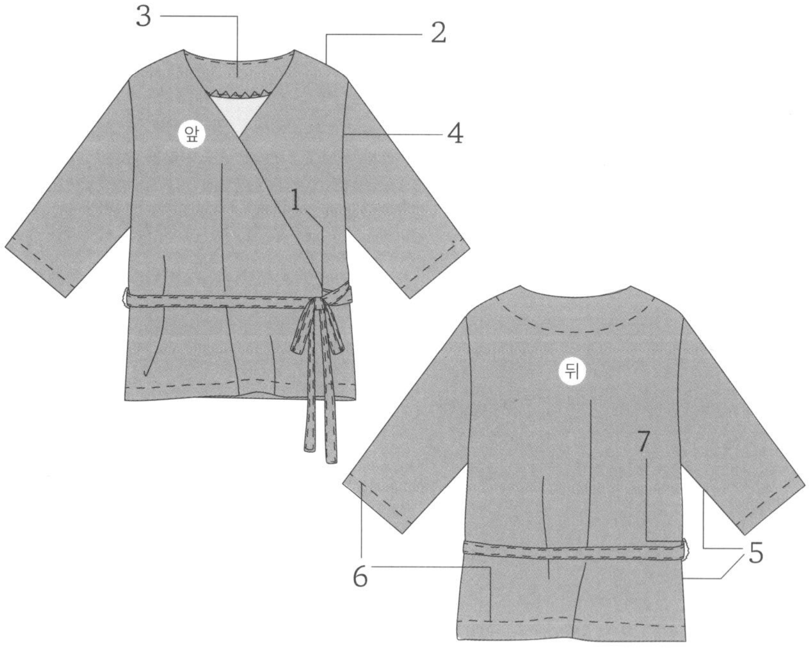

◈ 재단 배치도

· 지정 이외의 시접은 1cm
· [점선 상자] 부분에 소잉심지를 붙인다
· [지그재그] 표시된 부분은 지그재그봉제 또는 오버록 처리한다
· 끈감1·2·3은 직접 제도하여 사용한다

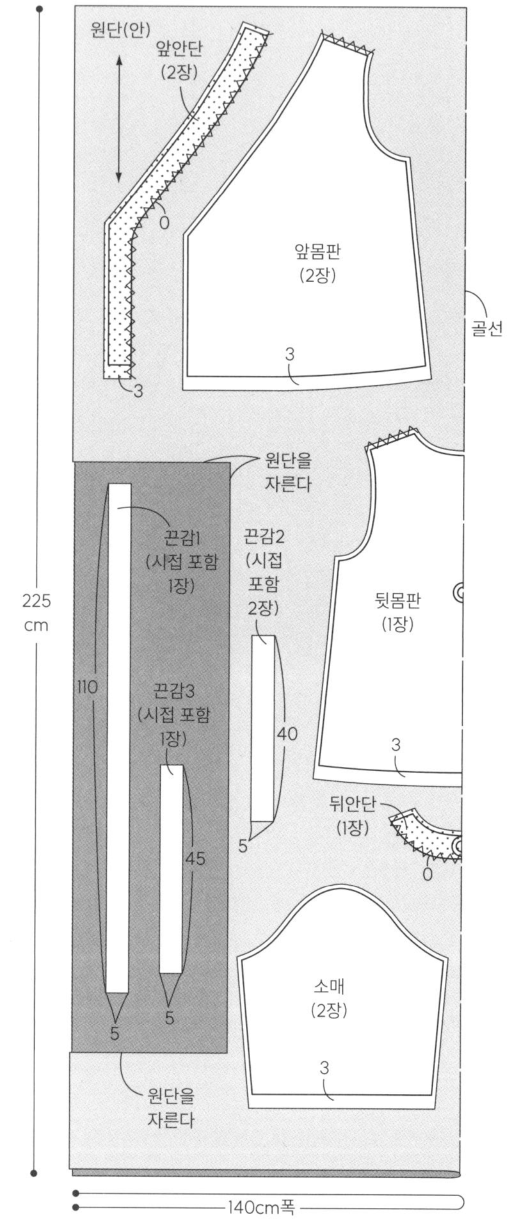

◈ 만드는 방법

· 치수가 기재되어 있지 않은 곳은 1cm로 봉합합니다.

1 끈감을 만들어 몸판에 단다 (P.51 / **1**-①~③, ⑤~⑧, ⑩~⑪ 참고)

2 몸판과 안단의 어깨를 봉합한다 (P.52 / **3**-①~⑥ 참고)

3 몸판에 안단을 단다 (P.52 / **4**-①~⑫ 참고)

4 몸판에 소매를 단다 (P.54 / **6**-①~④ 참고)

5 몸판과 소매의 옆선을 한 번에 이어서 봉합한다

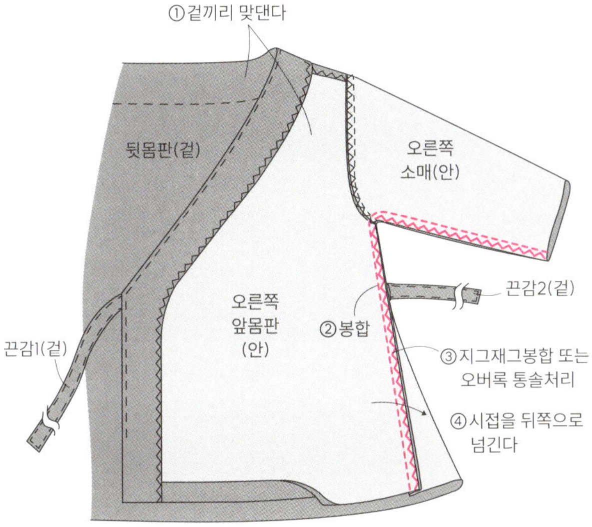

※미리 접어놓은 앞몸판 옆선 쪽 밑단 시접을 펼친 상태에서 봉합한다
※왼쪽 옆선도 ①~④과정과 같은 방법으로 만든다

6 몸판과 소매의 밑단을 정리한다 (P.55 / **8**-①~④ 참고)

7 실루프를 만들어 몸판에 단다 (P.55 / **9**-①~③ 참고)

Finish

C

베이직 스커트 basic skirt ... PHOTO > P.09

◈ 완성 사이즈(cm)

사이즈 분류	55 size	66 size	77 size	88 size
옷길이	93.5	95	96.5	98
허리둘레	74	79	84	89

◈ 재료

· 원단 요척과 재료의 양은 가장 큰 사이즈의 패턴을 기준으로 작성되어 있습니다.
다른 사이즈의 패턴을 제작할 경우, 약간의 차이가 있을 수 있습니다.

· 겉감(코튼 새틴) … 110cm폭 x 315cm

· 소잉심지 … 54cm폭 x 135cm

· 1.8cm폭 단추 … 1개

◈ 패턴

· 패턴 면수 … B면의 [c] 패턴을 사용합니다.

· 실물 패턴 … 앞스커트, 뒷스커트, 허리벨트(위), 허리벨트(아래)

· 참고 사항 … 1. 길이가 긴 패턴은 분리하여 수록하였습니다. 맞춤점에 맞춰 한 장으로 연결해주세요.
2. 끈감1·2는 직접 제도하여 사용합니다. (재단배치도 참고)

◈ 만드는 순서

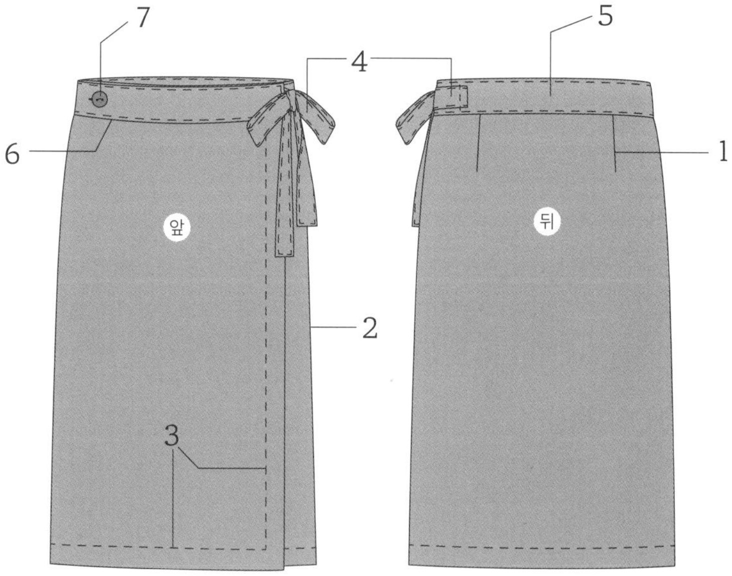

◈ 재단 배치도

· 지정 이외의 시접은 1cm

· [점무늬] 부분에 소잉심지를 붙인다

· 끈감1·2는 직접 제도하여 사용한다

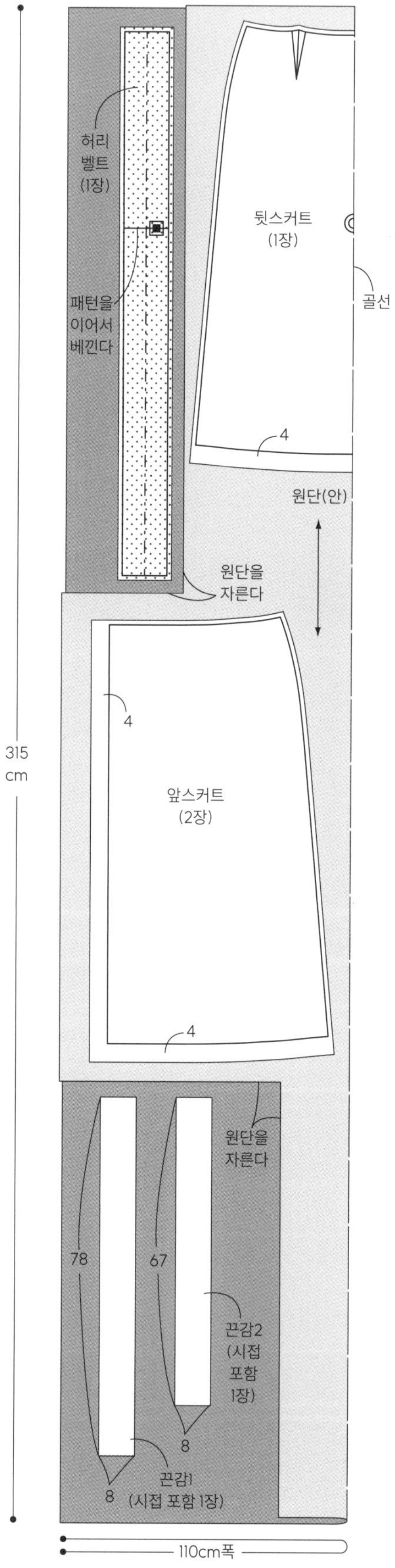

◈ 만드는 방법

· 치수가 기재되어 있지 않은 곳은 1cm로 봉합합니다.

1 뒷스커트에 다트를 만든다

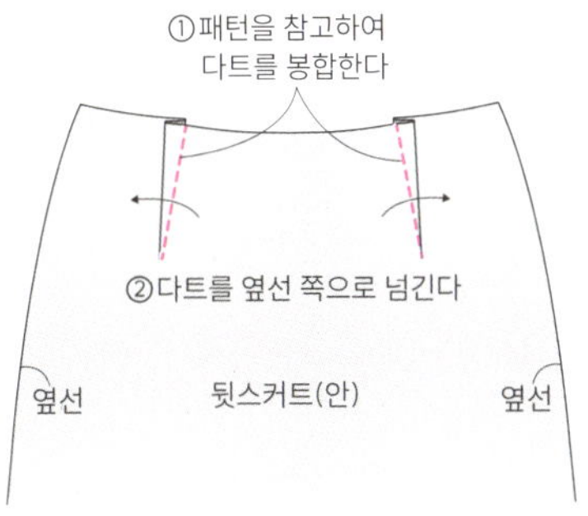

2 앞·뒤스커트의 옆선을 봉합한다

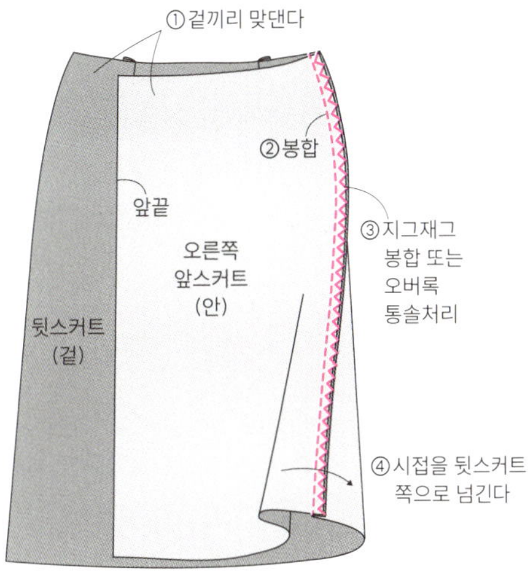

※왼쪽 옆선도 ①~④과정과 같은 방법으로 만든다

3 스커트의 앞끝과 밑단을 정리한다

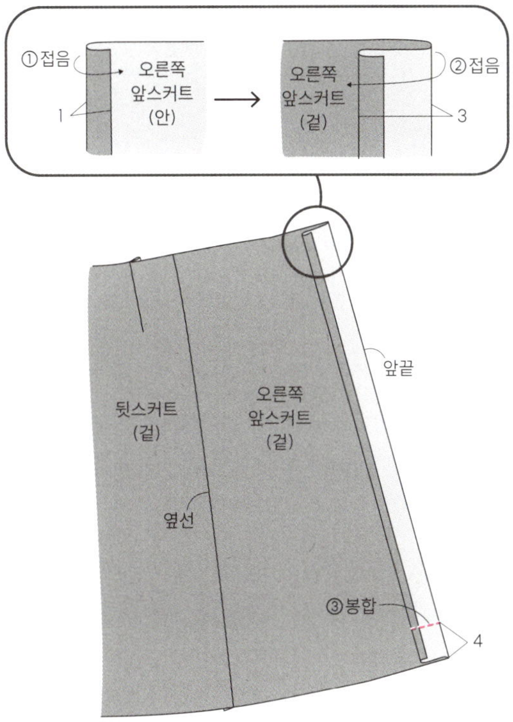

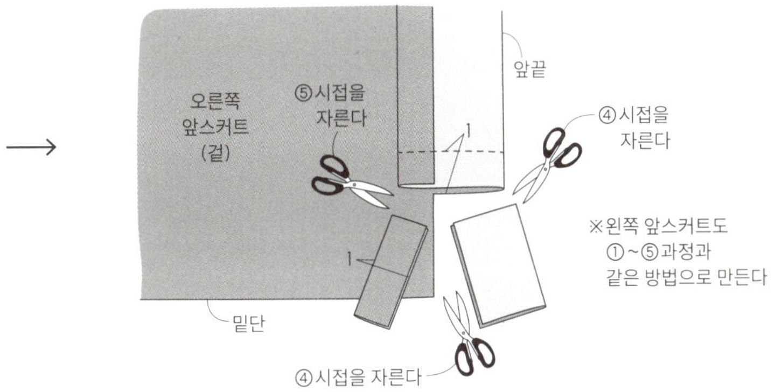

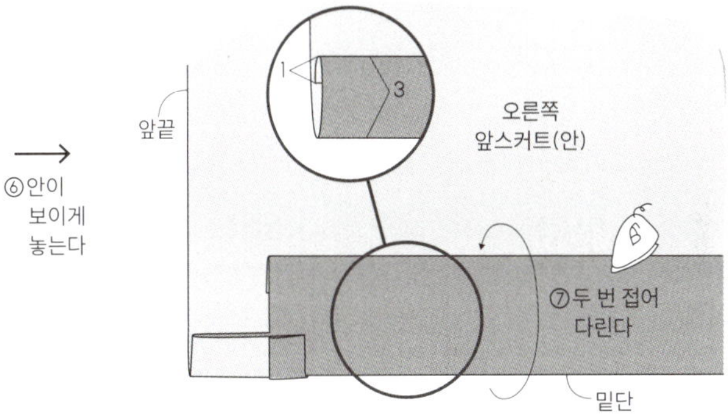

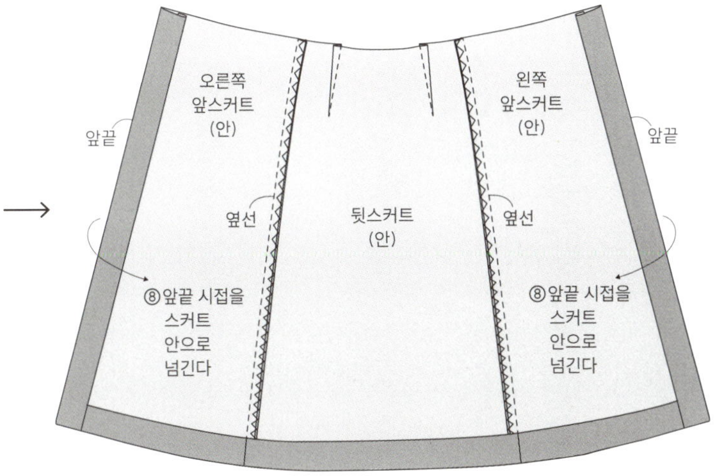

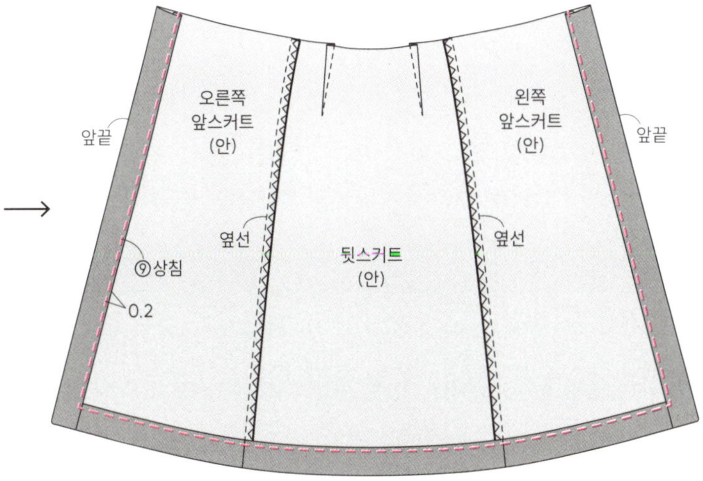

※스커트 겉에서 상침한다

4 끈감1·2를 만들어 허리벨트에 단다

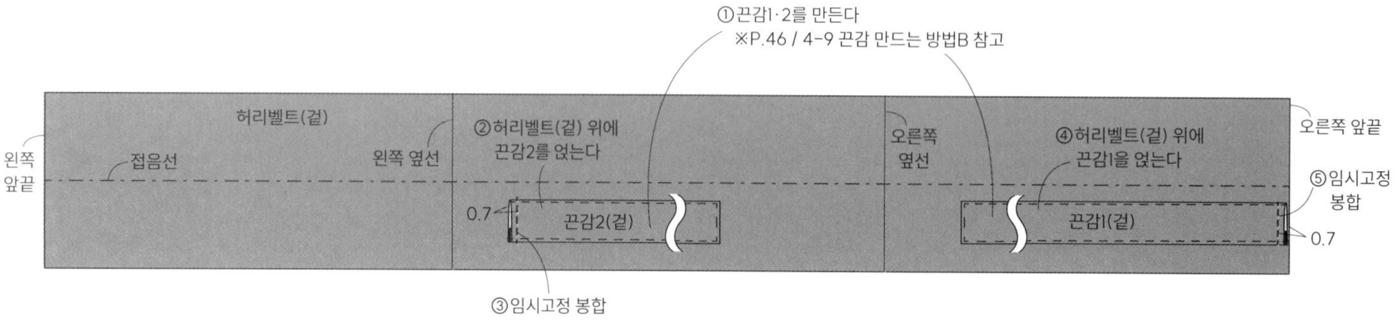

5 허리벨트를 만든다

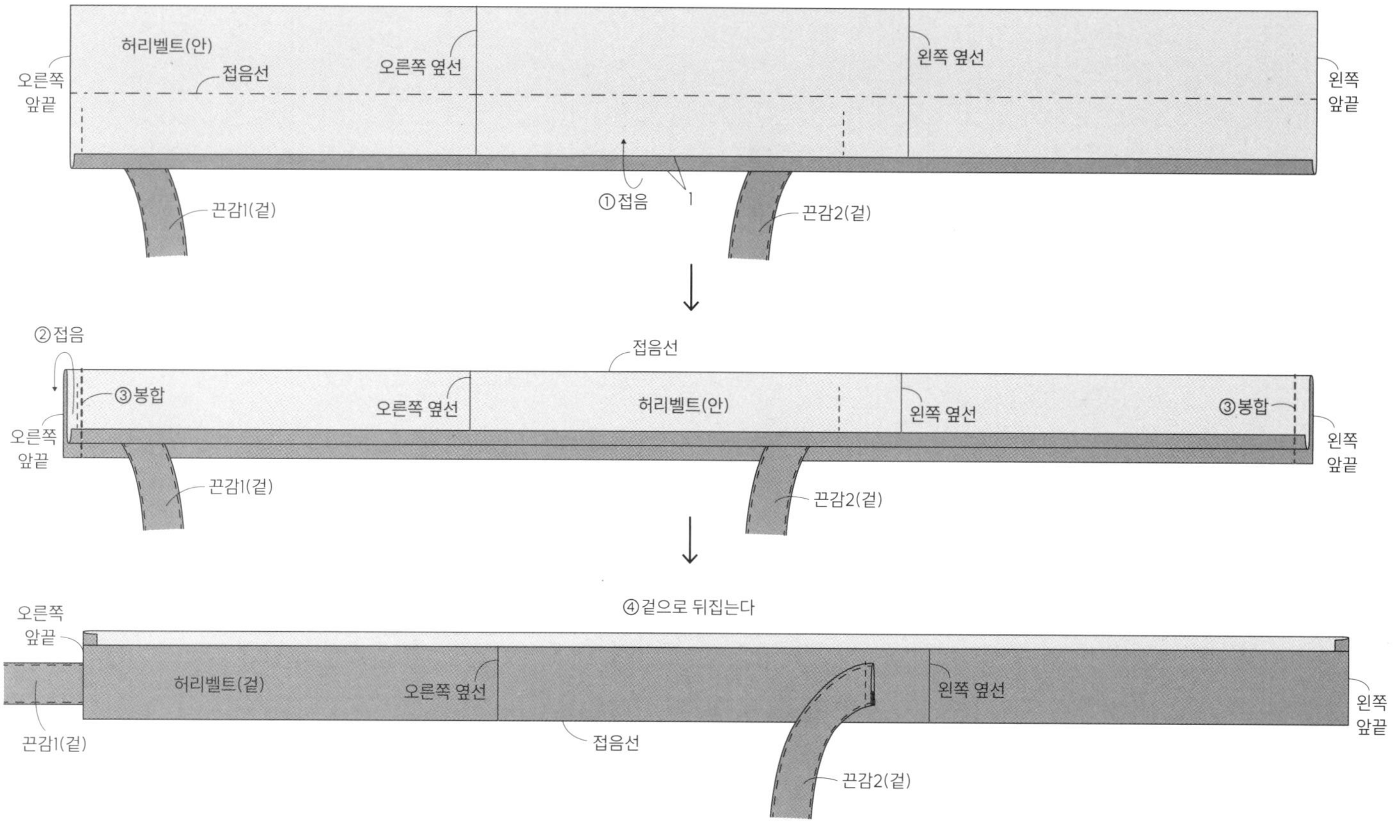

6 스커트에 허리벨트를 단다

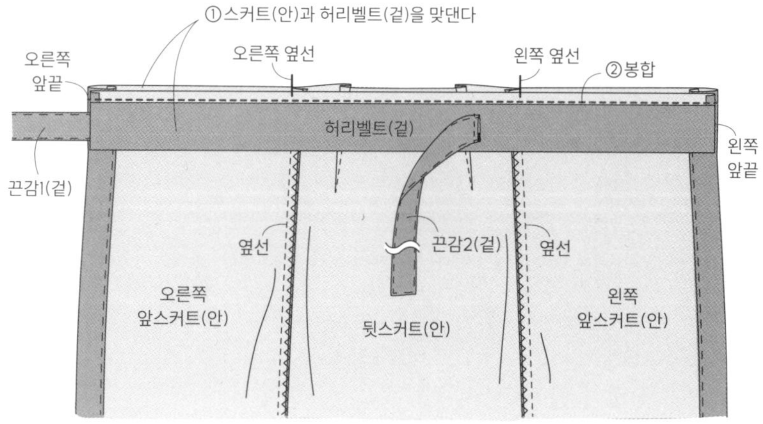

※스커트의 옆선 솔기와
허리벨트의 옆선을 맞춘다

→

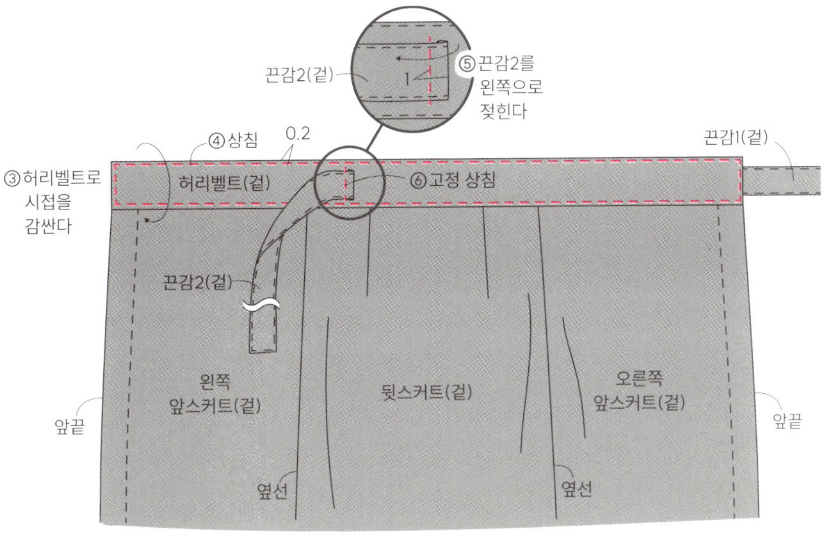

7 허리벨트에 단춧구멍을 뚫고, 단추를 단다

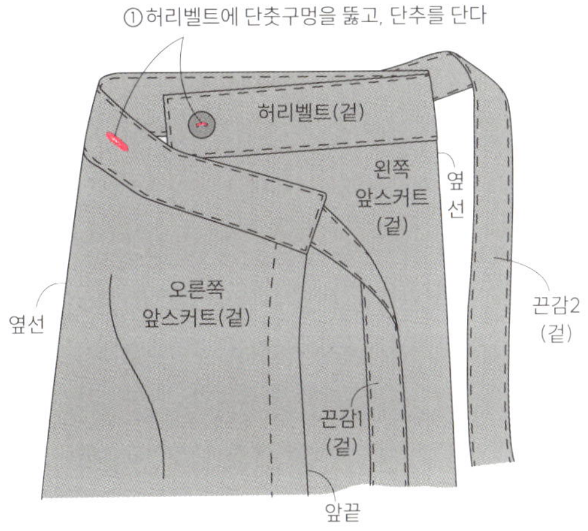

d

테일러드 블라우스 tailored blouse ... PHOTO > P.10

◈ 완성 사이즈(cm)

사이즈 분류	55 size	66 size	77 size	88 size
옷길이	65.5	67	68.5	70.5
가슴둘레	97.5	102.5	108	113.5
소매길이	25.5	26	27	27.5

◈ 재료

· 원단 요척과 재료의 양은 가장 큰 사이즈의 패턴을 기준으로 작성되어 있습니다.
다른 사이즈의 패턴을 제작할 경우, 약간의 차이가 있을 수 있습니다.
· 겉감(린넨) … 140cm폭 x 270cm
· 소잉심지 … 54cm폭 x 180cm
· 1.2cm폭 소잉테이프 심지 … 1팩
· 1.8cm폭 단추 … 2개

◈ 패턴

· 패턴 면수 … B면의 [d] 패턴을 사용합니다.
· 실물 패턴 … 앞몸판, 뒷몸판, 앞안단, 뒤안단, 겉·안칼라, 소매
· 참고 사항 … 1. 끈감1·2는 직접 제도하여 사용합니다. (재단배치도 참고)

◈ 만드는 순서

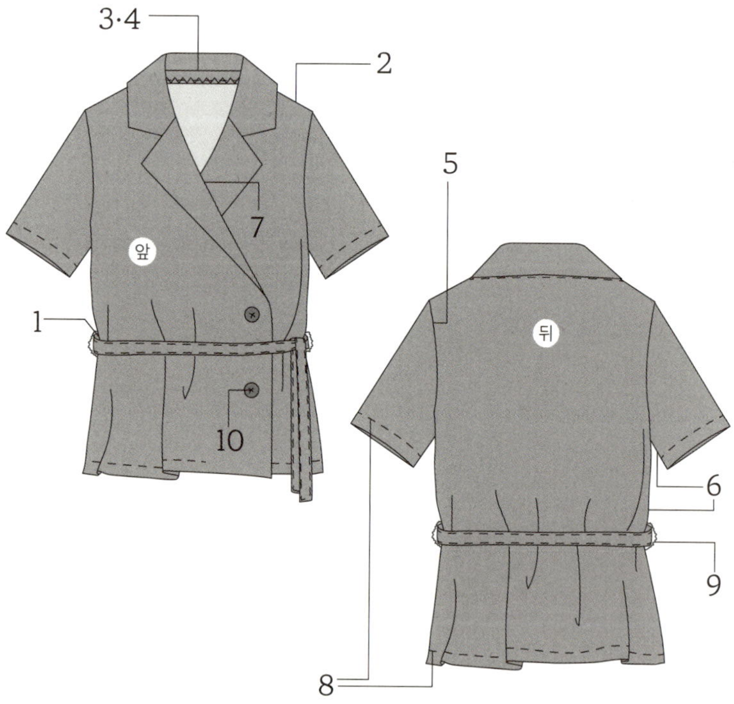

◈ 재단 배치도

· 지정 이외의 시접은 1cm
· [점 무늬] 부분에 소잉심지를 붙인다
· [분홍 점 무늬] 부분에 소잉테이프 심지를 붙인다
· 〰 표시된 부분은 지그재그봉제 또는 오버록 처리한다
· 끈감1·2는 직접 제도하여 사용한다

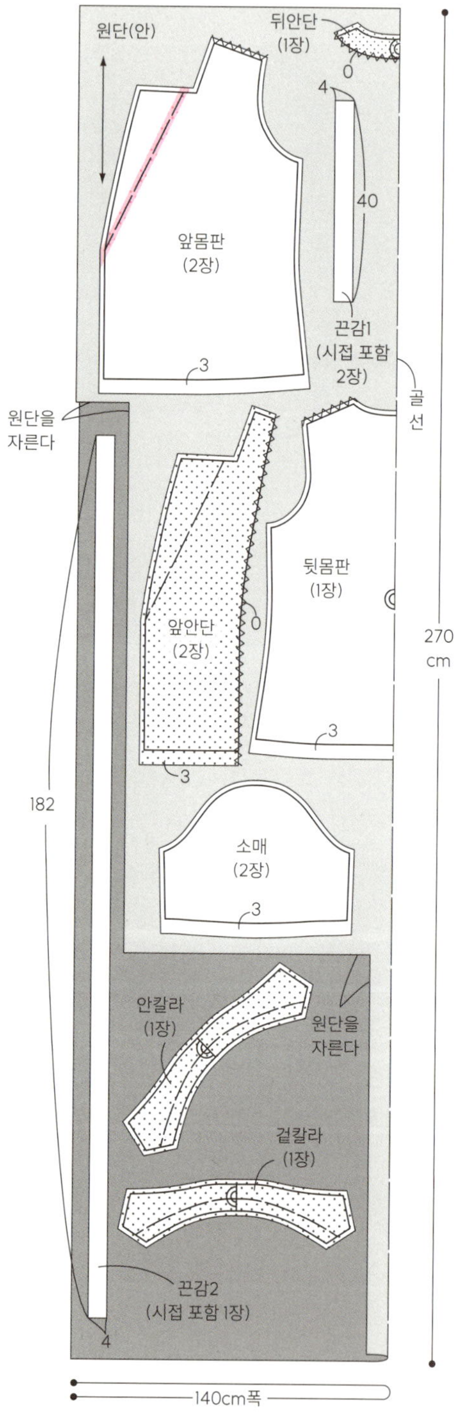

◈ 만드는 방법

· 치수가 기재되어 있지 않은 곳은 1cm로 봉합합니다.

1 끈감을 만들어 몸판에 단다

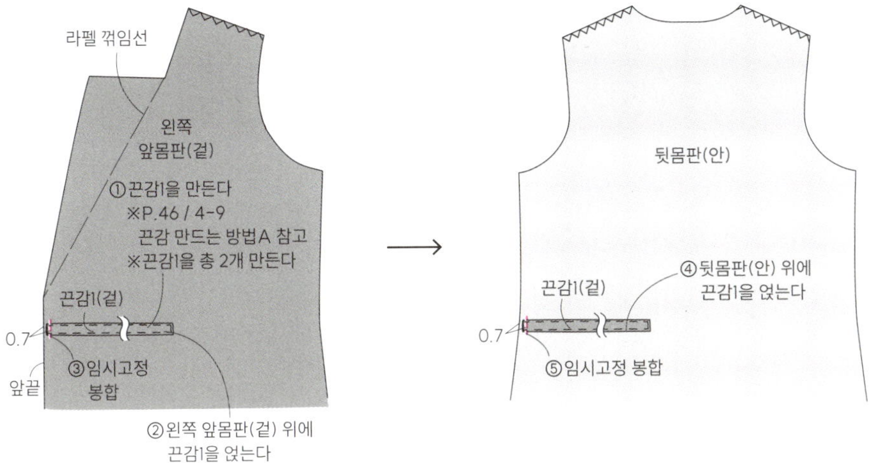

2 몸판과 안단의 어깨를 봉합한다

(P.52 / 3-①~⑥ 참고)

3 몸판과 안단에 칼라를 단다

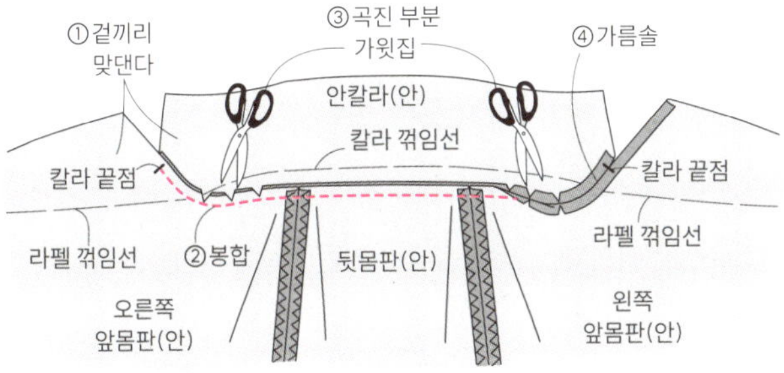

※안단과 겉칼라도 ①~④과정과 같은 방법으로 만든다

4 몸판에 안단을 단다

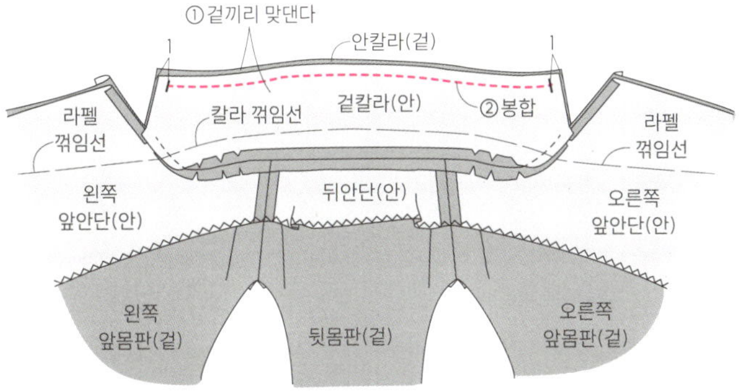

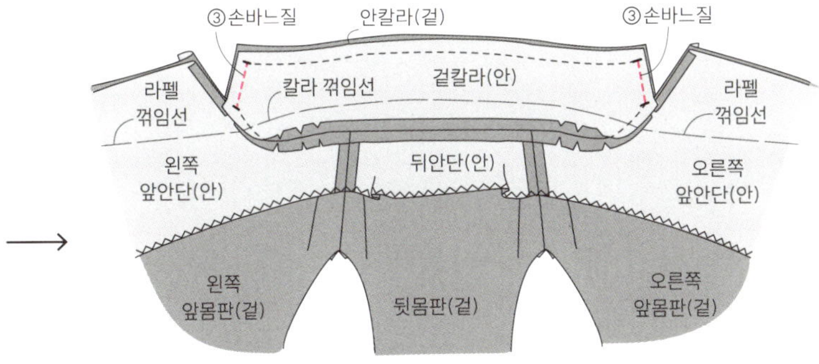

※각진 부분은 꼼꼼하게 손바느질 한다
(미싱보다는 손바느질해야 뒤집었을 때 모양이 잘 나온다)

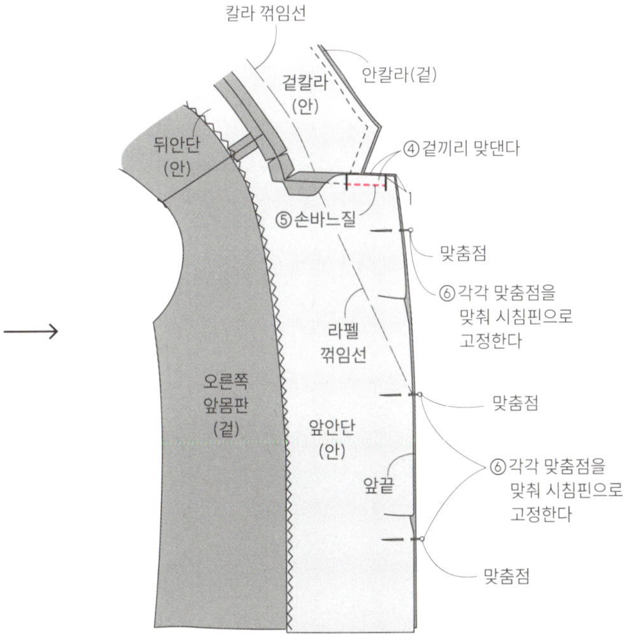

※각진 부분은 꼼꼼하게 손바느질한다
(미싱보다는 손바느질해야 뒤집었을 때 모양이 잘 나온다)

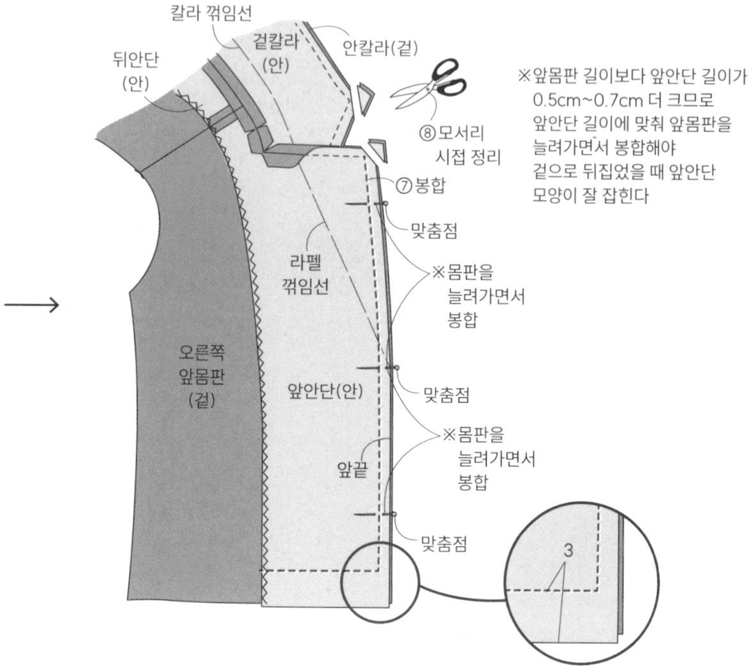

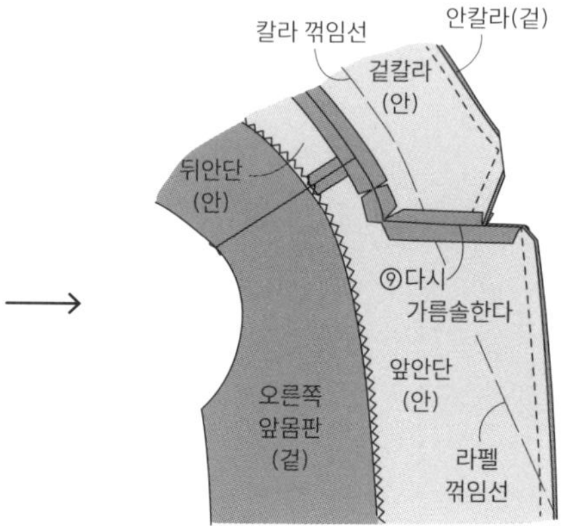

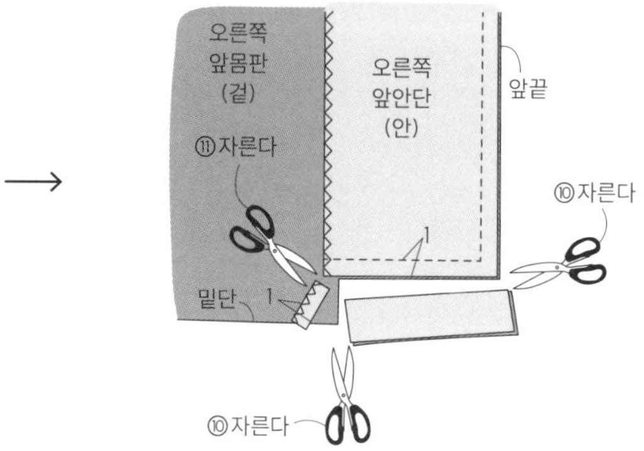

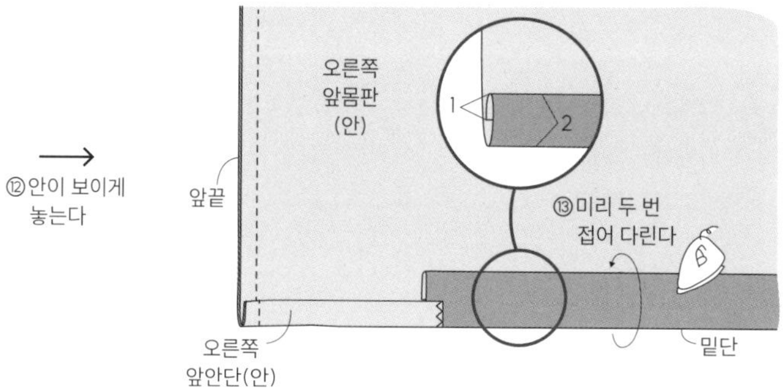

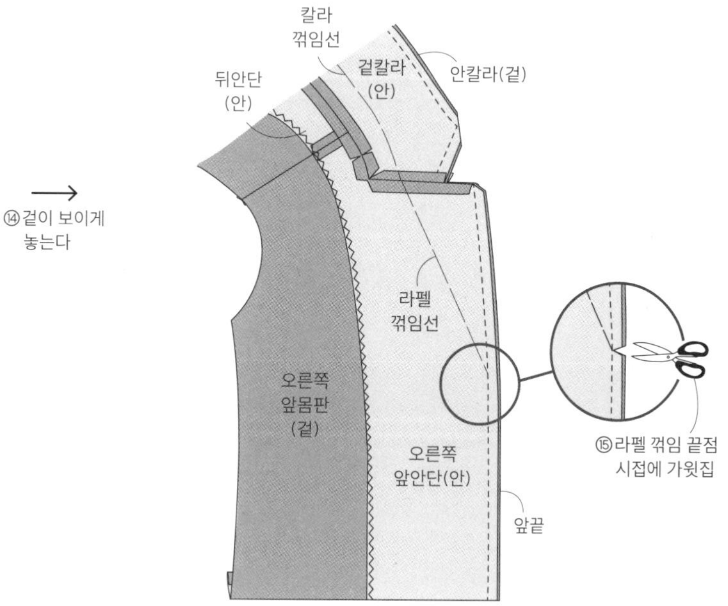

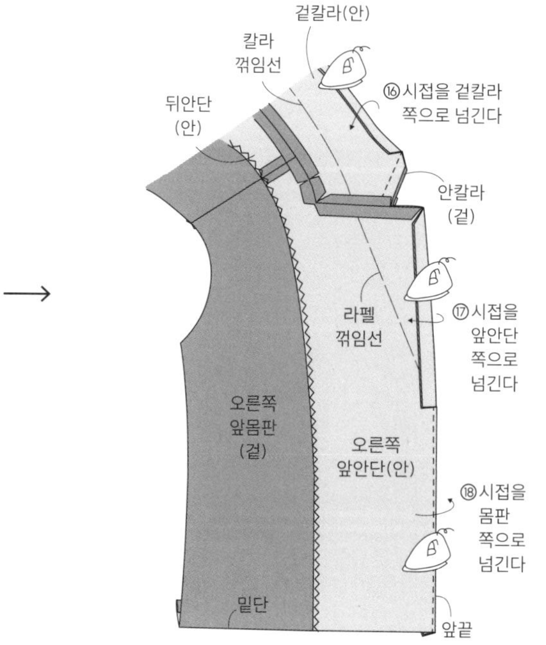

※시접을 각각 다려줘야 겉으로 뒤집었을 때 모양이 잘 잡힌다
※왼쪽 앞끝과 밑단도 ④~⑱ 과정과 같은 방법으로 만든다

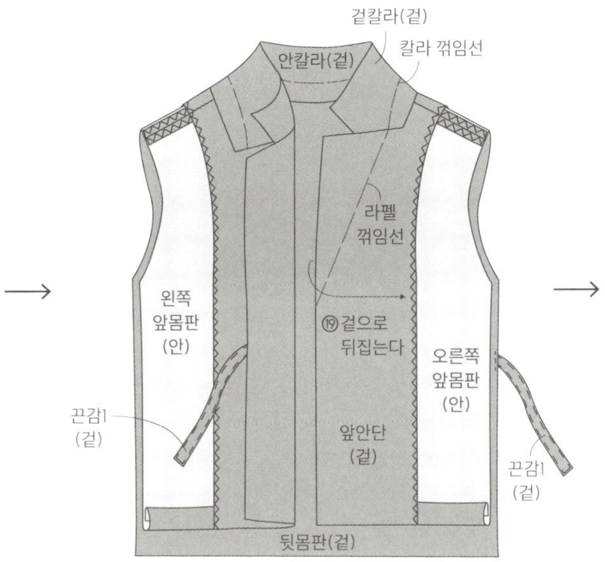

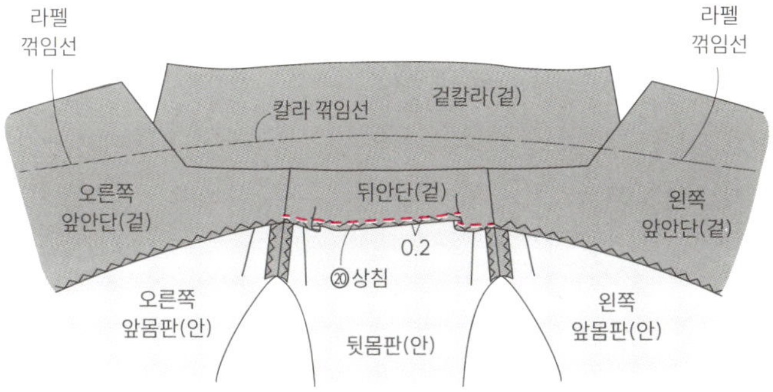

※뒷몸판 겉에서 상침한다

5 몸판에 소매를 단다 (P.54 / 6-①~④ 참고)

6 몸판과 소매의 옆선을 한 번에 이어서 봉합한다 (P.57 / 5-①~④ 참고)

7 칼라를 정리한다

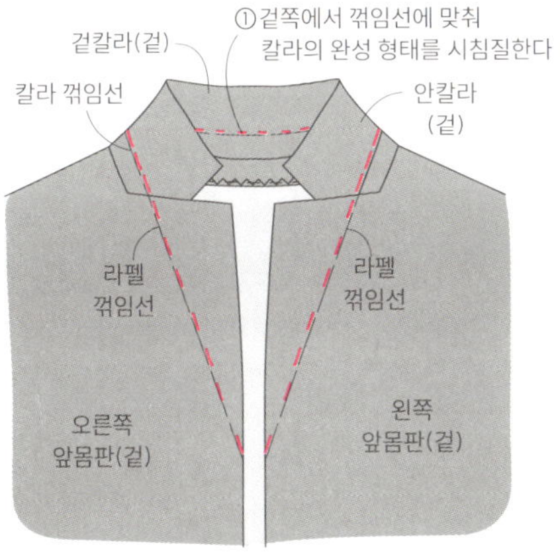

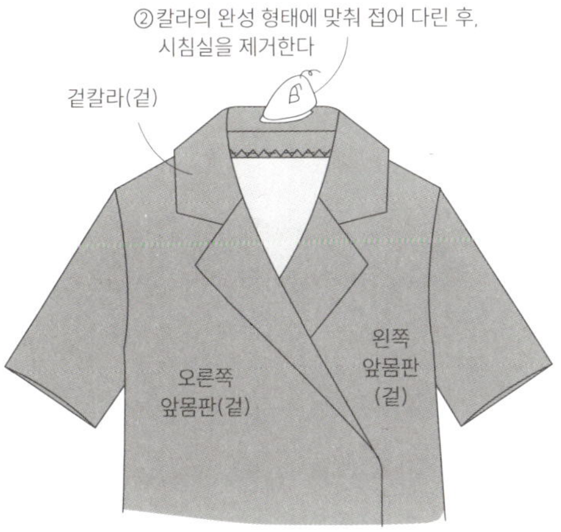

8 몸판과 소매의 밑단을 정리한다 (P.55 / 8-①~④ 참고)

9 실루프를 만들어 몸판에 달고, 끈감2를 만들어 실루프에 끼운다

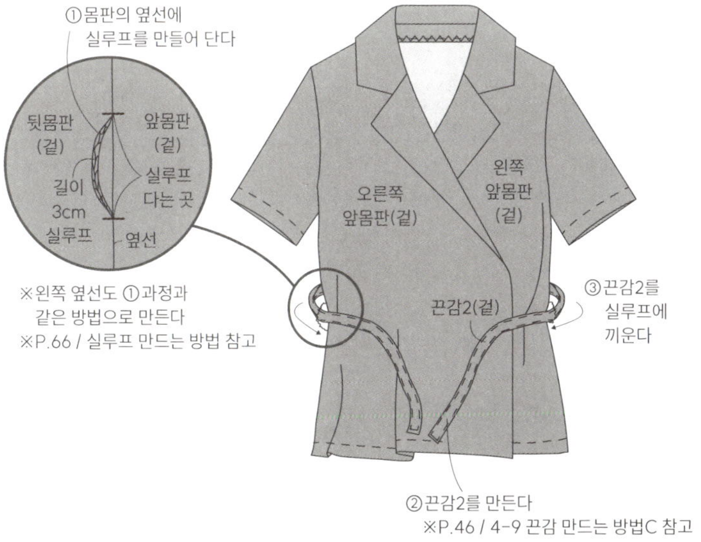

10 몸판에 단춧구멍을 뚫고, 단추를 단다

실루프 만드는 방법

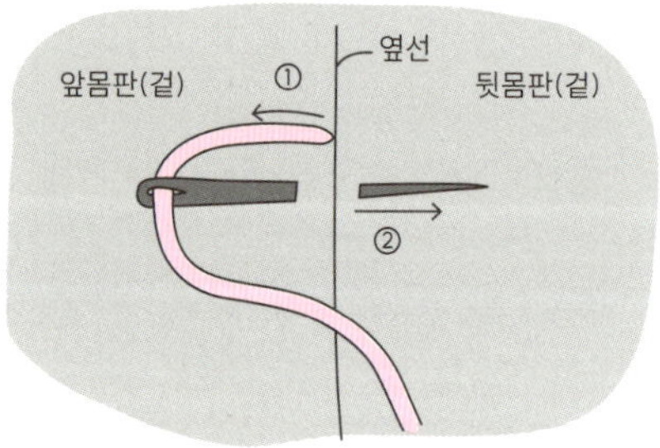

①실 끝에 매듭을 짓고 원단 안쪽에서 겉으로 바늘을 빼준다
②실이 나온 아래쪽에 다시 바늘을 넣어 실을 빼낸다

→

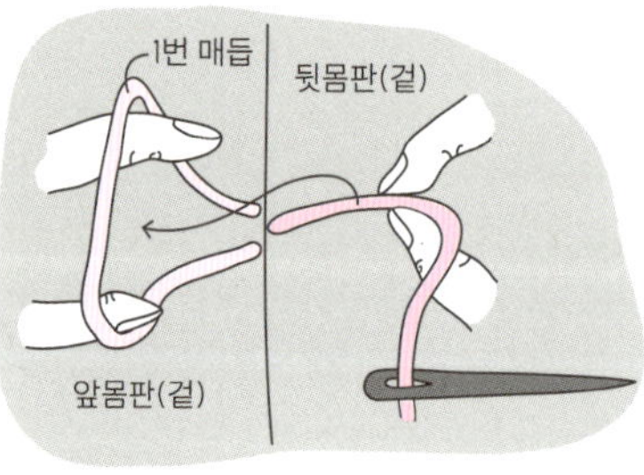

③왼손 엄지와 검지를 이용해 삼각형 모양의 고리를 만들고 겉으로 빼낸 실을 오른손으로 잡는다
※실에서 바늘이 빠지지 않도록 주의한다

→

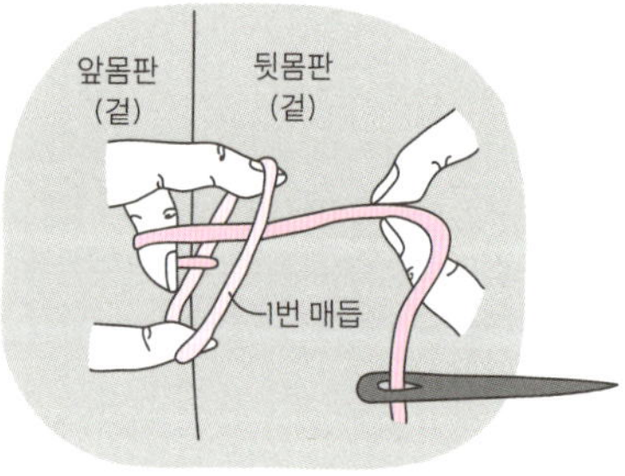

④왼손 중지를 이용해 고리 사이로 실을 당긴다

→

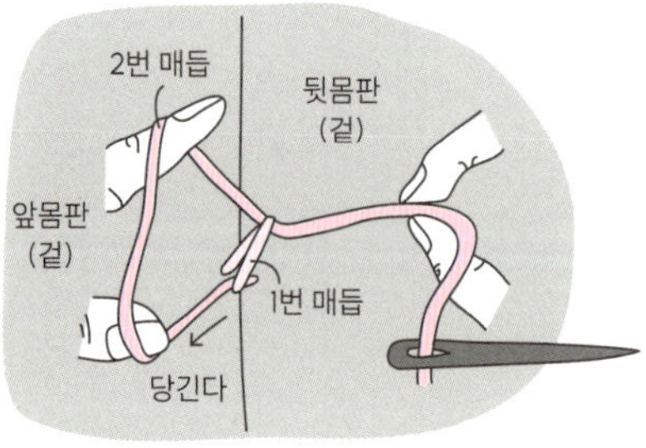

⑤엄지와 중지로 만든 고리를 놓고, 당긴 실로 다시 고리를 만든 후 원하는 길이가 될 때까지 ③~⑤과정을 반복한다

→

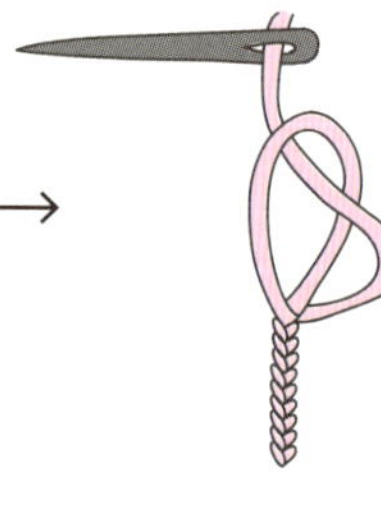

⑥원하는 길이가 되면 마지막 고리 안으로 바늘을 넣어 실을 잡아 당기고, 몸판 안으로 바늘을 통과시켜 고정시킨 후 마무리한다

e

지퍼 와이드 팬츠 zipper wide pants ... PHOTO > P.11

◈ 완성 사이즈(cm)

사이즈 분류	55 size	66 size	77 size	88 size
옷길이	100	102	104	106
엉덩이 둘레	99	104	108.5	113.5

◈ 재료

· 원단 요척과 재료의 양은 가장 큰 사이즈의 패턴을 기준으로 작성되어 있습니다.
다른 사이즈의 패턴을 제작할 경우, 약간의 차이가 있을 수 있습니다.

· 겉감(코튼 린넨) … 110cm폭 x 360cm

· 소잉심지 … 54cm폭 x 90cm

· 1.8cm폭 지퍼전용 접착테이프 심지 … 1팩

· 25cm 길이 콘실지퍼 … 1개

· 2.5cm폭 고무줄 … 1팩

· 2cm폭 단추 … 1개

◈ 패턴

· 패턴 면수 … A면의 [e] 패턴을 사용합니다.

· 실물 패턴 … 왼쪽 앞팬츠(위), 왼쪽 앞팬츠(아래), 오른쪽 앞팬츠(위), 오른쪽 앞팬츠(아래),
뒤팬츠(위), 뒤팬츠(아래), 앞허리벨트, 뒤허리벨트

· 참고 사항 … 1. 길이가 긴 패턴은 분리하여 수록하였습니다. 맞춤점에 맞춰 한 장으로 연결해주세요.

◈ 만드는 순서

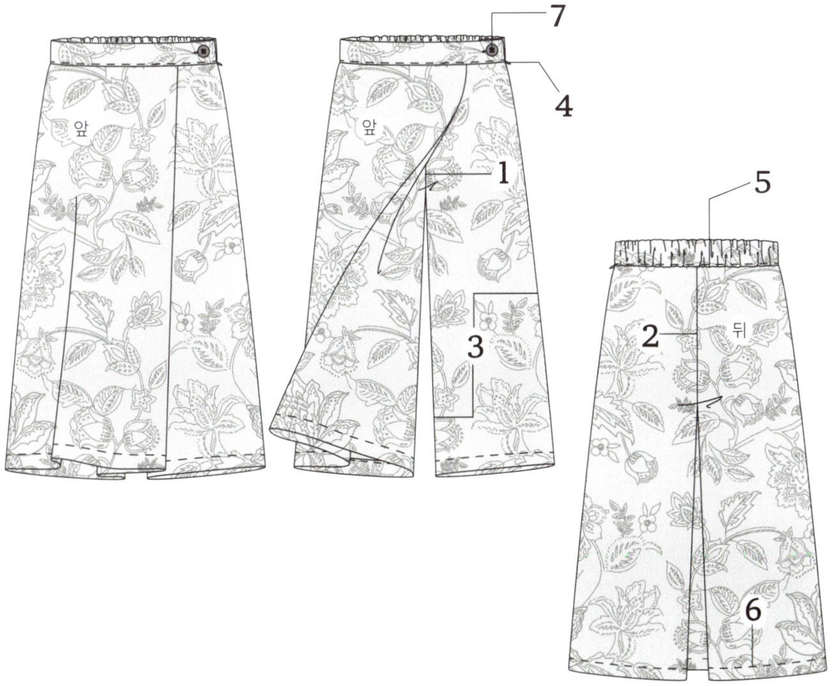

◈ 재단 배치도

· 지정 이외의 시접은 1cm

· [점무늬] 부분에 소잉심지를 붙인다

· [분홍색] 부분에 지퍼테이프 심지를 붙인다

· [지그재그] 표시된 부분은 지그재그봉제 또는 오버록 처리한다

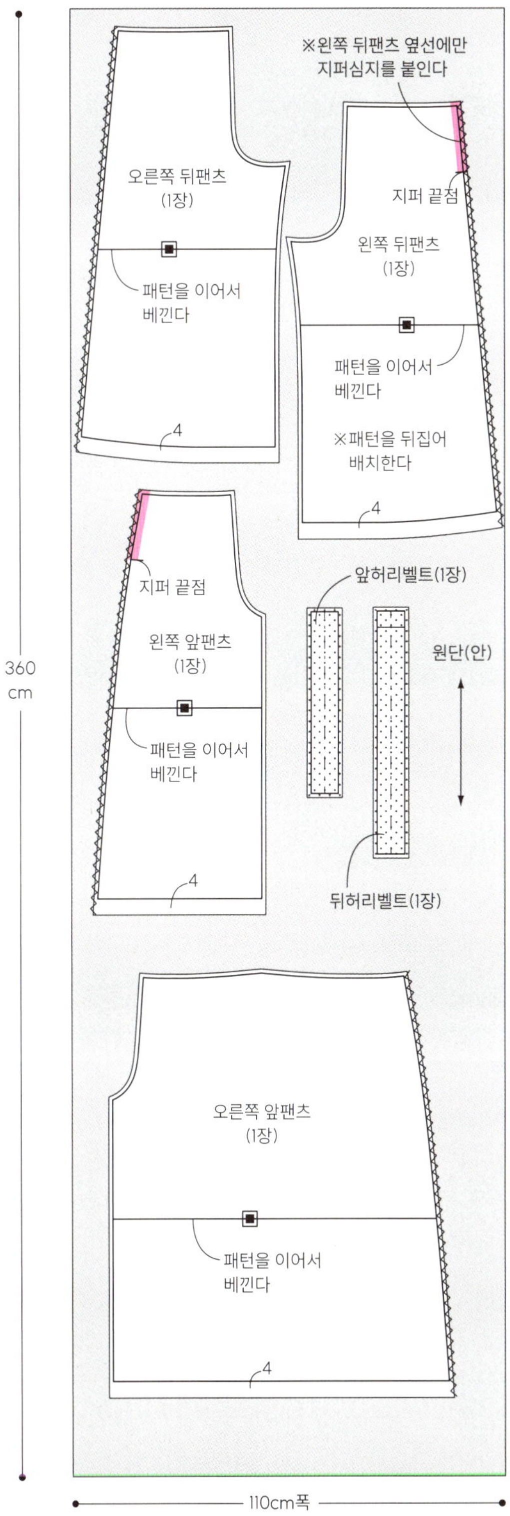

◈ 만드는 방법

·치수가 기재되어 있지 않은 곳은 1cm로 봉합합니다.

1 앞팬츠의 밑위를 봉합한다

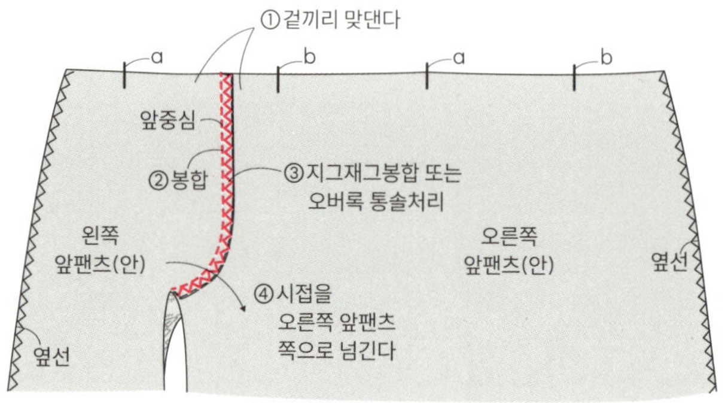

⑤겉이 보이게 놓는다

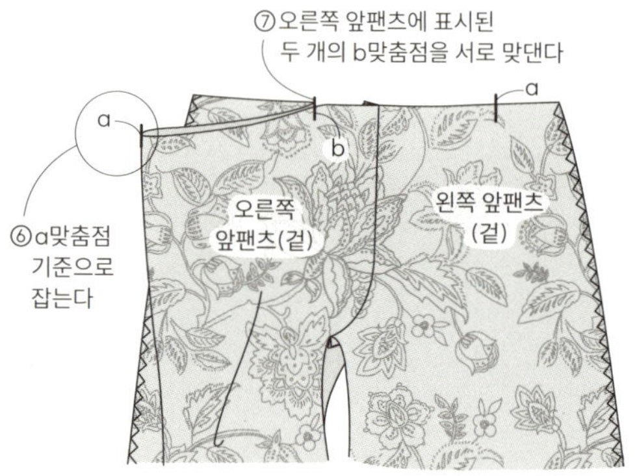

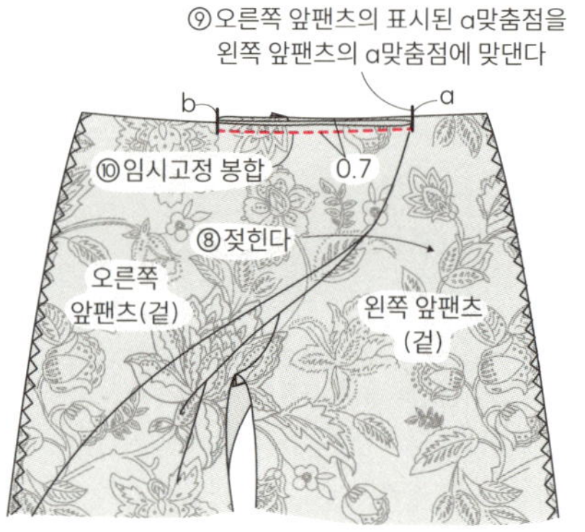

2 뒤팬츠의 밑위를 봉합한다

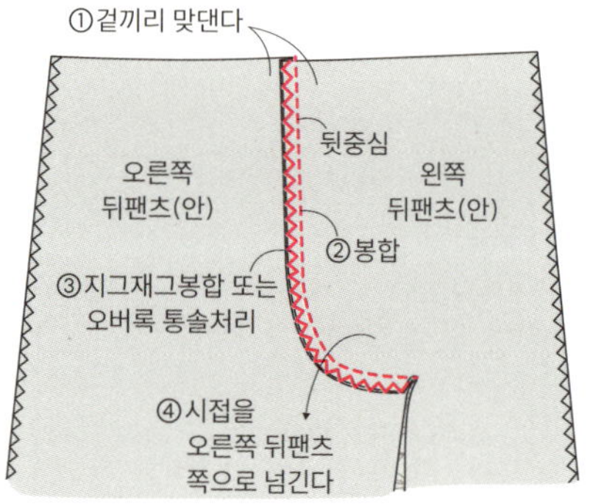

3 팬츠의 옆선과 밑아래 둘레를 봉합한다

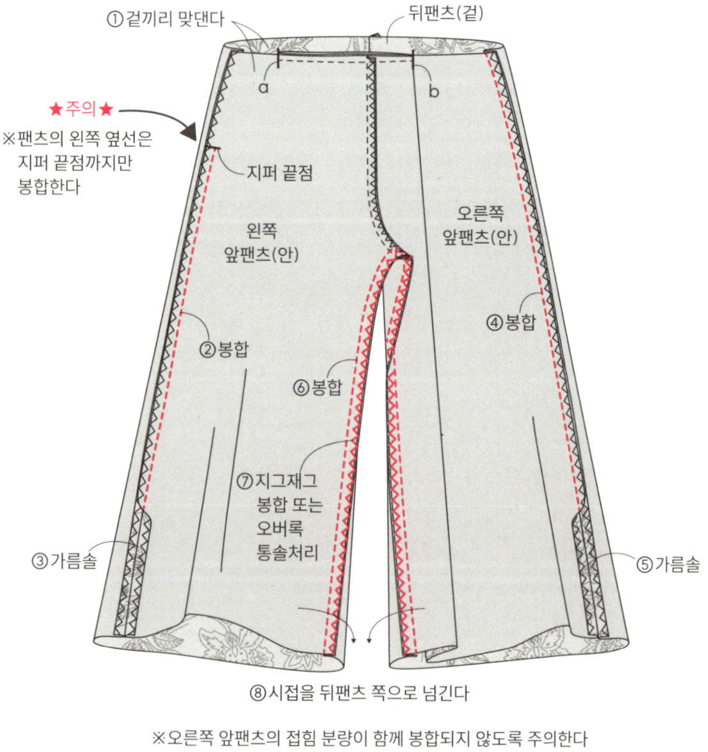

※오른쪽 앞팬츠의 접힘 분량이 함께 봉합되지 않도록 주의한다

4 팬츠에 지퍼를 단다

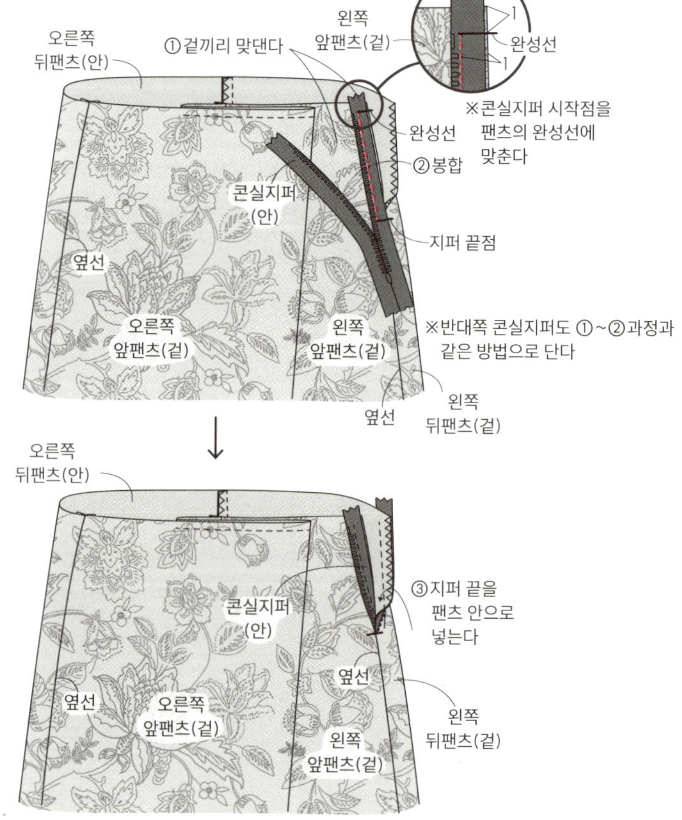

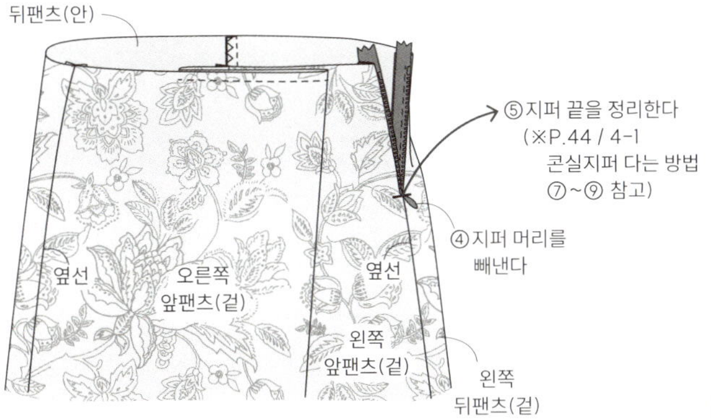

5 허리벨트를 만들어 팬츠에 단다

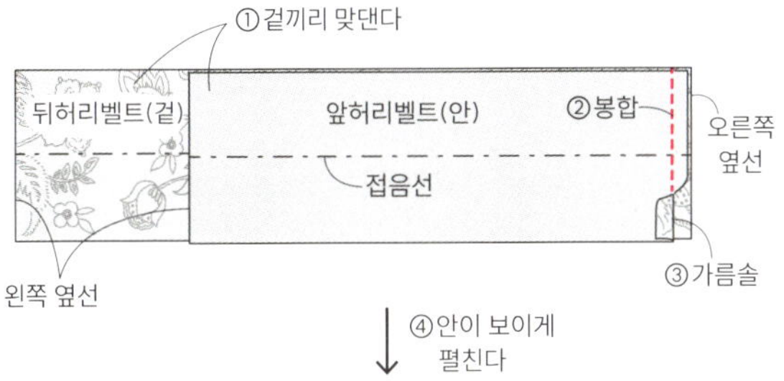

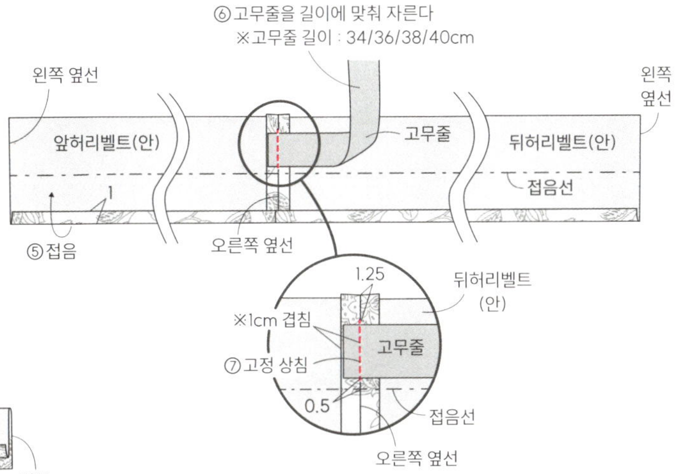

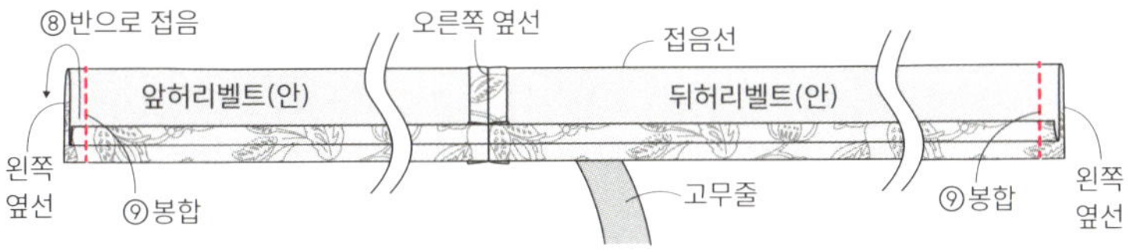

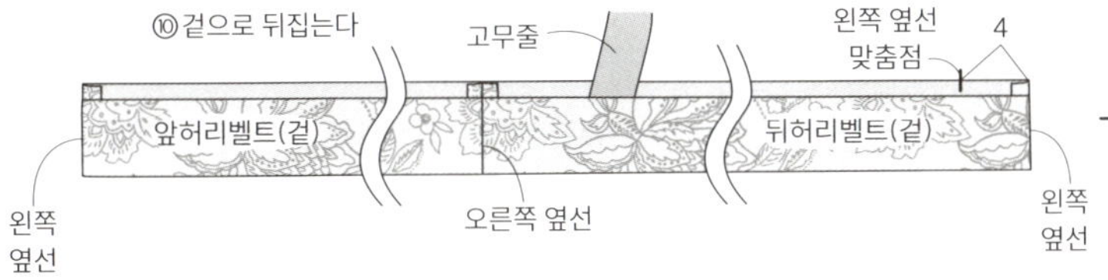

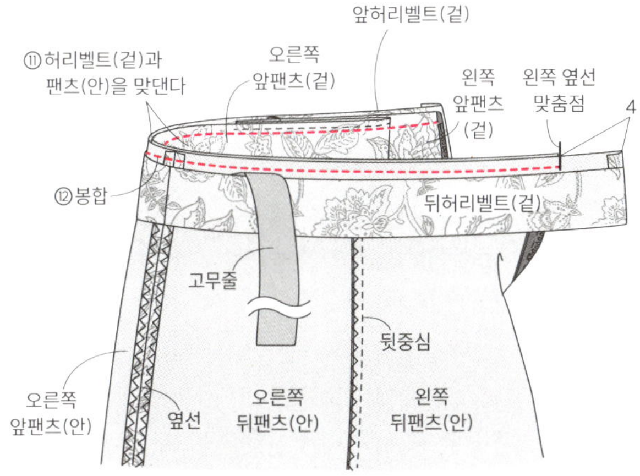

※팬츠와 허리벨트의 양 옆선을 맞춘다

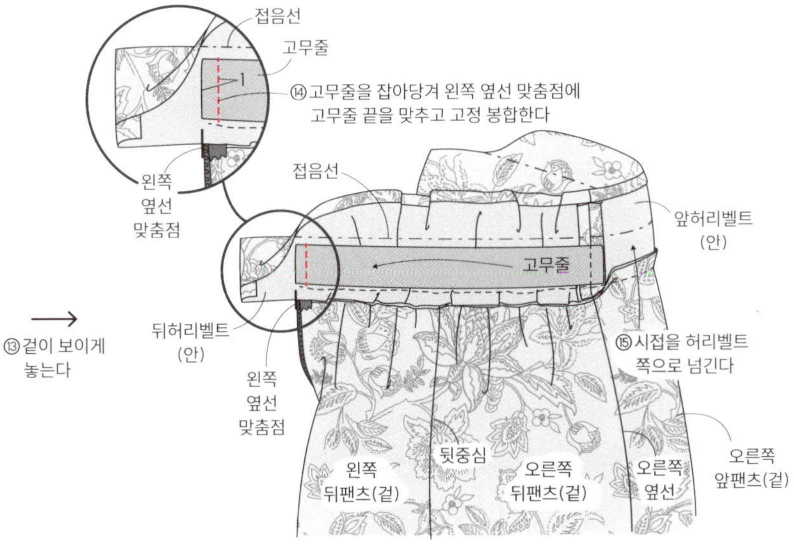

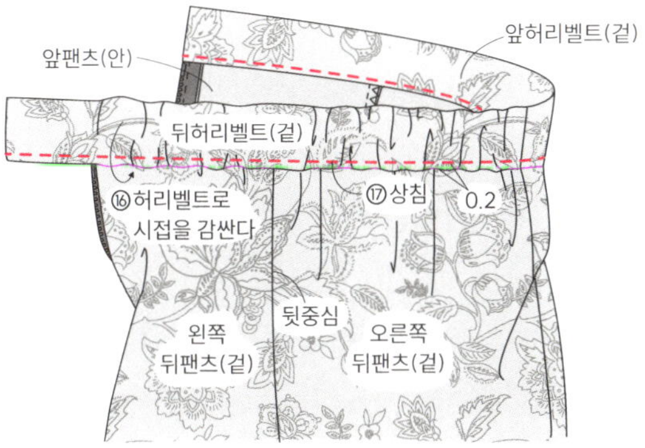

※고무줄을 늘려가면서 상침한다

6 팬츠의 밑단을 정리한다

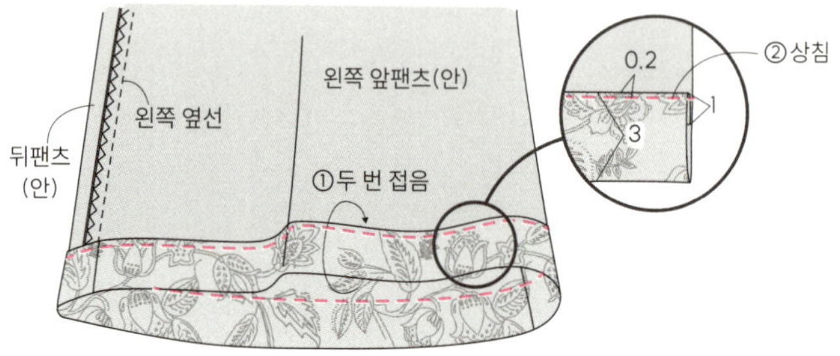

※오른쪽 팬츠도 ①~②과정과 같은 방법으로 만든다

7 허리벨트에 단춧구멍을 뚫고, 단추를 단다

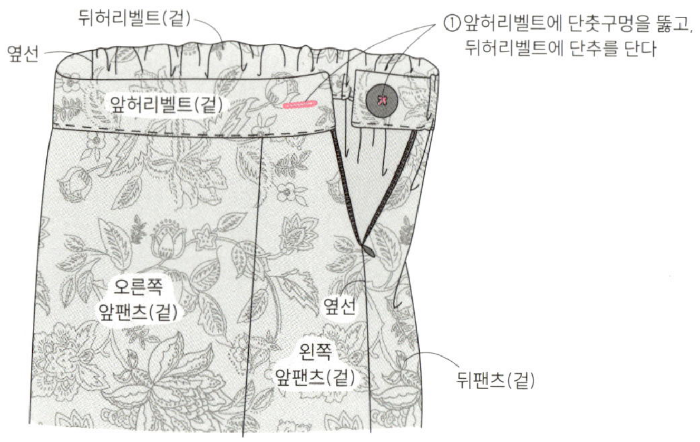

Finish

f

반팔 셔츠 원피스 short sleeve shirt dress ... PHOTO > P.13

◈ 완성 사이즈(cm)

사이즈 분류	55 size	66 size	77 size	88 size
옷길이	123.5	125	127	129
가슴둘레	92	97	101.5	106.5
소매길이	28	29	30	31.5

◈ 재료

· 원단 요척과 재료의 양은 가장 큰 사이즈의 패턴을 기준으로 작성되어 있습니다.
다른 사이즈의 패턴을 제작할 경우, 약간의 차이가 있을 수 있습니다.
· 겉감(코튼 실크) … 120cm폭 x 405cm
· 소잉심지 … 54cm폭 x 180cm
· 3.2cm폭 D링 … 2개
· 1.5cm폭 단추 … 3개

◈ 패턴

· 패턴 면수 … D면의 [f] 패턴을 사용합니다.
· 실물 패턴 … 앞몸판, 뒷몸판, 뒤안단, 겉·안칼라, 겉·안앞허리벨트, 겉·안뒤허리벨트, 왼쪽 앞스커트(위), 왼쪽 앞스커트(아래), 오른쪽 앞스커트(위), 오른쪽 앞스커트(아래), 뒷스커트
· 참고 사항 … 1. 길이가 긴 패턴은 분리하여 수록하였습니다. 맞춤점에 맞춰 한 장으로 연결해주세요.
2. 뒷몸판 패턴 안에 뒤안단이 함께 포함되어 있으니 각각 베껴 사용합니다.
3. D링 고리감, 끈감은 직접 제도하여 사용합니다. (재단배치도 참고)
4. 앞·뒤몸판, 앞스커트 패턴의 턱 방향은 원단(겉) 기준으로 표시되어 있습니다.

◈ 만드는 순서

◈ 재단 배치도

· 지정 이외의 시접은 1cm
· [점선 박스] 부분에 소잉심지를 붙인다
· 〰 표시된 부분은 지그재그봉제 또는 오버록 처리한다
· D링 고리감, 끈감은 직접 제도하여 사용한다
· 앞·뒤몸판, 앞스커트 패턴에 표시된 턱 방향은 원단(겉) 기준이므로 원단을 재단 후, 원단(겉)에 표시합니다

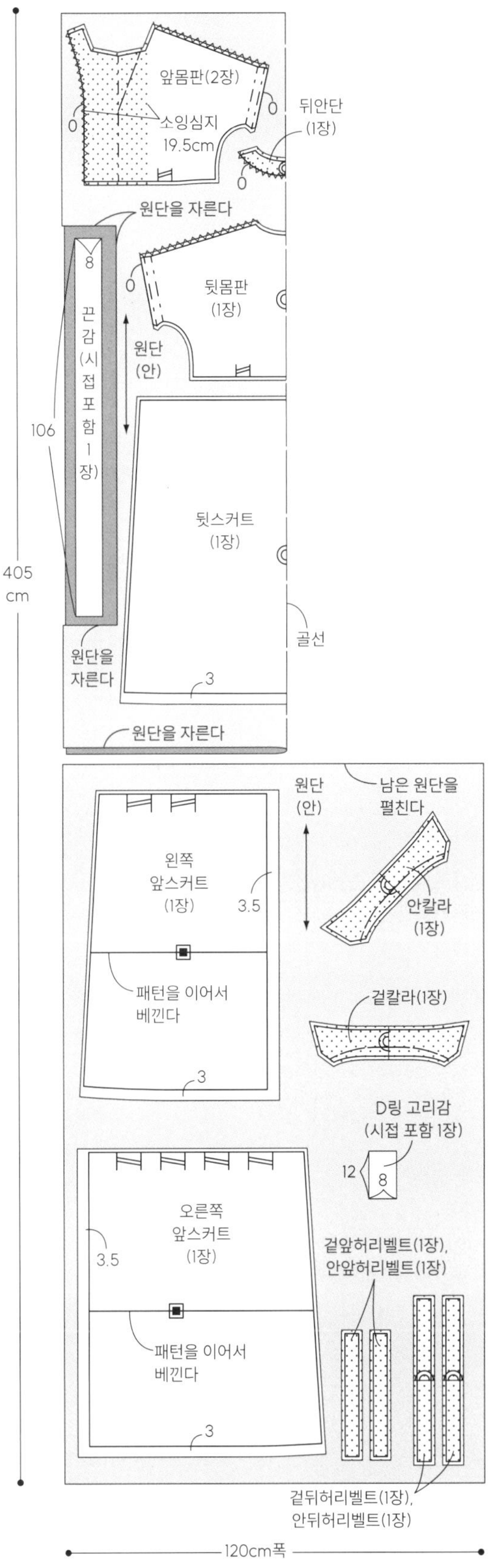

◈ 만드는 방법

· 치수가 기재되어 있지 않은 곳은 1cm로 봉합합니다.

1 몸판에 턱을 만든다

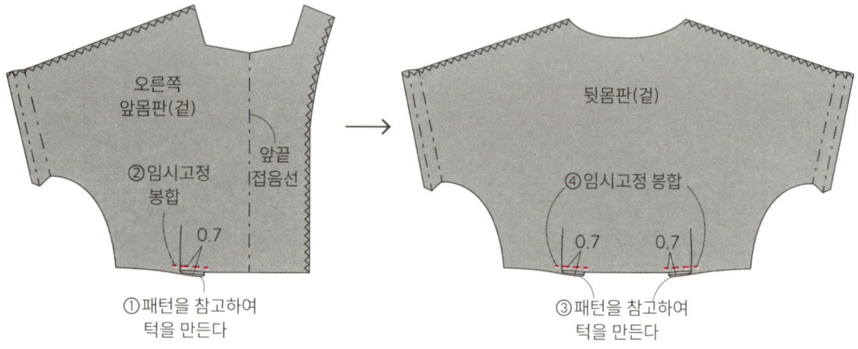

※왼쪽 앞몸판도 ①~②과정과 같은 방법으로 만든다
※P.45 / 4-5 턱 표시와 만드는 방법 참고
※P.45 / 4-5 턱 표시와 만드는 방법 참고

2 몸판의 어깨를 봉합한다

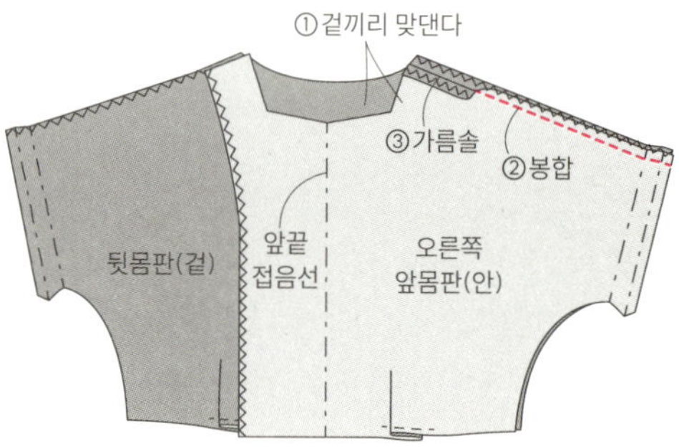

※왼쪽 어깨도 ①~③과정과 같은 방법으로 만든다

3 칼라를 만든다

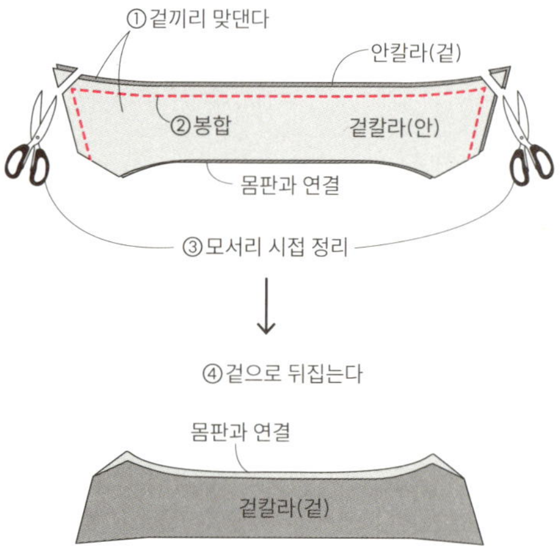

4 몸판에 칼라와 안단을 단다

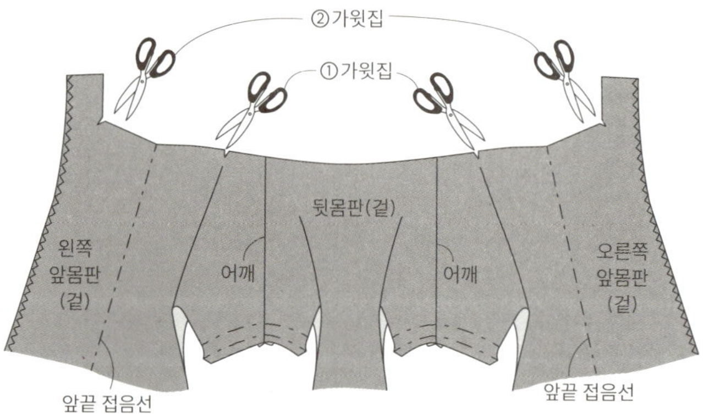

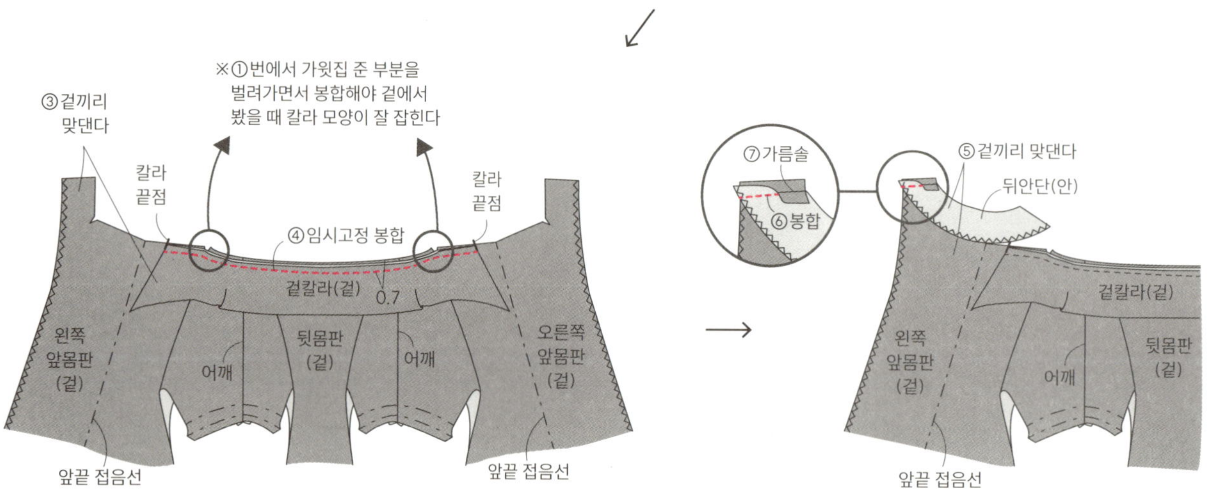

※오른쪽 앞몸판도 ⑤~⑦과정과 같은 방법으로 만든다

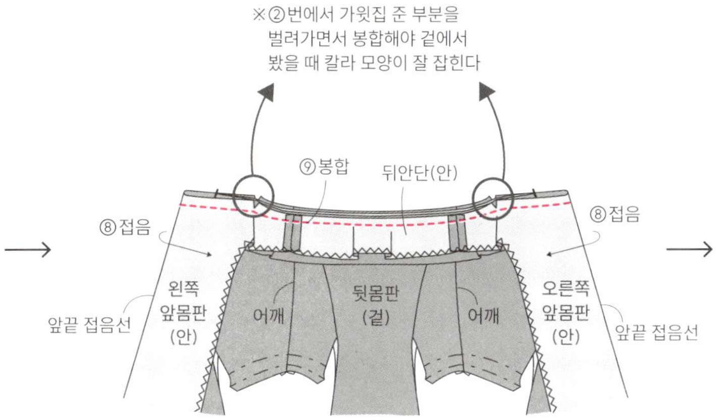

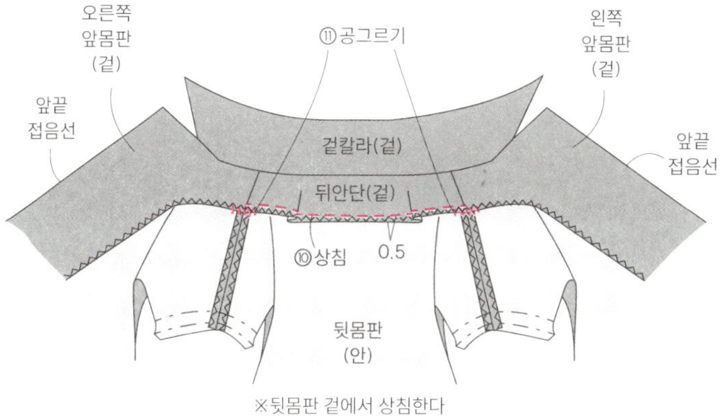

5 몸판의 옆선을 봉합한다

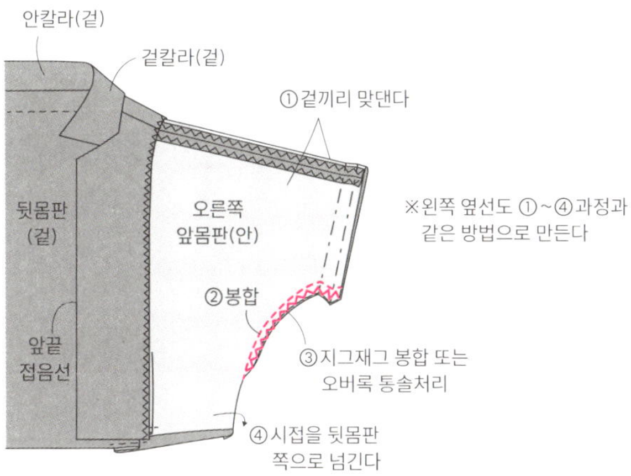

6 소매의 밑단을 정리한다

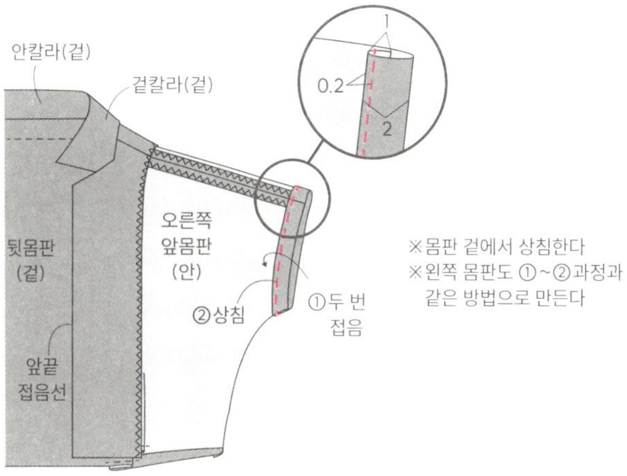

7 D링 고리감과 끈감을 만들어 허리벨트에 단다

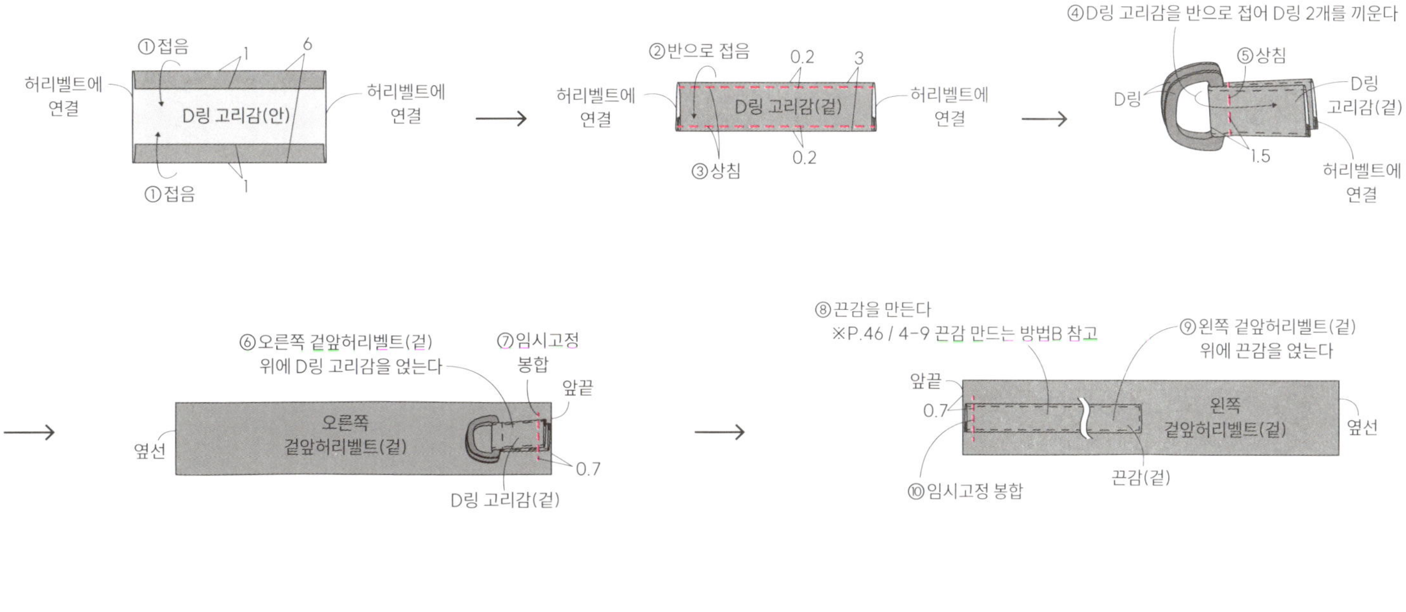

8 허리벨트를 만든다

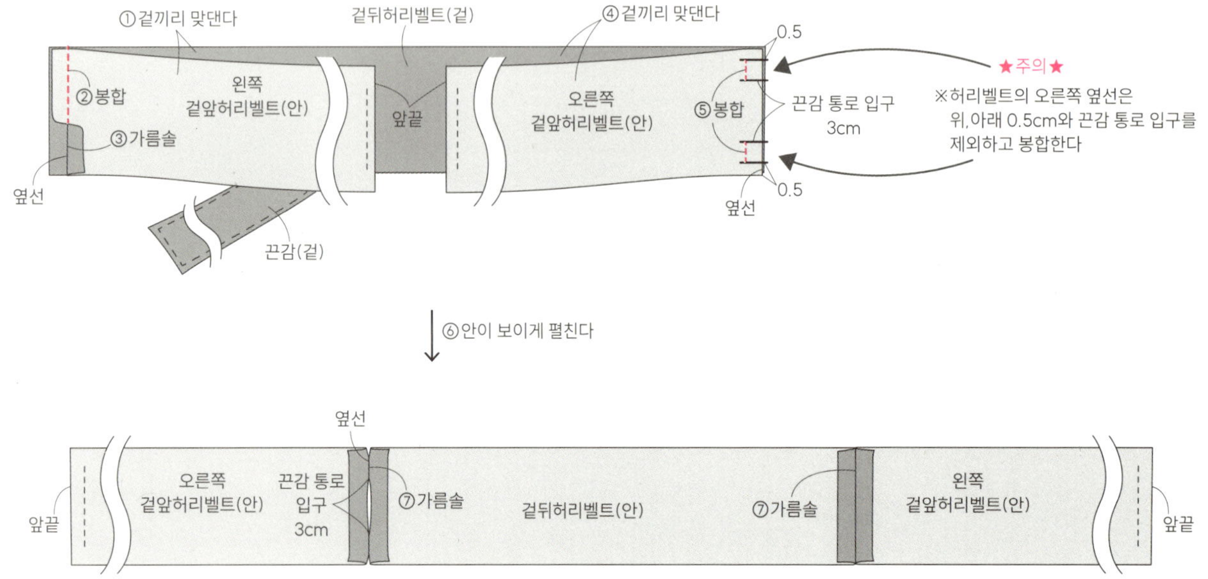

※안허리벨트도 ①~⑦과정과 같은 방법으로 만든다

9 앞·뒤스커트의 옆선을 봉합한다 (P.59 / 2-①~④ 참고)

10 스커트의 앞끝과 밑단을 정리한다

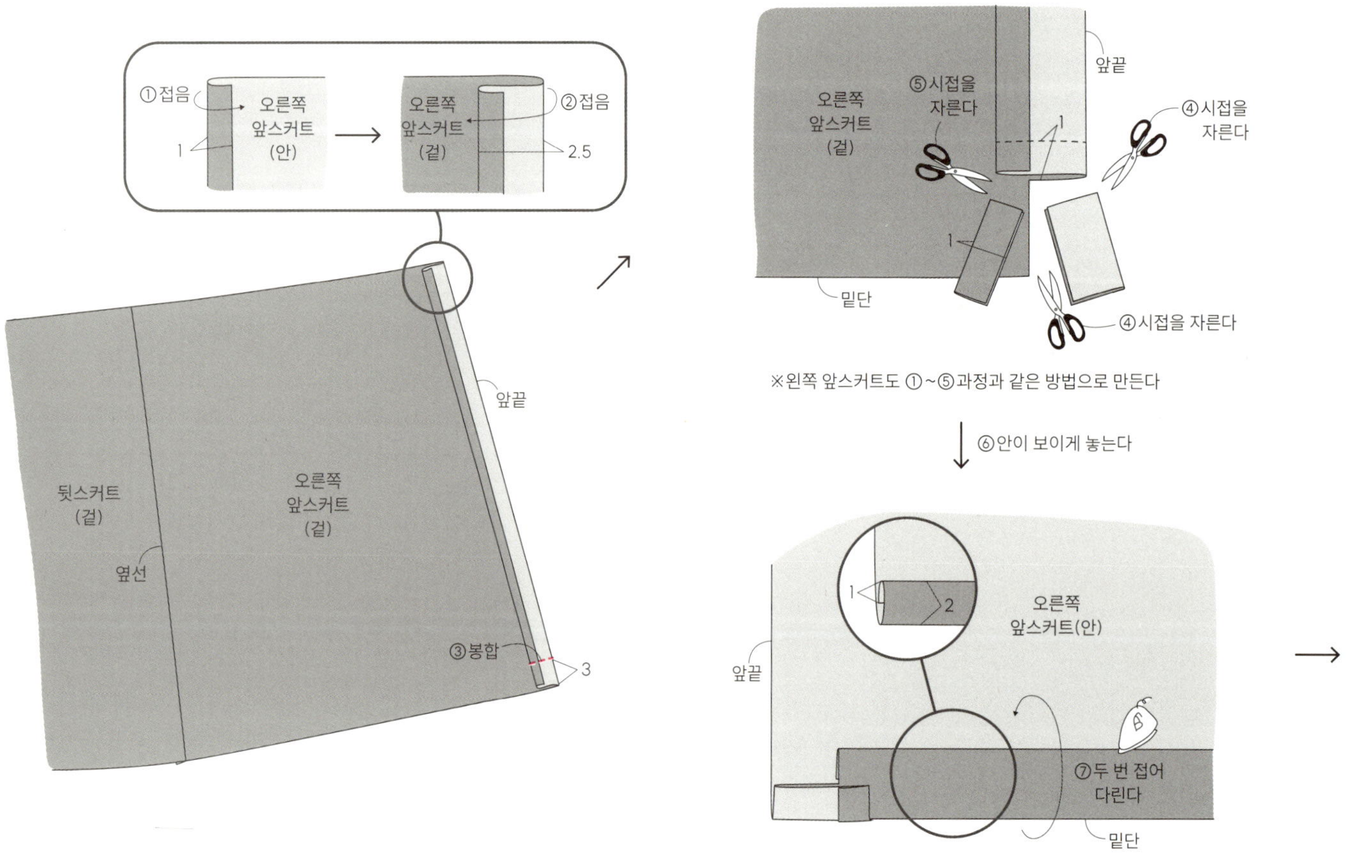

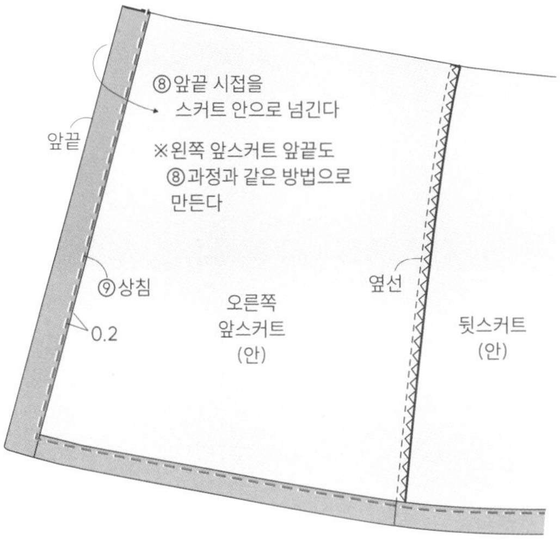

※스커트 겉에서 상침한다

11 스커트에 턱을 만들고, 주름을 잡는다

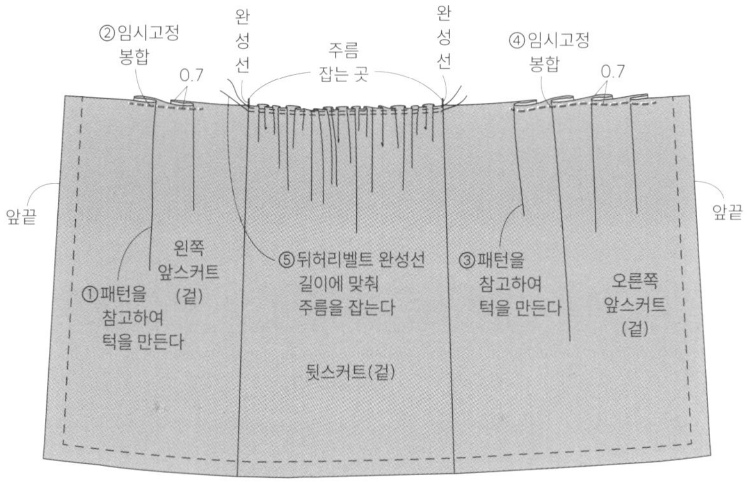

※P.45 / 4-5 턱 표시와 만드는 방법 참고
※P.45 / 4-6 주름 잡는 방법 참고

12 스커트에 허리벨트를 단다

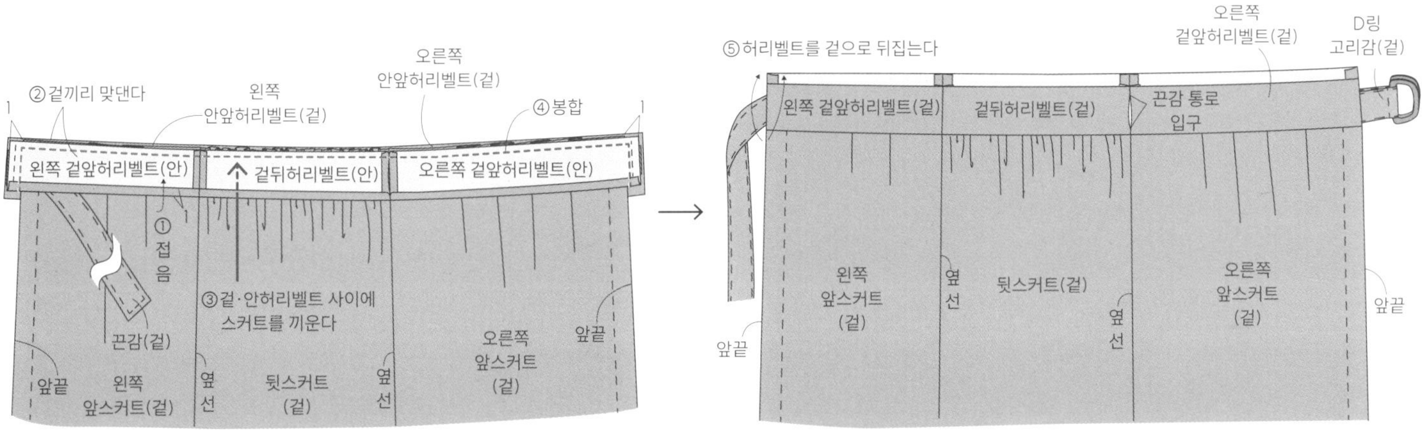

※봉합 후, 주름 잡기용 실은 제거한다

13 몸판에 허리벨트를 단다

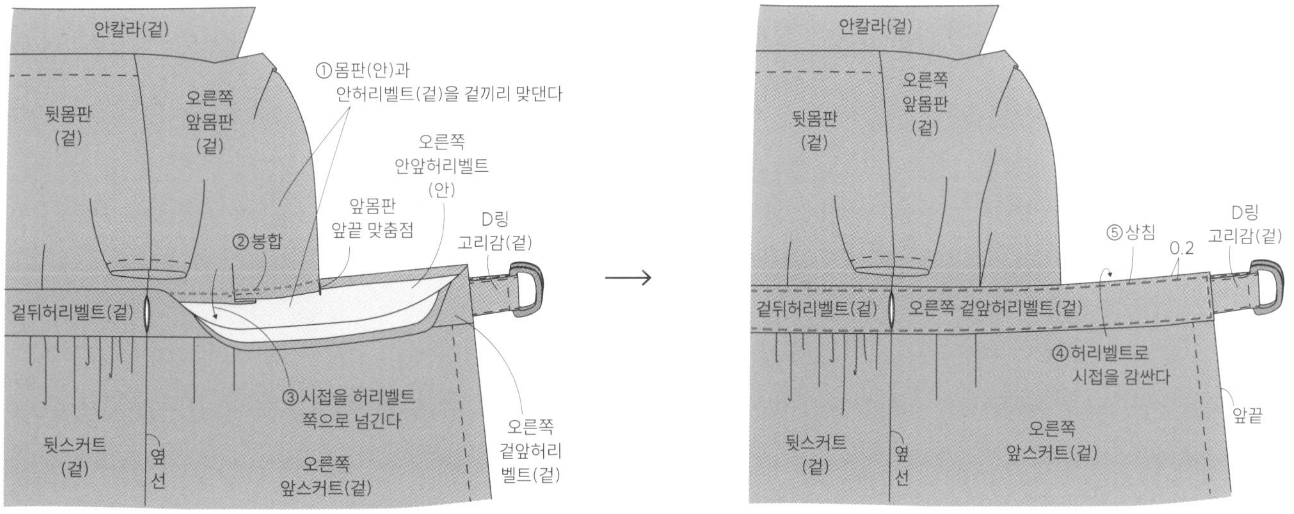

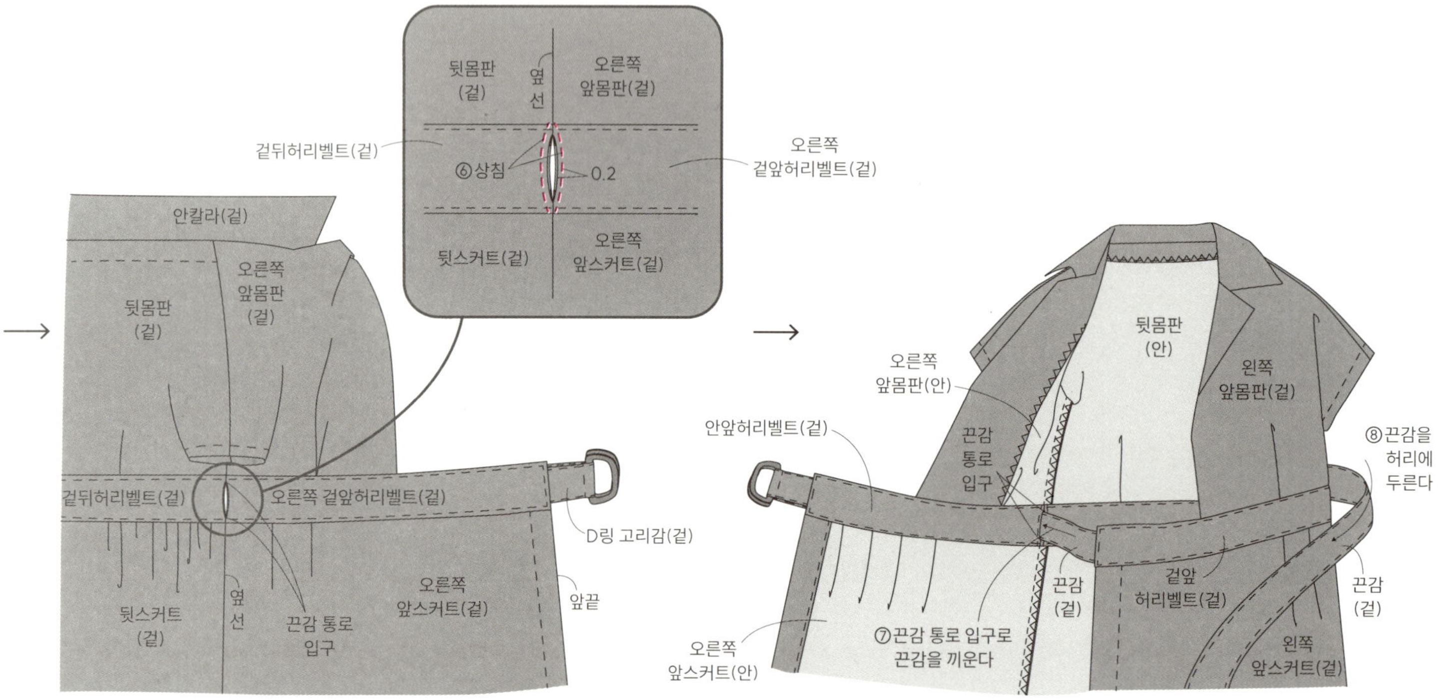

14 몸판에 단춧구멍을 뚫고, 단추를 단다

g

셔링 스커트 shirring skirt ... PHOTO > P.14

◈ 완성 사이즈(cm)

사이즈 분류	55 size	66 size	77 size	88 size
옷길이	80	81.5	83	84.5
허리둘레	74	79	84	89

◈ 재료

· 원단 요척과 재료의 양은 가장 큰 사이즈의 패턴을 기준으로 작성되어 있습니다.
 다른 사이즈의 패턴을 제작할 경우, 약간의 차이가 있을 수 있습니다.
· 겉감(코튼 린넨) ··· 110cm폭 x 315cm
· 소잉심지 ··· 54cm폭 x 135cm
· 1.5cm폭 단추 ··· 4개

◈ 패턴

· 패턴 면수 ··· B면의 [g] 패턴을 사용합니다.
· 실물 패턴 ··· 앞스커트(위), 앞스커트(아래), 뒷스커트, 허리벨트(위), 허리벨트(아래)
· 참고 사항 ··· 1. 길이가 긴 패턴은 분리하여 수록하였습니다. 맞춤점에 맞춰 한 장으로 연결해주세요.
 2. 주머니는 직접 제도하여 사용합니다. (재단배치도 참고)

◈ 만드는 순서

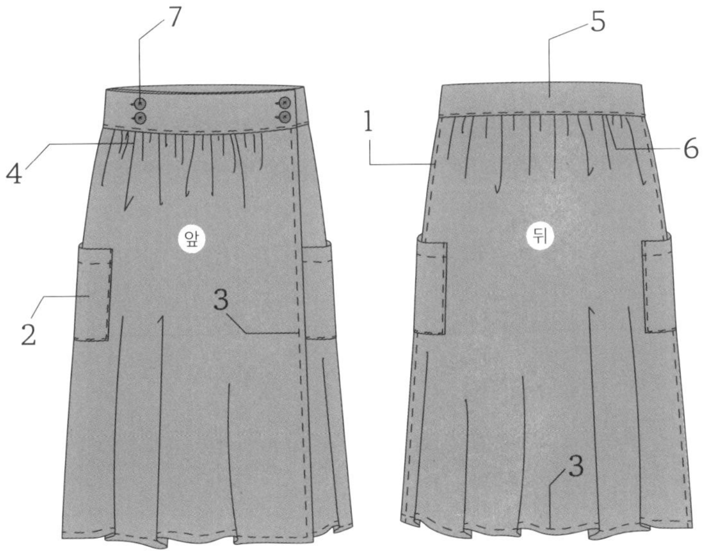

◈ 재단 배치도

· 지정 이외의 시접은 1cm
· ⬚ 부분에 소잉심지를 붙인다
· ∿∿ 표시된 부분은 지그재그봉제 또는 오버록 처리한다
· 주머니는 직접 제도하여 사용한다

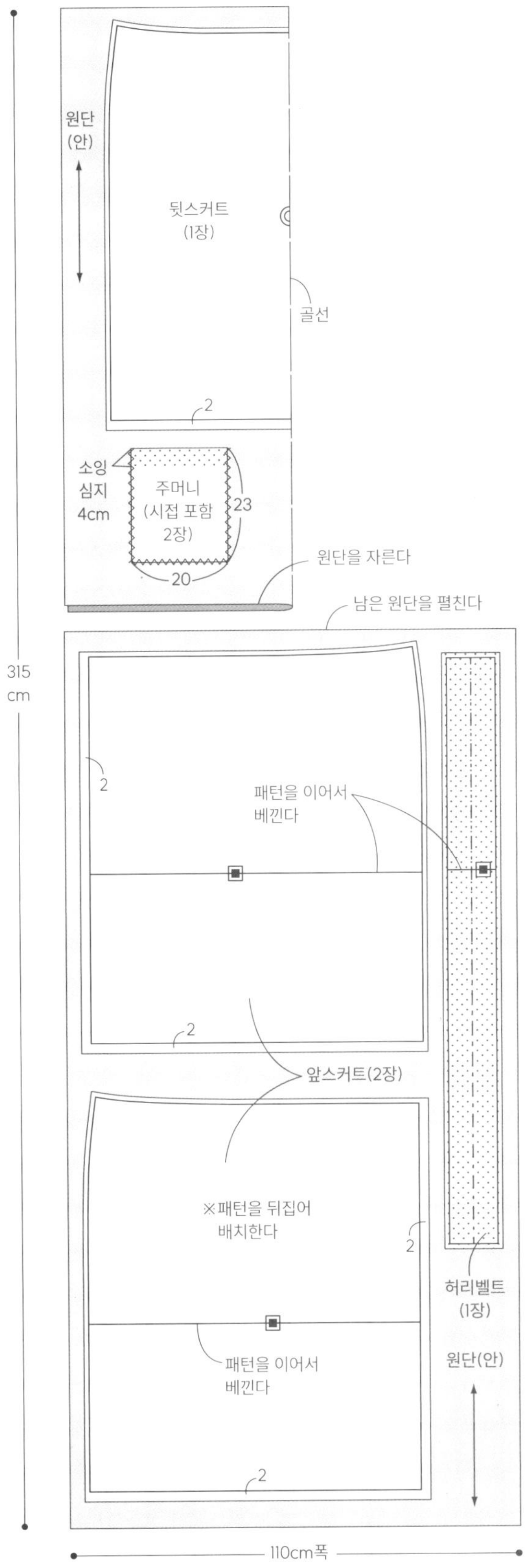

◈ 만드는 방법

· 치수가 기재되어 있지 않은 곳은 1cm로 봉합합니다.

1 앞·뒤스커트의 옆선을 봉합한다

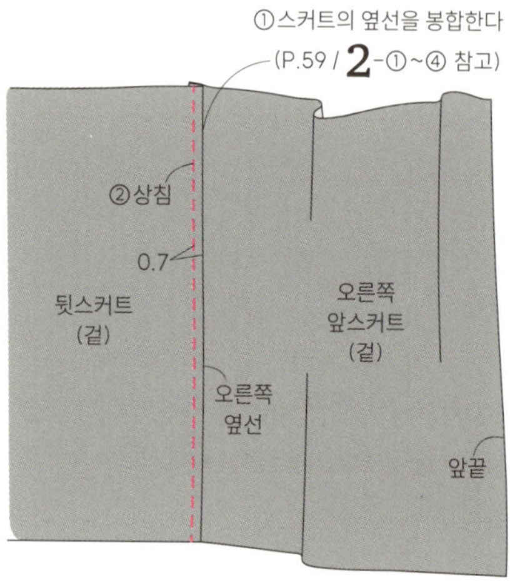

※왼쪽 옆선도 ①~②과정과 같은 방법으로 만든다

2 주머니를 만들어 스커트에 단다

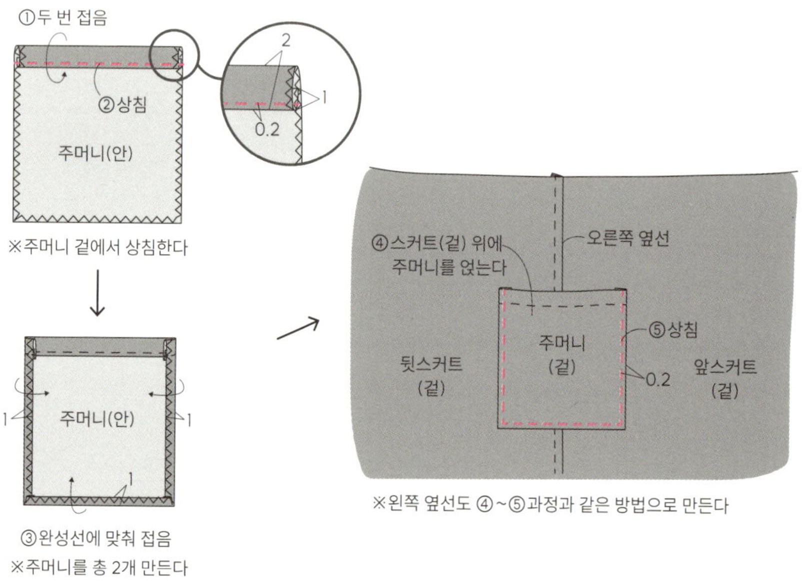

※왼쪽 옆선도 ④~⑤과정과 같은 방법으로 만든다

3 스커트의 밑단과 앞끝을 정리한다

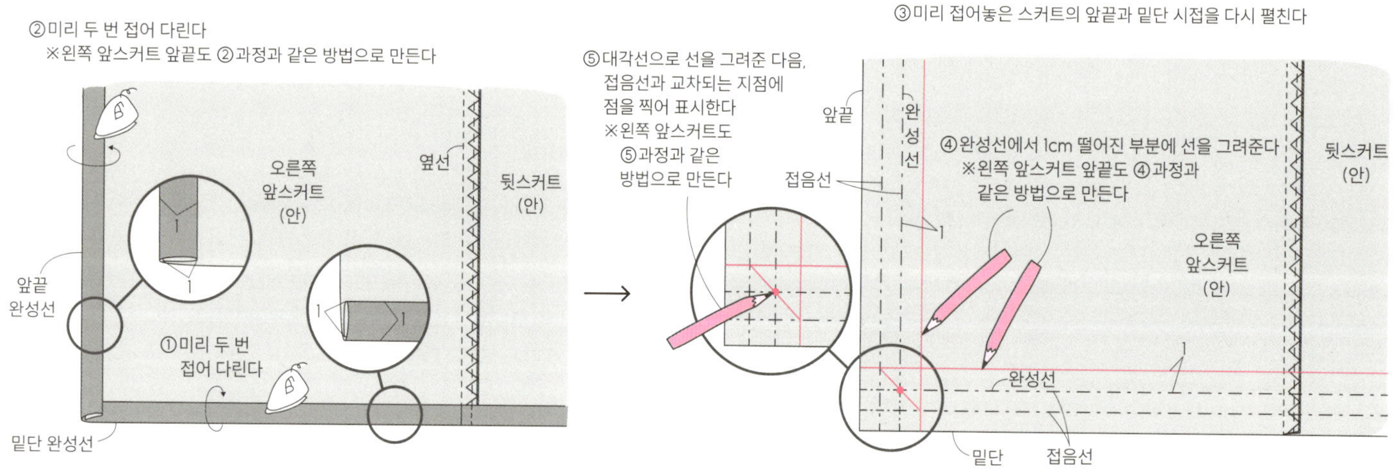

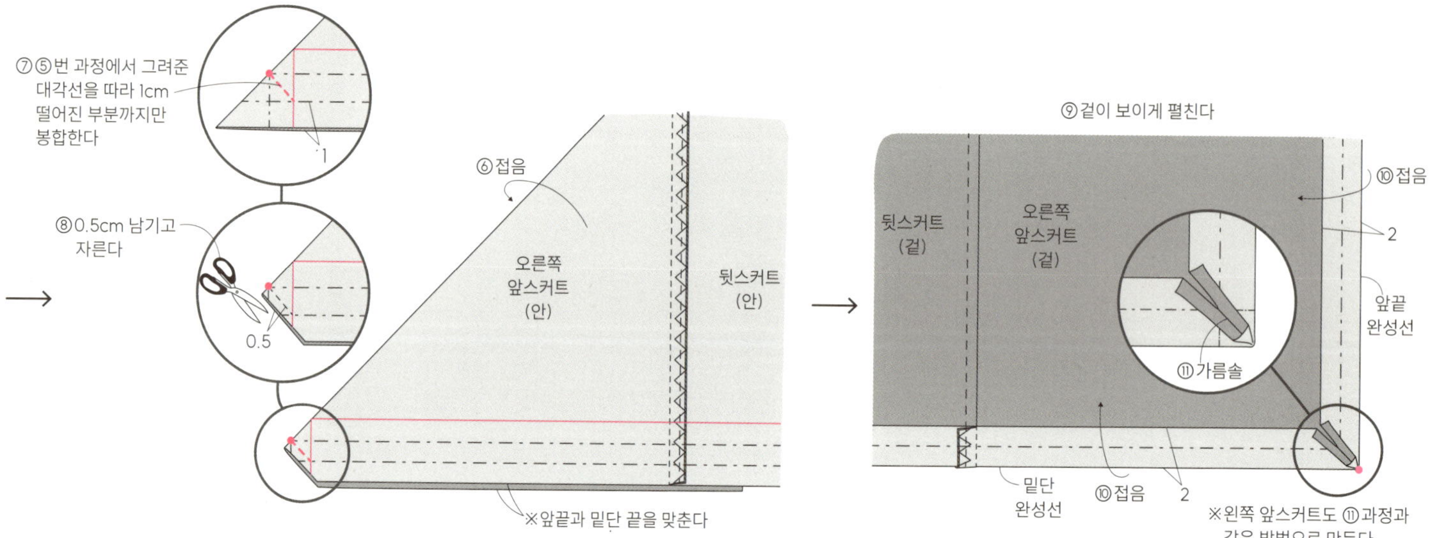

※왼쪽 앞스커트도 ⑥~⑧과정과 같은 방법으로 만든다

※왼쪽 앞스커트도 ⑪과정과 같은 방법으로 만든다

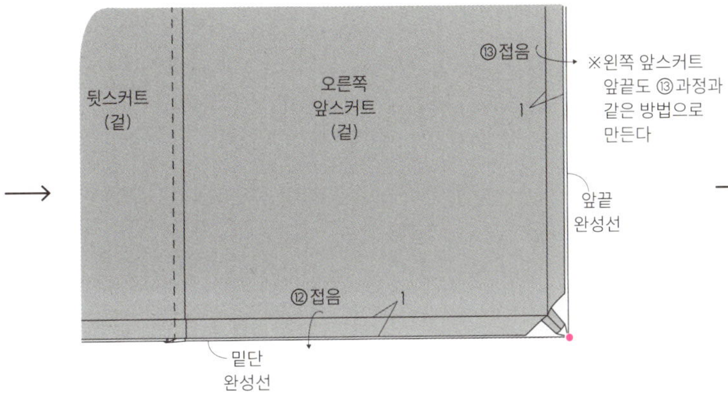

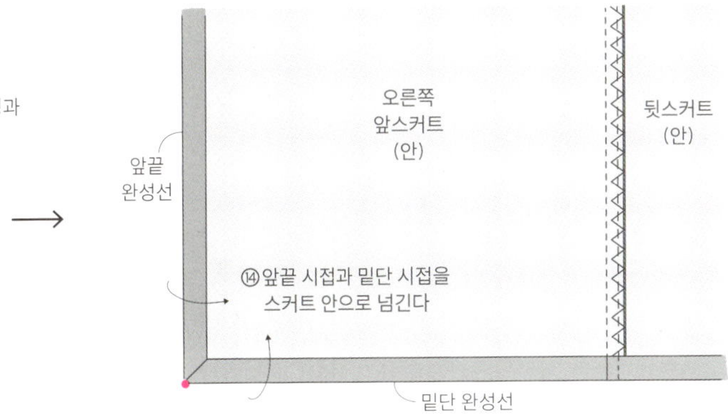

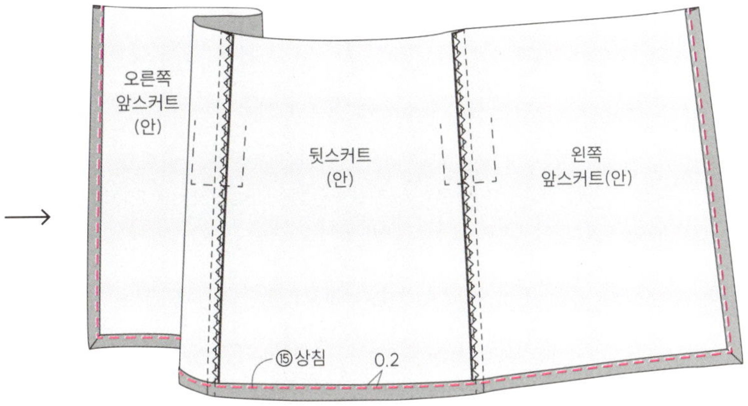

※스커트 겉에서 상침한다

4 스커트의 허리에 주름을 잡는다

①허리벨트 주름 끝점 길이에 맞춰 주름을 잡는다

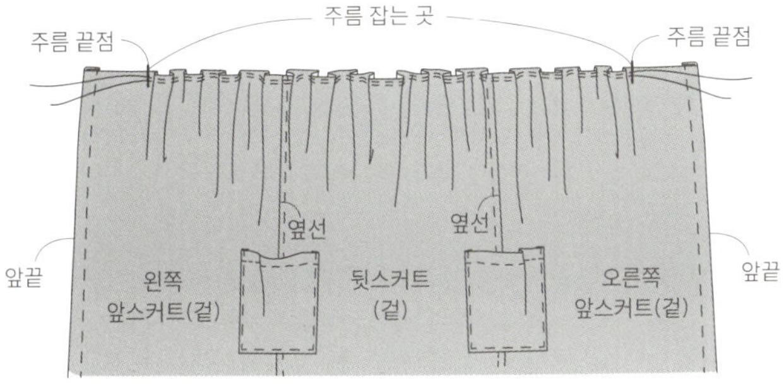

※P.45 / 4-6 주름 잡는 방법 참고

5 허리벨트를 만든다 (P.60 / 5-①~④ 참고)

Finish

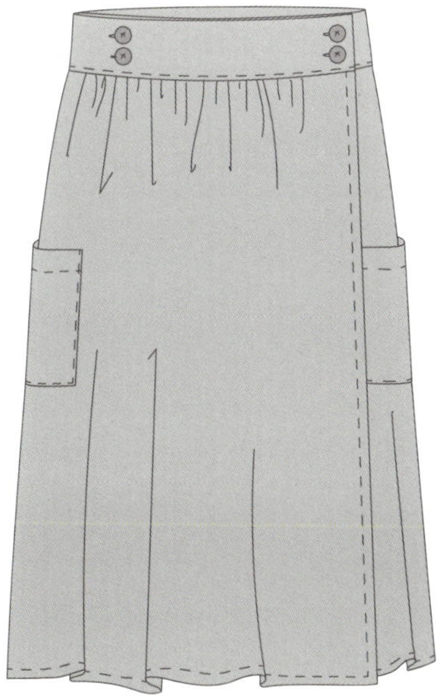

6 스커트에 허리벨트를 단다

①스커트에 허리벨트를 단다
(P.60 / 6-①~③ 참고)

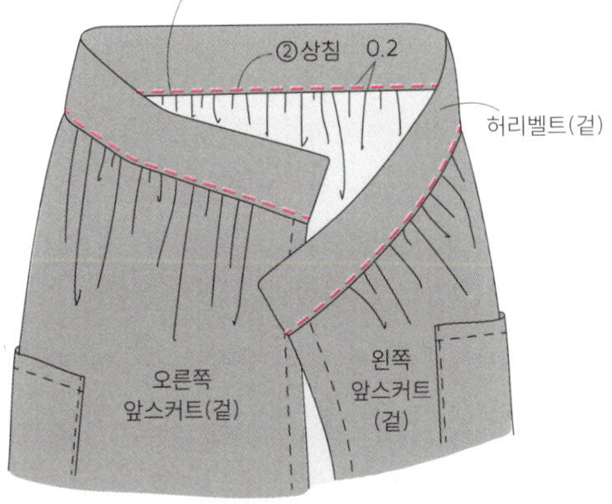

※봉합 후, 주름 잡기용 실은 제거한다

7 허리벨트에 단춧구멍을 뚫고, 단추를 단다

①허리벨트에 단춧구멍을 뚫고, 단추를 단다

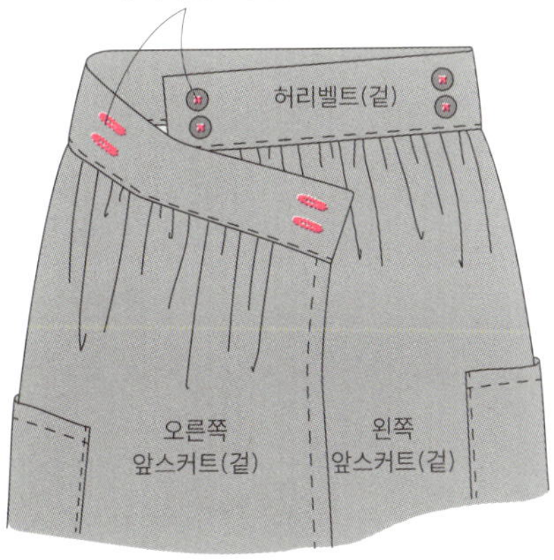

h

반팔 테일러드 원피스 short sleeve tailored dress ... PHOTO > P.15

◈ 완성 사이즈(cm)

사이즈 분류	55 size	66 size	77 size	88 size
옷길이	119	120.5	122	123.5
가슴둘레	97.5	102.5	108	113.5
소매길이	25.5	26	27	27.5

◈ 재료

· 원단 요척과 재료의 양은 가장 큰 사이즈의 패턴을 기준으로 작성되어 있습니다.
  다른 사이즈의 패턴을 제작할 경우, 약간의 차이가 있을 수 있습니다.
· 겉감(코튼 린넨) … 108cm폭 x 360cm
· 소잉심지 … 54cm폭 x 180cm
· 1.2cm폭 소잉테이프 심지 … 1팩
· 3.2cm폭 D링 … 2개

◈ 패턴

· 패턴 면수 … A면의 [a], B면의 [h] 패턴을 사용합니다.
· 실물 패턴 … 앞몸판(위), 앞몸판(아래), 뒷몸판(위), 뒷몸판(아래), 앞안단(위), 앞안단(아래), 뒤안단, 겉·안칼라, 소매, 옆선 주머니(a작품과 공통 패턴)
· 참고 사항 … 1. 길이가 긴 패턴은 분리하여 수록하였습니다. 맞춤점에 맞춰 한 장으로 연결해주세요.
  2. D링 고리감, 끈감은 직접 제도하여 사용합니다. (재단배치도 참고)
  3. 옆선 주머니는 [a.베이직 원피스]의 옆선 주머니와 공통 패턴으로 사용합니다.

◈ 만드는 순서

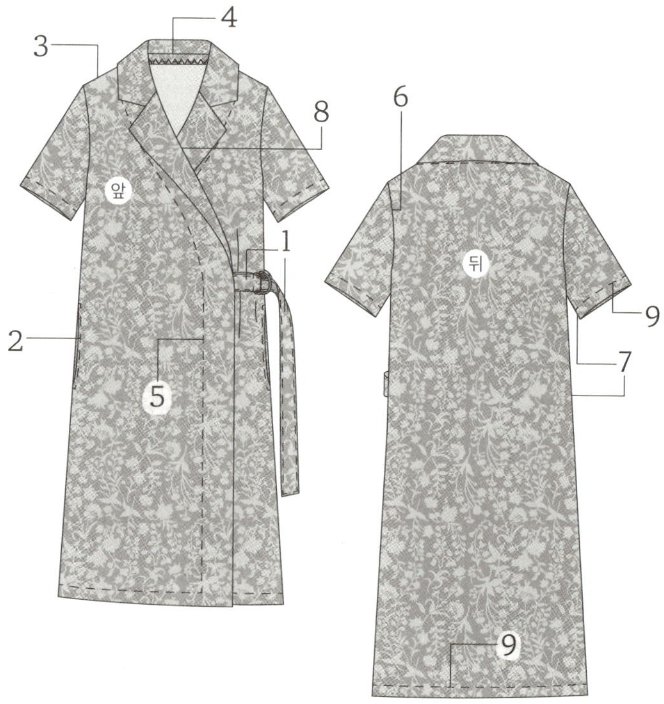

◈ 재단 배치도

· 지정 이외의 시접은 1cm
· [점무늬] 부분에 소잉심지를 붙인다
· [분홍] 부분에 소잉테이프 심지를 붙인다
· 〰 표시된 부분은 지그재그봉제 또는 오버록 처리한다
· D링 고리감, 끈감은 직접 제도하여 사용한다

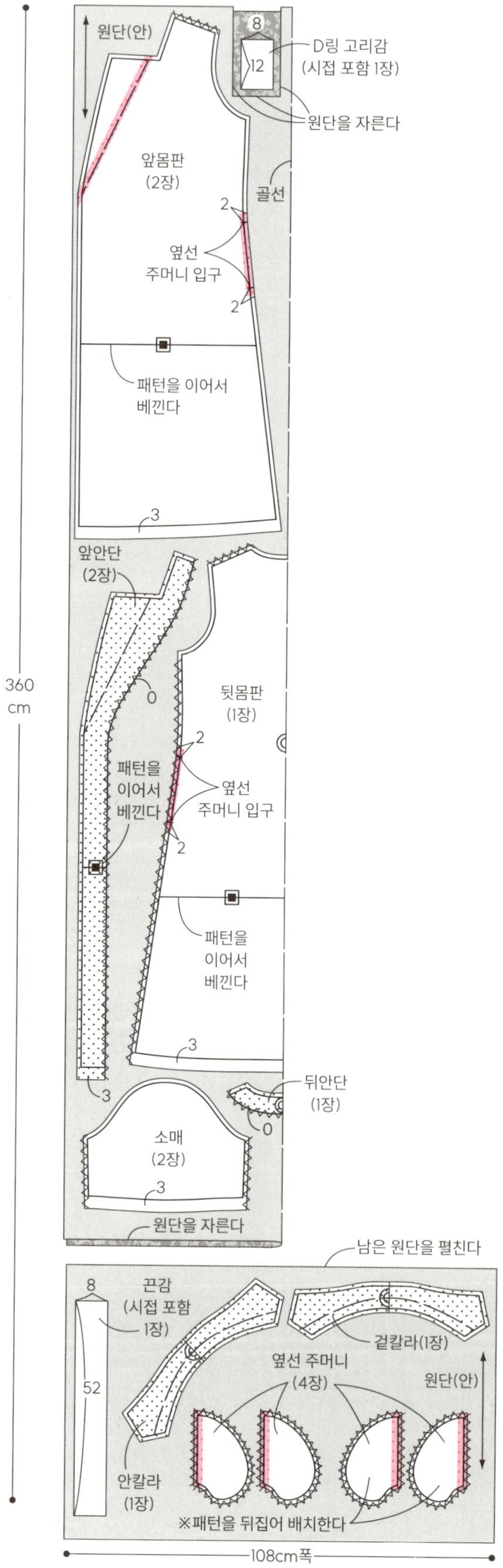

◈ 만드는 방법

· 치수가 기재되어 있지 않은 곳은 1cm로 봉합합니다.

1 D링 고리감과 끈감을 만들어 몸판에 단다

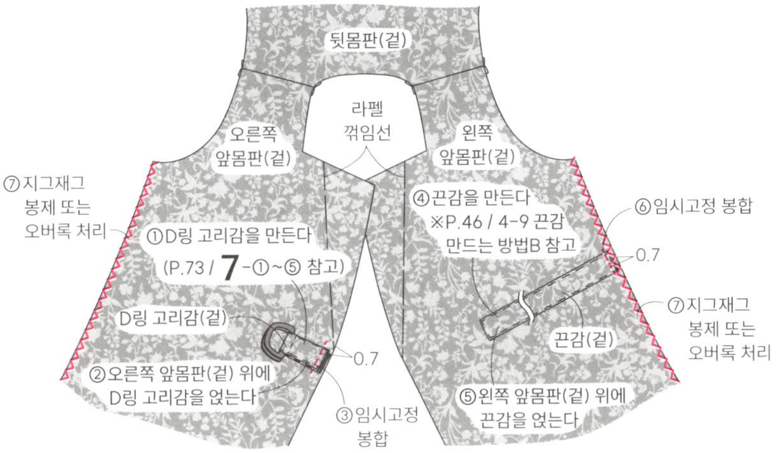

2 몸판에 옆선 주머니를 단다 (P.51 / **2**-①~③ 참고)

3 몸판과 안단의 어깨를 봉합한다 (P.52 / **3**-①~⑥ 참고)

4 몸판과 안단에 칼라를 단다 (P.63 / **3**-①~④ 참고)

5 몸판에 안단을 단다 (P.63 / **4**-①~⑲ 참고)

6 몸판에 소매를 단다 (P.54 / **6**-①~④ 참고)

7 몸판과 소매의 옆선을 한 번에 이어서 봉합한다 (P.54 / **7**-①~⑥ 참고)

8 칼라를 정리한다 (P.65 / **7**-①~② 참고)

9 몸판과 소매의 밑단을 정리한다

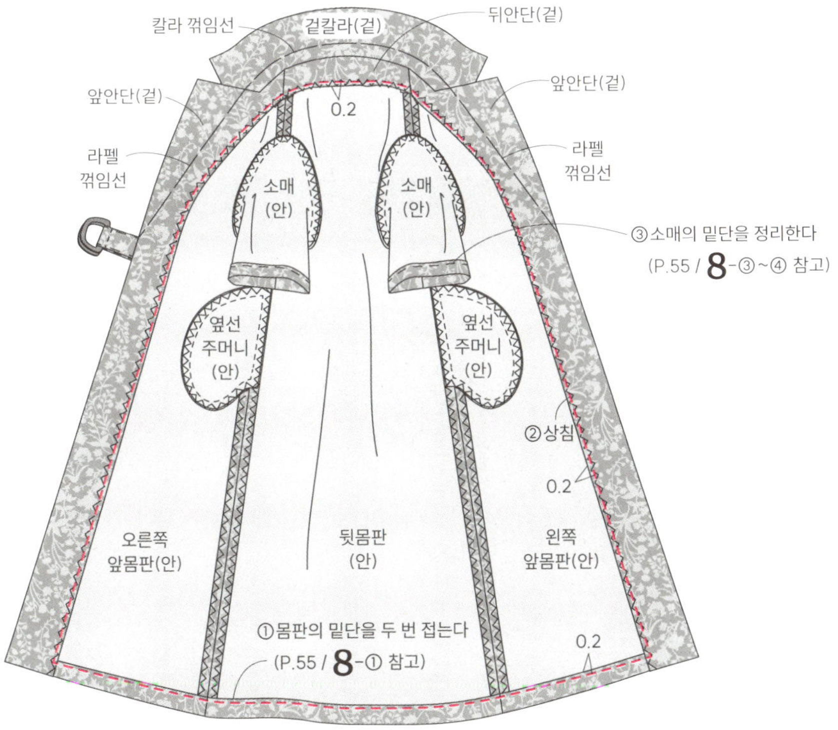

※몸판 겉에서 상침한다

i

페플럼 칼라 원피스 peplum collar dress … PHOTO > P.17

◈ 완성 사이즈(cm)

사이즈 분류	55 size	66 size	77 size	88 size
옷길이	111.5	114	116	118.5
가슴둘레	95	99.5	104.5	109
소매길이	33.5	34.5	35	36

◈ 재료

· 원단 요척과 재료의 양은 가장 큰 사이즈의 패턴을 기준으로 작성되어 있습니다.
  다른 사이즈의 패턴을 제작할 경우, 약간의 차이가 있을 수 있습니다.
· 겉감(코튼 더블거즈) … 106cm폭 x 495cm
· 소잉심지 … 54cm폭 x 90cm
· 1.2cm폭 소잉테이프 심지 … 1팩

◈ 패턴

· 패턴 면수 … A면의 [a], C면의 [i] 패턴을 사용합니다.
· 실물 패턴 … 앞몸판, 뒷몸판, 앞안단, 뒤안단, 페플럼감, 소매, 앞스커트(위), 앞스커트(아래), 뒷스커트, 옆선 주머니(a작품과 공통 패턴)
· 참고 사항 … 1. 길이가 긴 패턴은 분리하여 수록하였습니다. 맞춤점에 맞춰 한 장으로 연결해주세요.
  2. 앞몸판 패턴 안에 앞안단이 함께 포함되어 있으니 각각 베껴 사용합니다.
  3. 뒷몸판 패턴 안에 뒤안단이 함께 포함되어 있으니 각각 베껴 사용합니다.
  4. 커프스, 끈감1·2는 직접 제도하여 사용합니다. (재단배치도 참고)
  5. 옆선 주머니는 [a.베이직 원피스]의 옆선 주머니와 공통 패턴으로 사용합니다.

◈ 만드는 순서

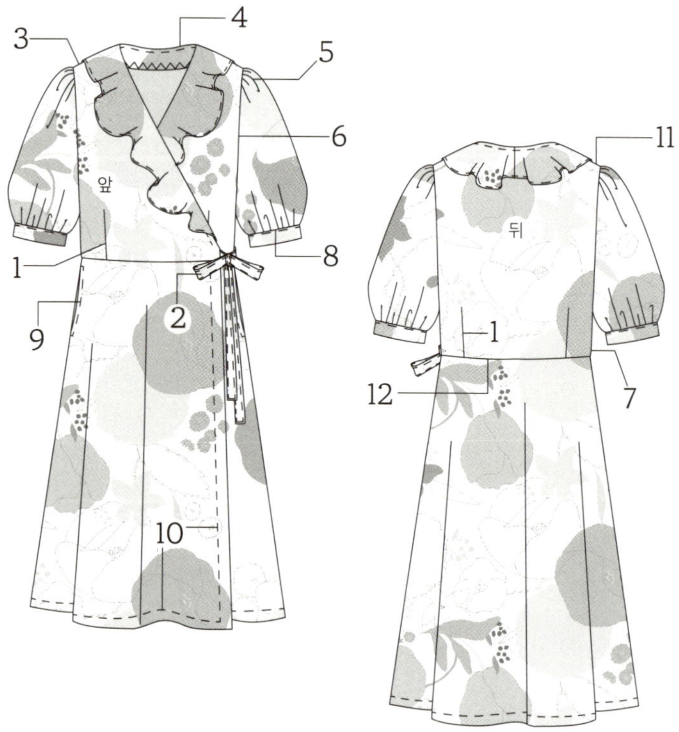

◈ 재단 배치도

· 지정 이외의 시접은 1cm
· [점무늬] 부분에 소잉심지를 붙인다
· [분홍] 부분에 소잉테이프 심지를 붙인다
· [지그재그] 표시된 부분은 지그재그봉제 또는 오버록 처리한다
· 커프스, 끈감1·2는 직접 제도하여 사용한다
· 위에서부터 55/66/77/88 사이즈

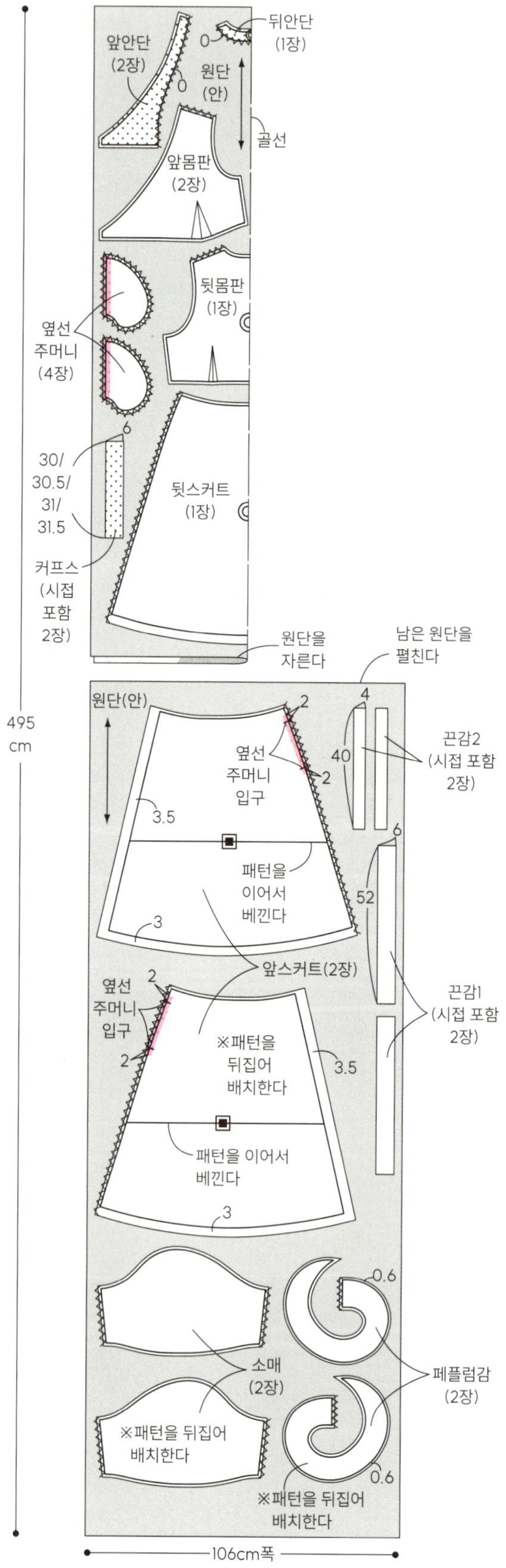

◈ 만드는 방법

· 치수가 기재되어 있지 않은 곳은 1cm로 봉합합니다.

1 몸판에 다트를 만든다

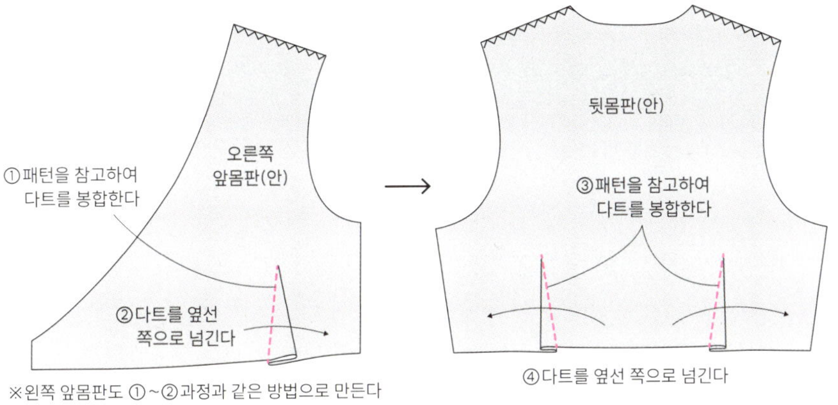

※왼쪽 앞몸판도 ①~②과정과 같은 방법으로 만든다

2 끈감을 만들어 몸판에 단다

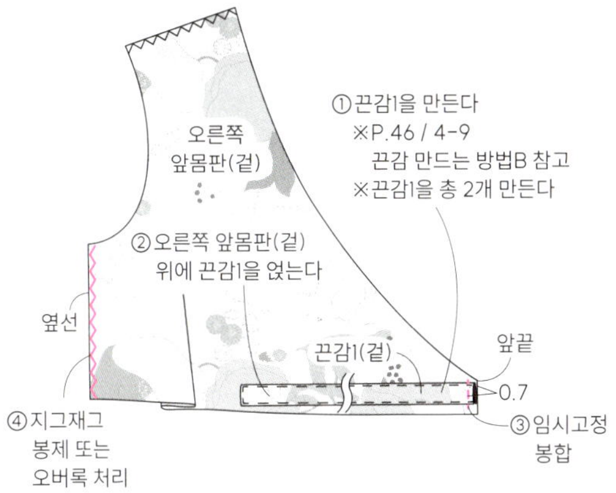

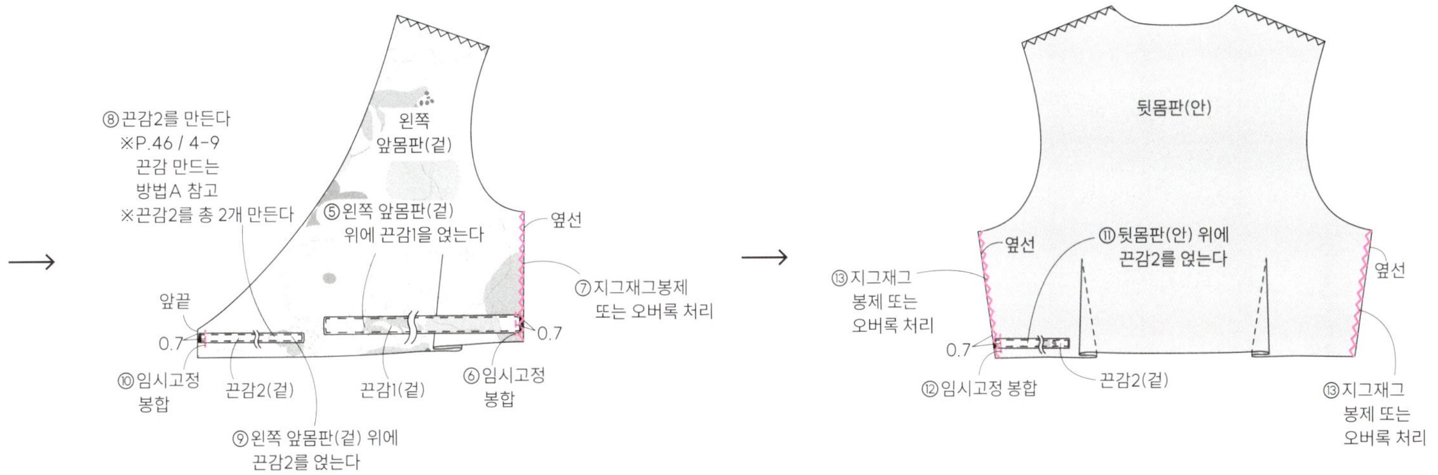

3 몸판의 어깨를 봉합한다 (P.52 / 3-①~③ 참고)

4 페플럼감을 만들어 몸판에 단다

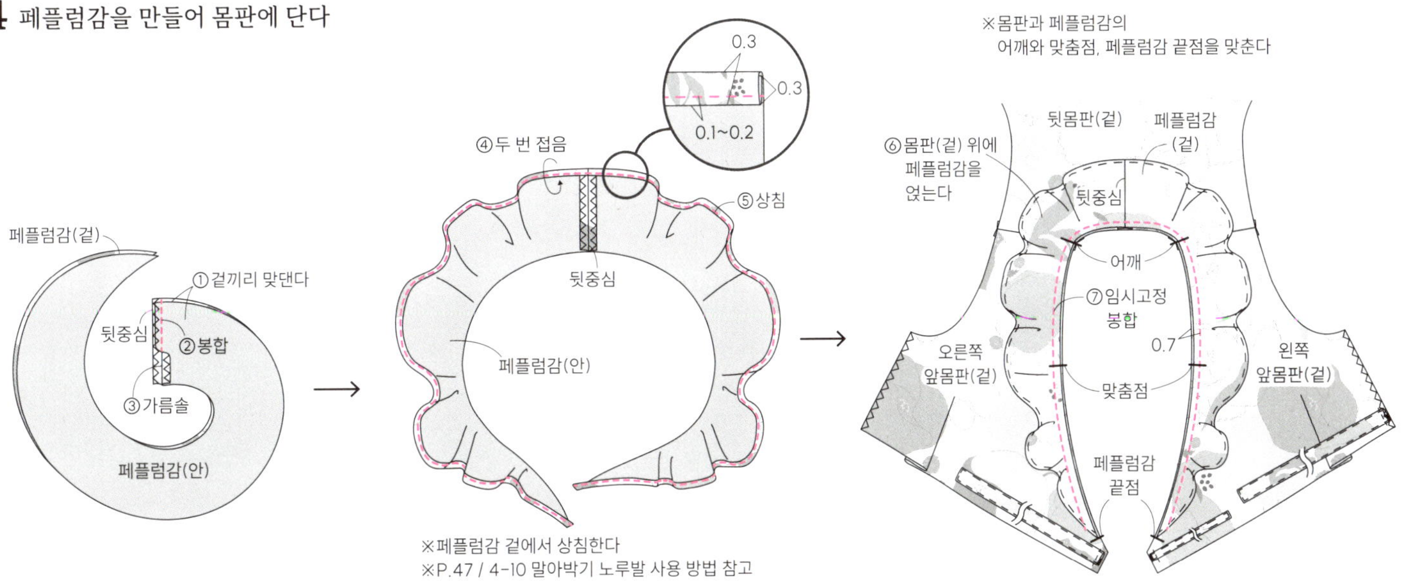

5 소매의 어깨와 밑단에 주름을 잡는다

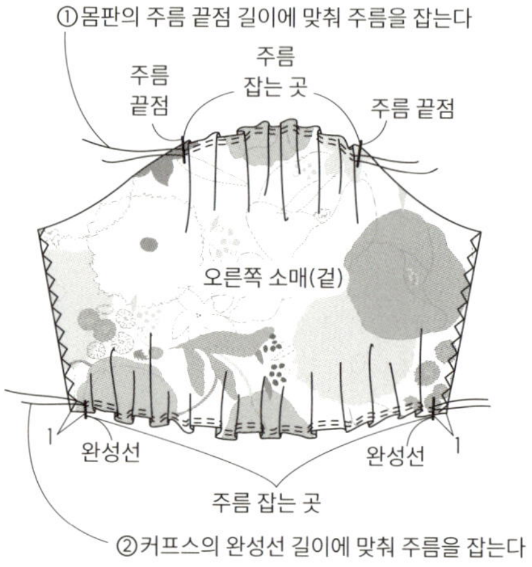

※P.45 / 4-6 주름 잡는 방법 참고
※왼쪽 소매도 ①~②과정과 같은 방법으로 만든다

6 몸판에 소매를 단다 (P.54 / 6-①~④ 참고)

※봉합 후, 소매의 어깨 쪽 주름 잡기용 실은 제거한다

7 몸판과 소매의 옆선을 한 번에 이어서 봉합한다

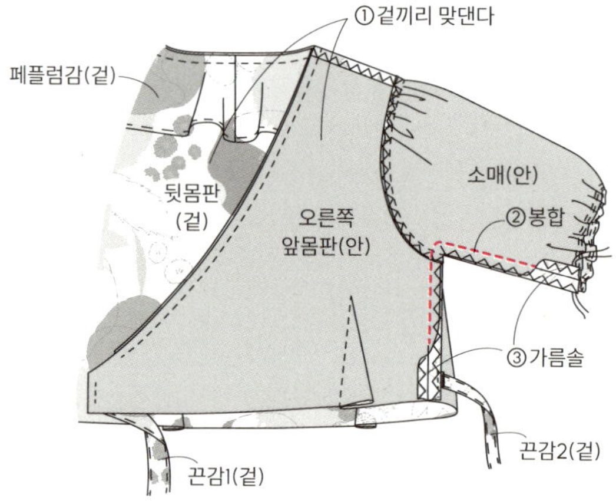

※왼쪽 옆선도 ①~③과정과 같은 방법으로 만든다

8 커프스를 만들어 소매에 단다

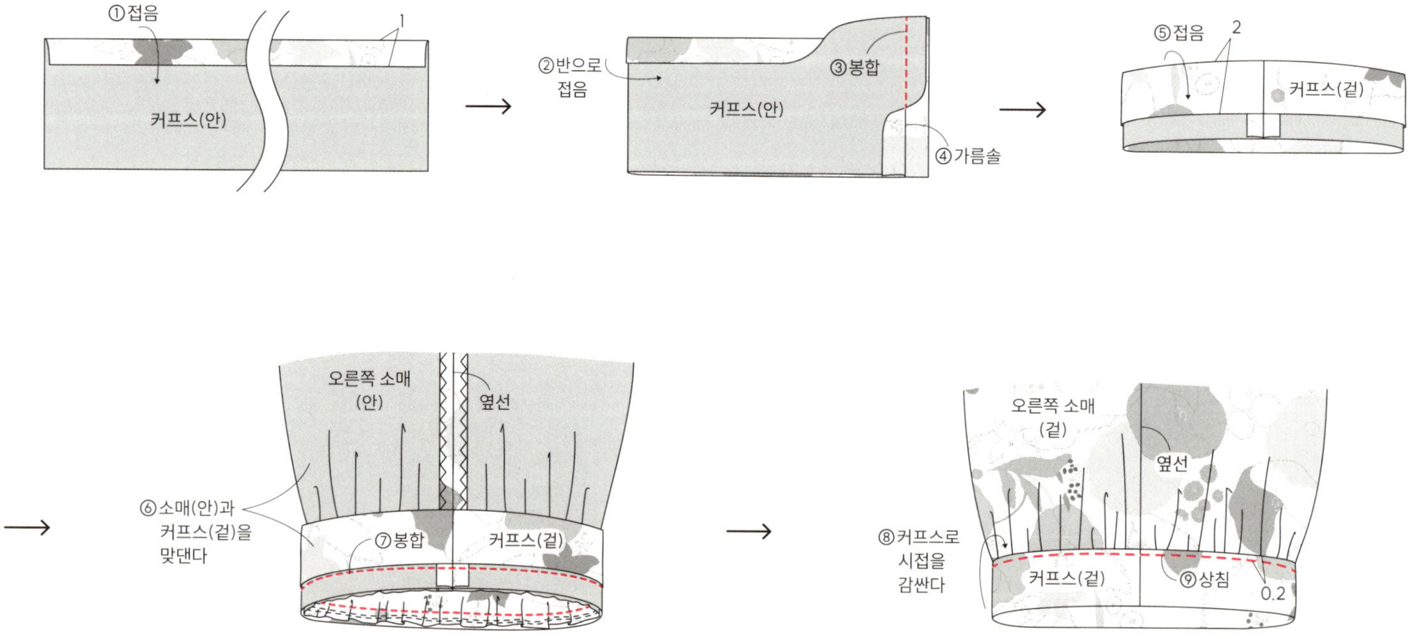

※소매 옆선과 커프스 솔기를 맞춘다
※봉합 후, 주름 잡기용 실은 제거한다

※왼쪽 소매도 ①~⑨과정과 같은 방법으로 만든다

9 스커트에 옆선 주머니를 단다

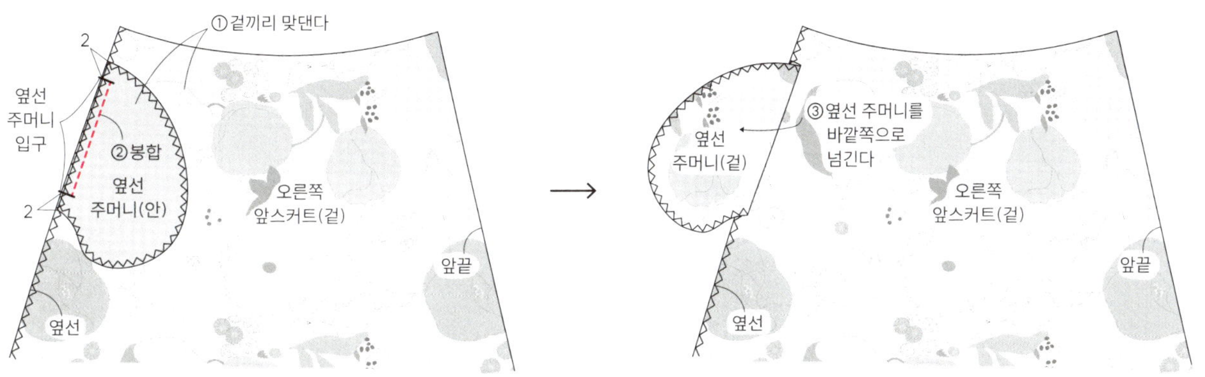

※왼쪽 앞스커트와 뒷몸판의 옆선도 ①~③과정과 같은 방법으로 만든다

10 스커트를 만든다

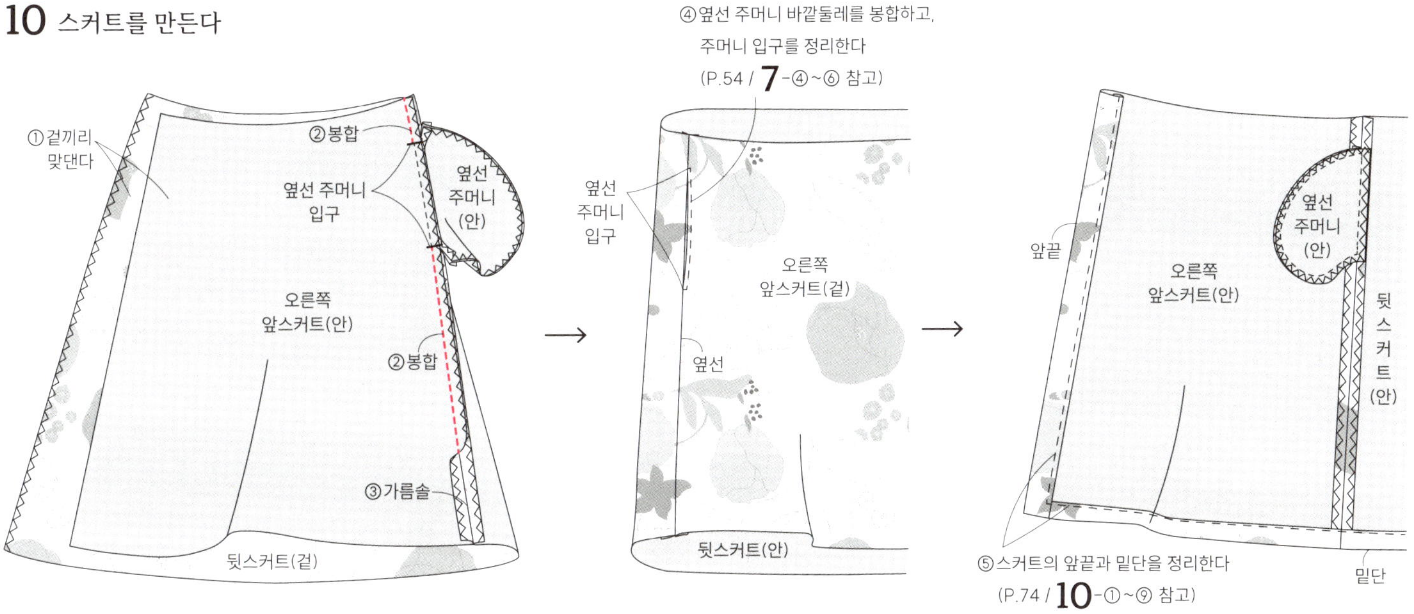

11 안단의 어깨를 봉합한다 (P.52 / 3-④~⑥ 참고)

12 스커트에 몸판과 안단을 연결한다

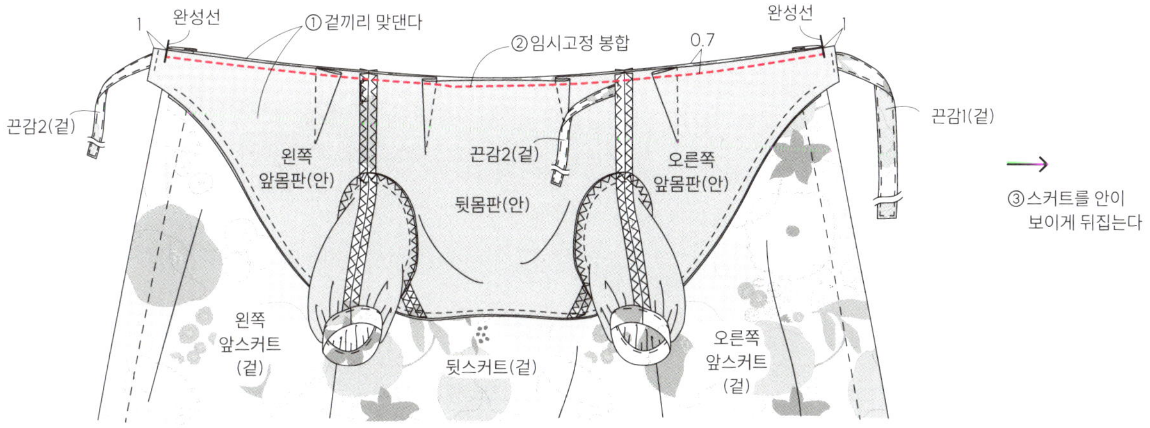

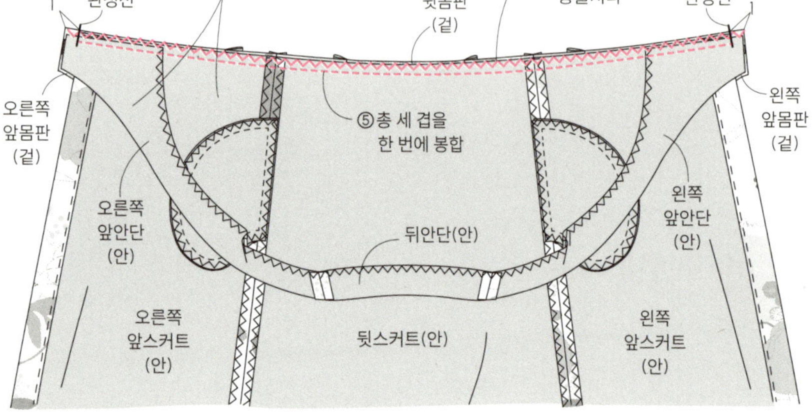

↓

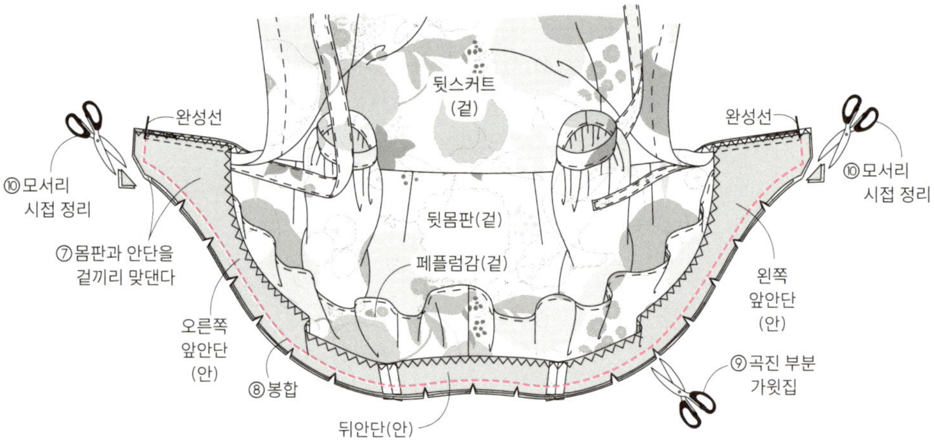

↓ ⑪안단을 겉으로 뒤집는다

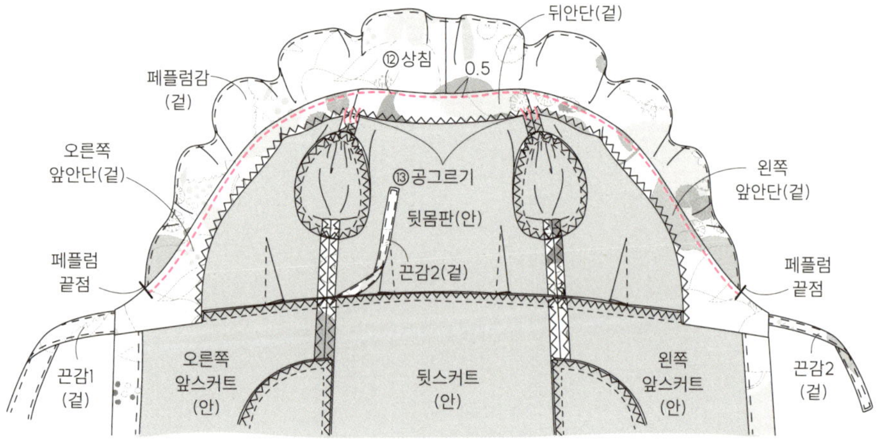

※몸판 겉에서 상침한다

Finish

j

드레이프 스커트 draped skirt ... PHOTO > P.18

◈ 완성 사이즈(cm)

사이즈 분류	55 size	66 size	77 size	88 size
옷길이	64.5	66.5	68	69.5
허리둘레	67.5	72	77	82

◈ 재료

· 원단 요척과 재료의 양은 가장 큰 사이즈의 패턴을 기준으로 작성되어 있습니다. 다른 사이즈의 패턴을 제작할 경우, 약간의 차이가 있을 수 있습니다.

· 겉감(코튼 새틴) ··· 110cm폭 x 270cm

· 소잉심지 ··· 54cm폭 x 45cm

· 1.8cm폭 단추 ··· 2개

◈ 패턴

· 패턴 면수 ··· A면의 [j] 패턴을 사용합니다.

· 실물 패턴 ··· 왼쪽 앞스커트, 오른쪽 앞스커트, 뒷스커트, 왼쪽 앞안단, 오른쪽 앞안단, 뒤안단

◈ 만드는 순서

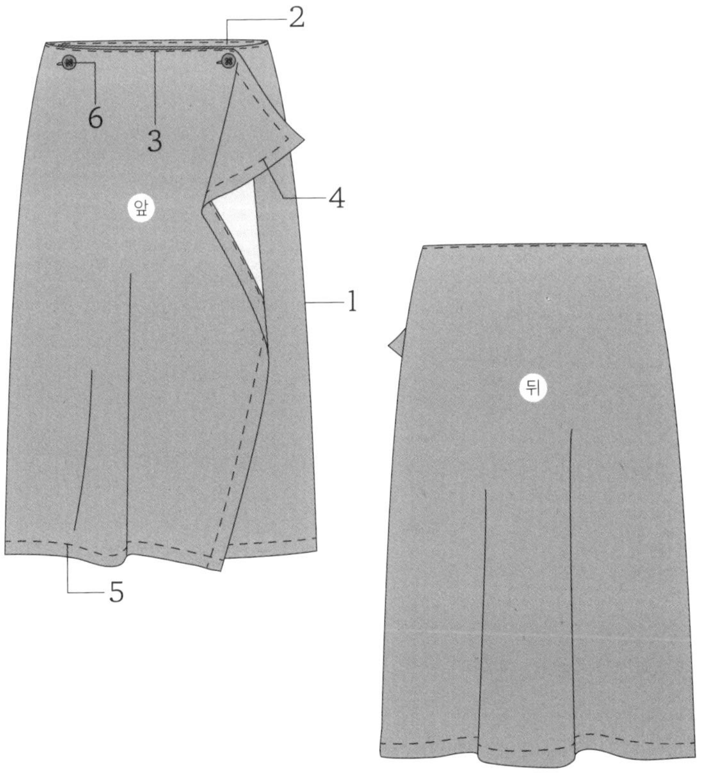

◈ 재단 배치도

· 지정 이외의 시접은 1cm

· [점선 표시] 부분에 소잉심지를 붙인다

· [지그재그 표시] 표시된 부분은 지그재그봉제 또는 오버록 처리한다

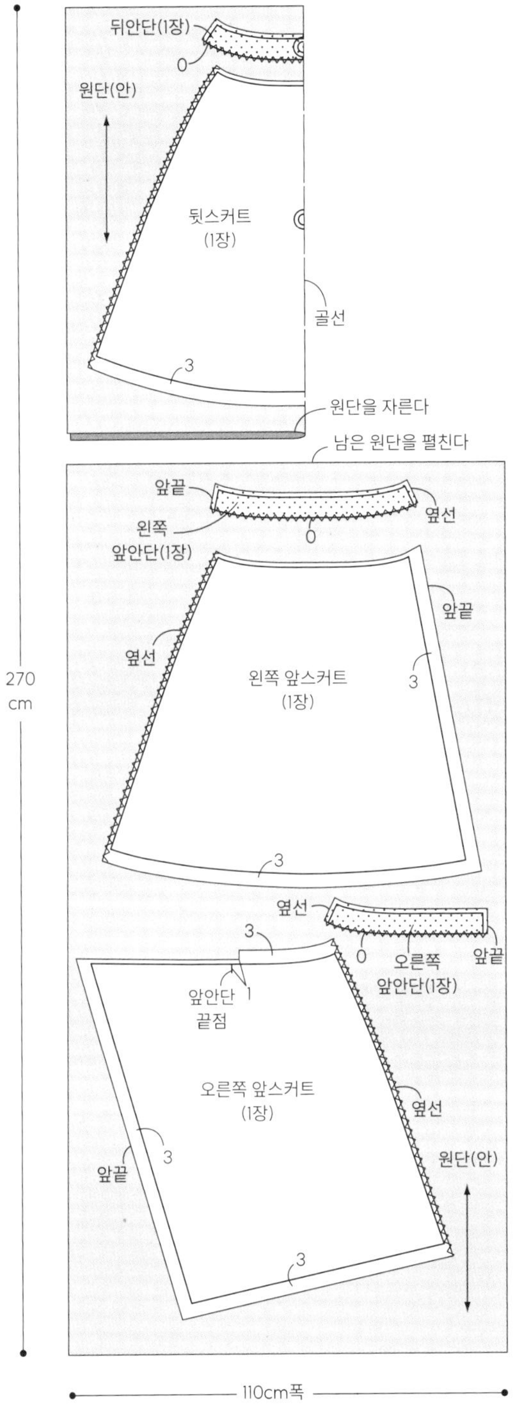

◈ 만드는 방법

· 치수가 기재되어 있지 않은 곳은 1cm로 봉합합니다.

1 스커트의 옆선을 봉합한다

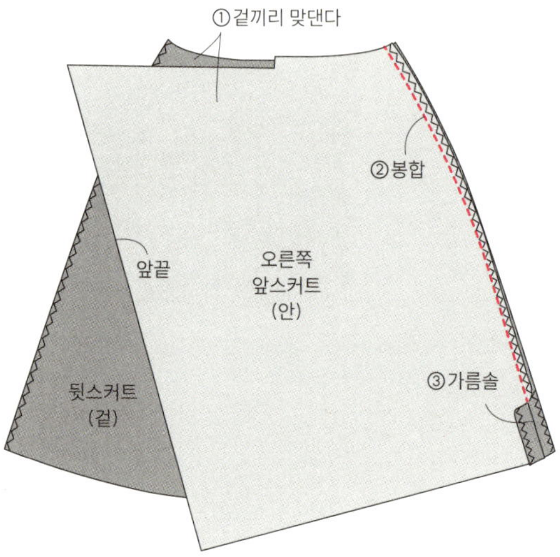

※왼쪽 옆선도 ①~③과정과 같은 방법으로 만든다

2 안단을 만든다

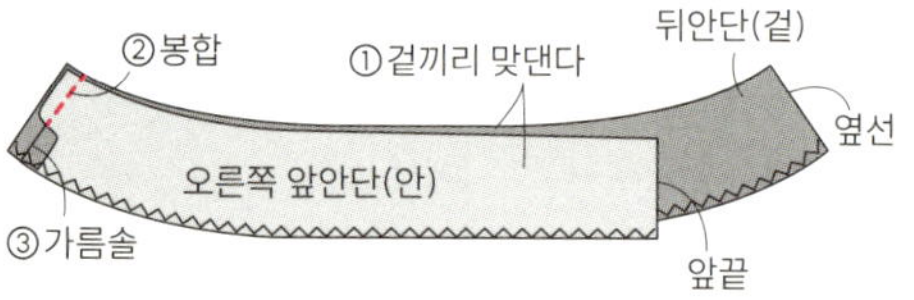

※왼쪽 옆선도 ①~③과정과 같은 방법으로 만든다

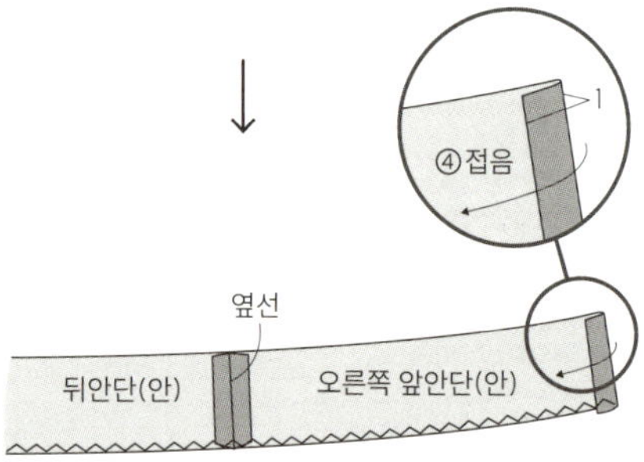

3 스커트와 안단을 연결한다

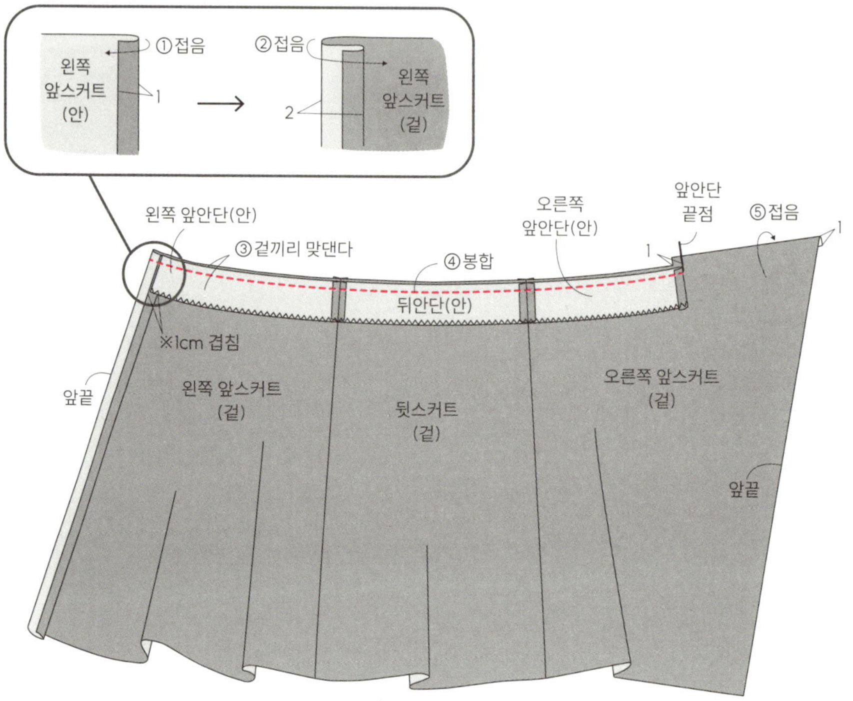

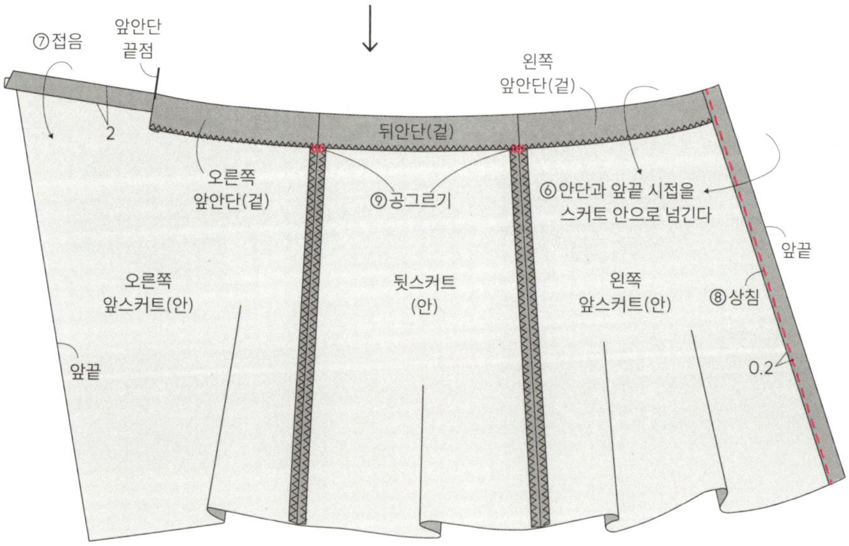

※스커트 겉에서 상침한다

4 오른쪽 앞스커트의 앞끝을 정리한다

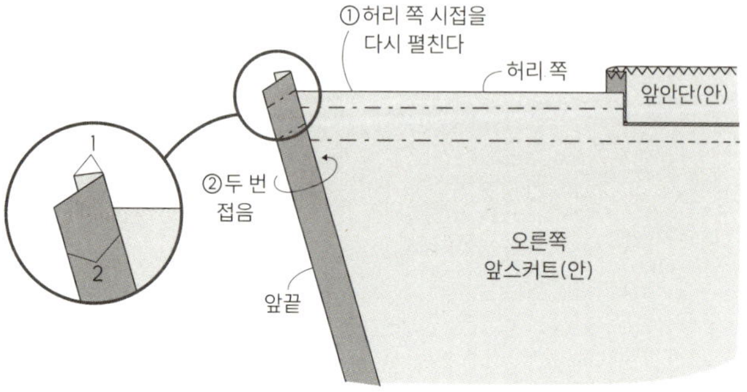

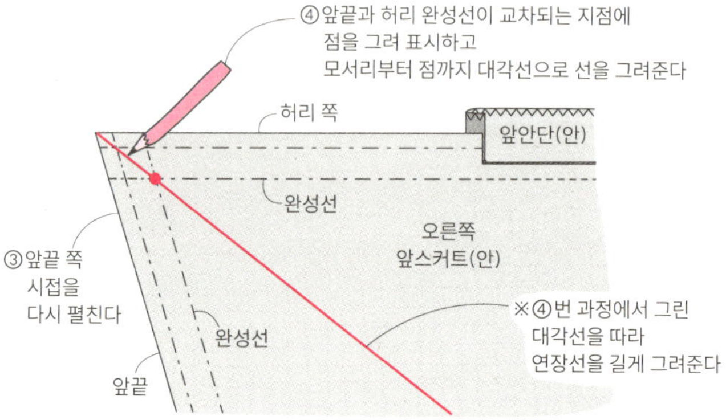

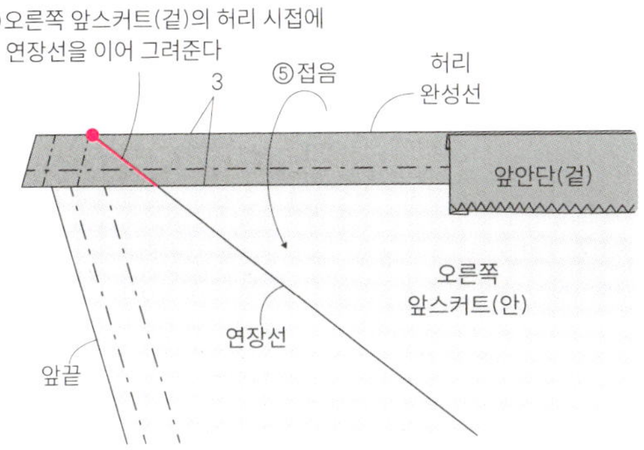
⑥오른쪽 앞스커트(겉)의 허리 시접에
연장선을 이어 그려준다
3
⑤접음
허리
완성선
앞안단(겉)
오른쪽
앞스커트(안)
연장선
앞끝

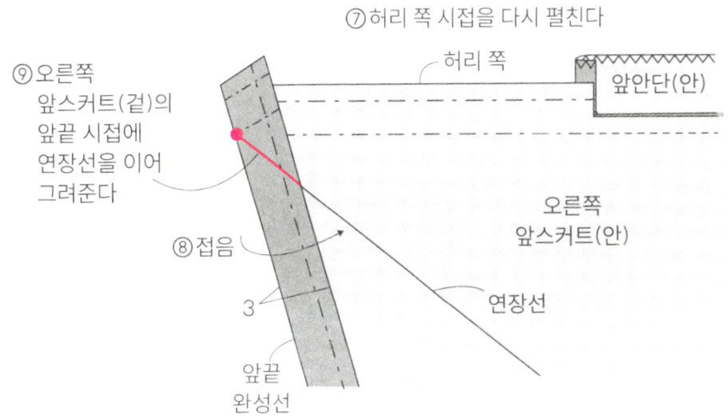
⑦허리 쪽 시접을 다시 펼친다
허리 쪽
앞안단(안)
⑨오른쪽
앞스커트(겉)의
앞끝 시접에
연장선을 이어
그려준다
오른쪽
앞스커트(안)
⑧접음
연장선
3
앞끝
완성선

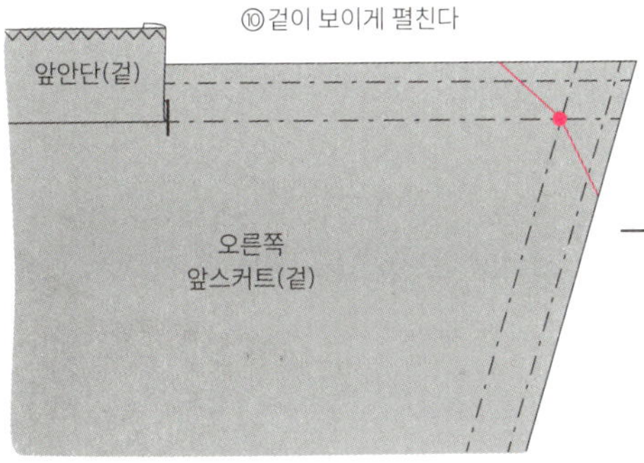
⑩겉이 보이게 펼친다
앞안단(겉)
오른쪽
앞스커트(겉)

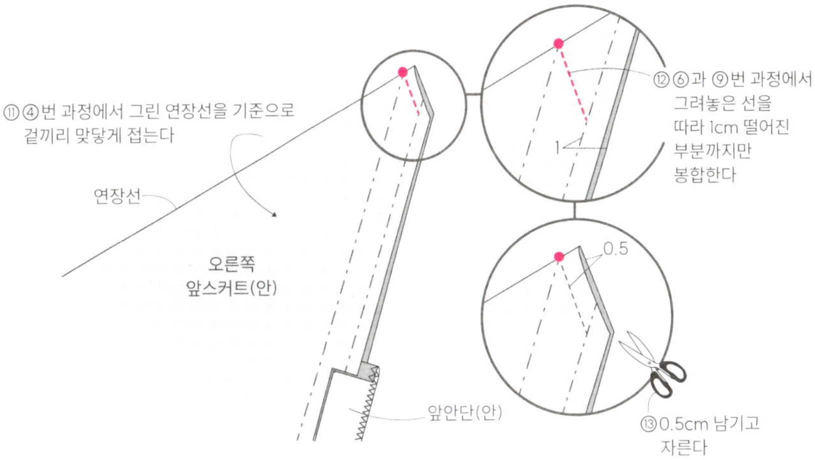
⑪④번 과정에서 그린 연장선을 기준으로
겉끼리 맞닿게 접는다
연장선
오른쪽
앞스커트(안)
앞안단(안)
⑫⑥과 ⑨번 과정에서
그려놓은 선을
따라 1cm 떨어진
부분까지만
봉합한다
1
0.5
⑬0.5cm 남기고
자른다

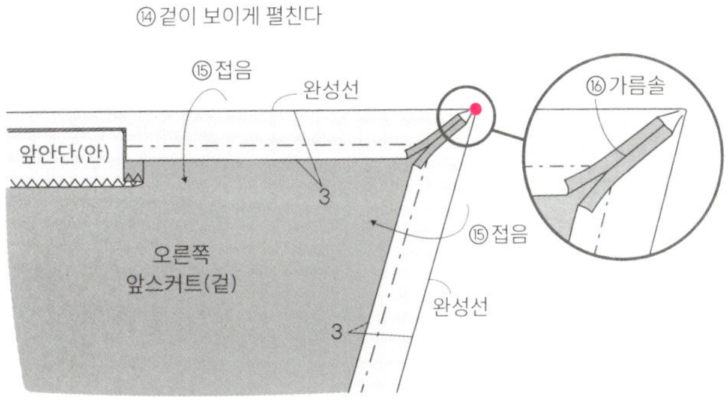
⑭겉이 보이게 펼친다
⑮접음
완성선
앞안단(안)
3
⑯가름솔
⑮접음
오른쪽
앞스커트(겉)
완성선
3

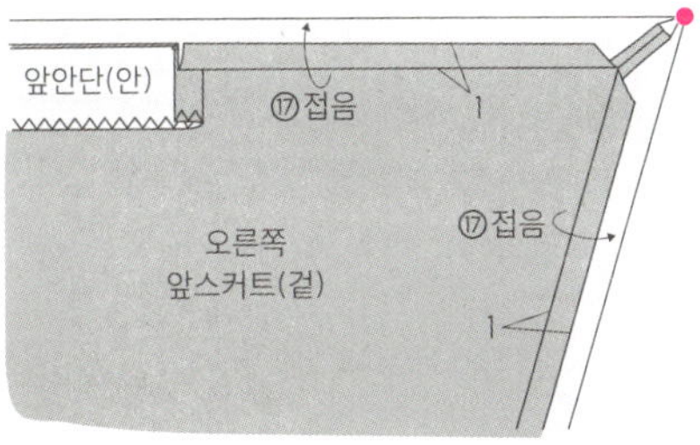
앞안단(안)
⑰접음
1
⑰접음
오른쪽
앞스커트(겉)
1

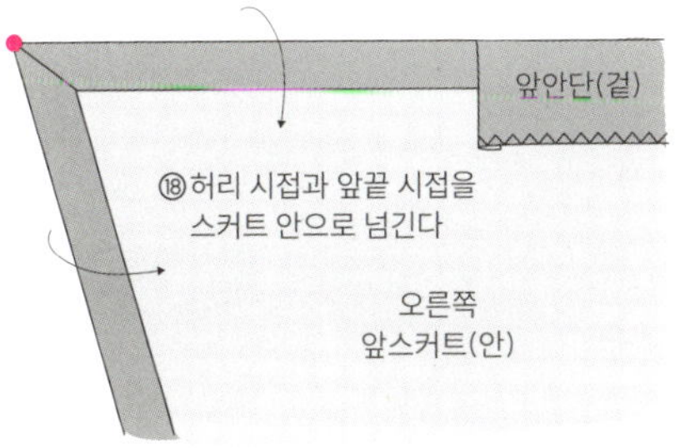
앞안단(겉)
⑱허리 시접과 앞끝 시접을
스커트 안으로 넘긴다
오른쪽
앞스커트(안)

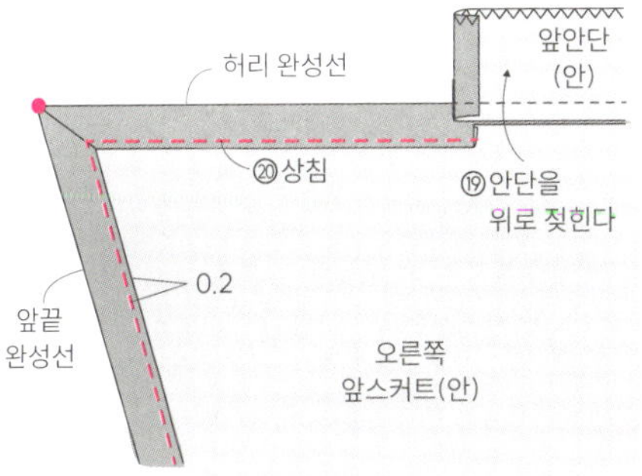
허리 완성선
앞안단
(안)
⑳상침
⑲안단을
위로 젖힌다
0.2
앞끝
완성선
오른쪽
앞스커트(안)

※스커트 겉에서 상침한다

5 스커트의 밑단을 정리한다

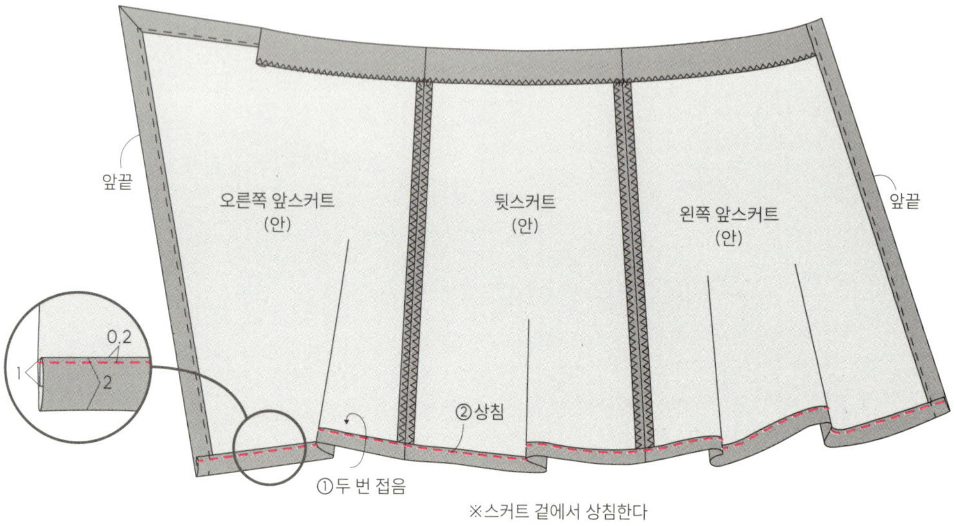

6 스커트에 단춧구멍을 뚫고, 단추를 단다

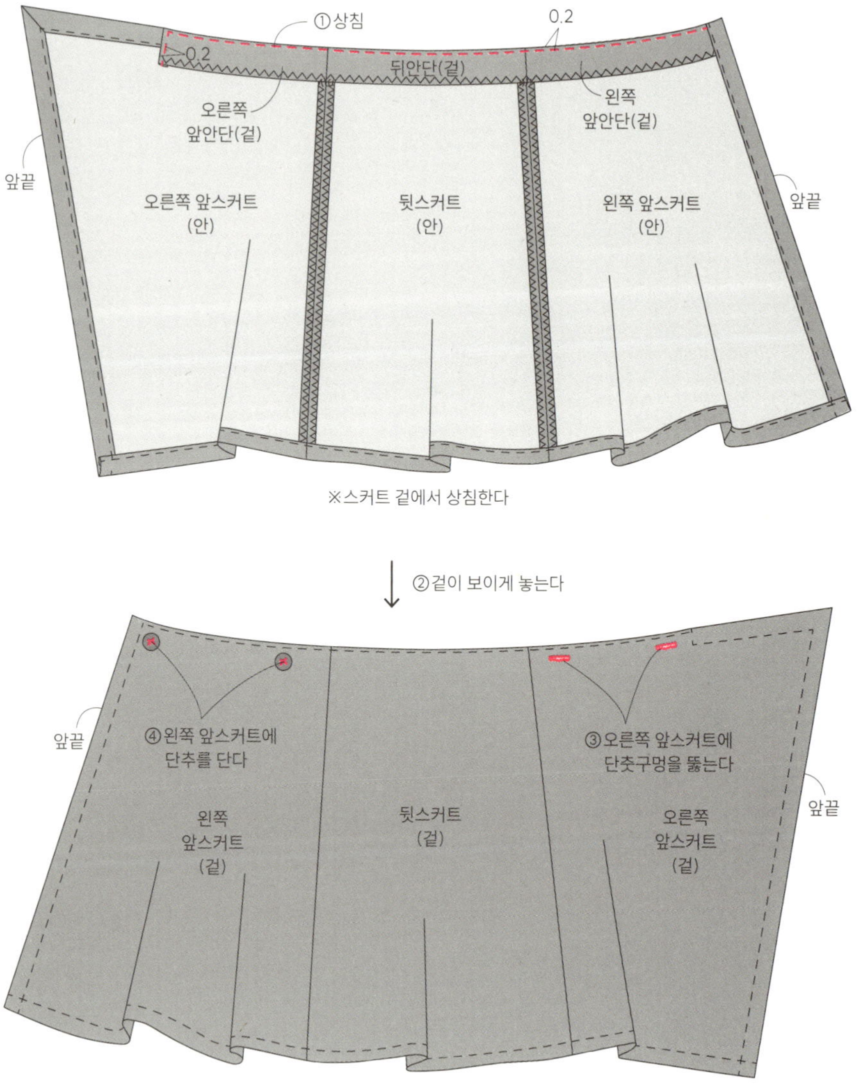

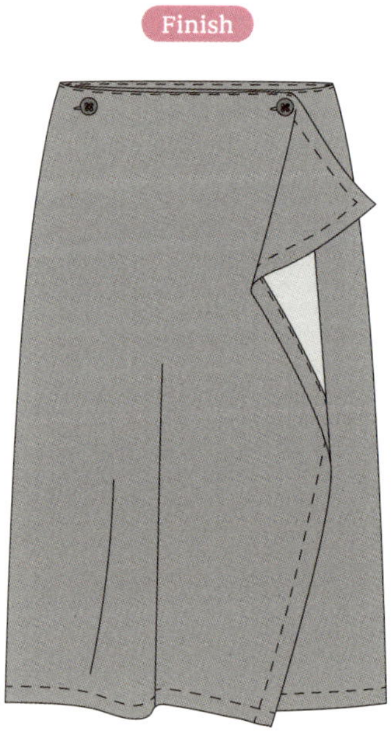

k

민소매 테일러드 원피스 sleeveless tailored dress ... PHOTO > P.19

◈ 완성 사이즈(cm)

사이즈 분류	55 size	66 size	77 size	88 size
옷길이	110.5	112.5	114.5	117
가슴둘레	98	103	108.5	114

◈ 재료

- 원단 요척과 재료의 양은 가장 큰 사이즈의 패턴을 기준으로 작성되어 있습니다.
  다른 사이즈의 패턴을 제작할 경우, 약간의 차이가 있을 수 있습니다.
- 겉감(린넨) ··· 140cm폭 x 360cm
- 소잉심지 ··· 54cm폭 x 135cm
- 1.2cm폭 소잉테이프 심지 ··· 1팩

◈ 패턴

- 패턴 면수 ··· B면의 [k] 패턴을 사용합니다.
- 실물 패턴 ··· 앞몸판, 뒷몸판, 앞안단, 뒤안단, 겉·안칼라, 오른쪽 앞스커트, 왼쪽 앞스커트, 뒷스커트, 끈감
- 참고 사항 ··· 1. 오른쪽 앞스커트 안에 왼쪽 앞스커트가 함께 포함되어 있으니 각각 베껴 사용합니다.
  2. 암홀 둘레 안바이어스천은 직접 제도하여 사용합니다. (재단배치도 참고)
  3. 끈감 패턴의 맞주름 방향은 원단(겉) 기준으로 표시되어 있습니다.

◈ 만드는 순서

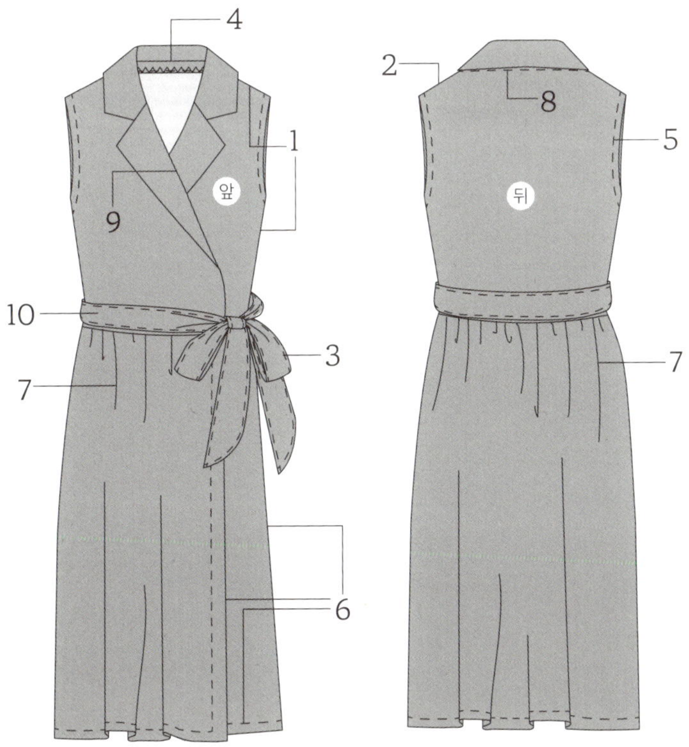

◈ 재단 배치도

- 지정 이외의 시접은 1cm
- [점무늬] 부분에 소잉심지를 붙인다
- [분홍] 부분에 소잉테이프 심지를 붙인다
- 〰 표시된 부분은 지그재그봉제 또는 오버록 처리한다
- 암홀 둘레 안바이어스천은 직접 제도하여 사용한다
- 끈감 패턴에 표시된 맞주름 방향은 원단(겉) 기준이므로
  원단을 재단 후, 원단(겉)에 표시합니다

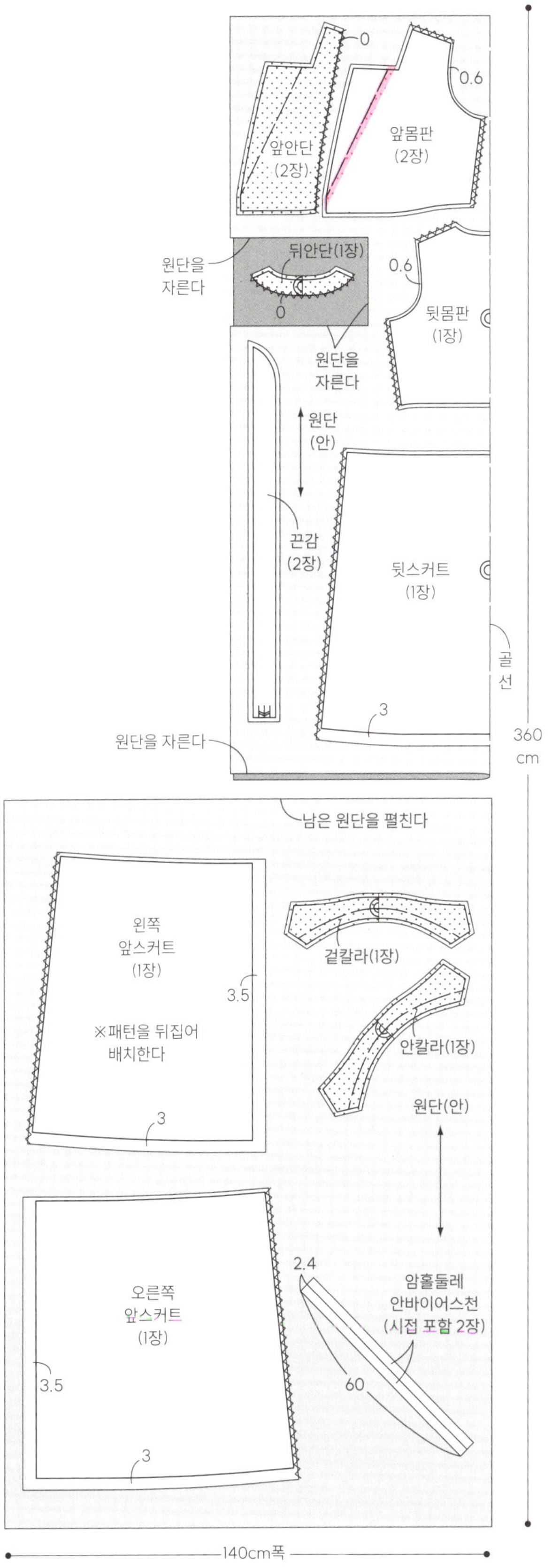

◈ 만드는 방법

· 치수가 기재되어 있지 않은 곳은 1cm로 봉합합니다.
· 안바이어스천 길이는 필요한 길이보다 여유 있게 기재되어 있습니다. 다는 곳의 길이에 맞춰 여분을 잘라서 사용해주세요.

1 몸판의 어깨와 옆선을 봉합한다

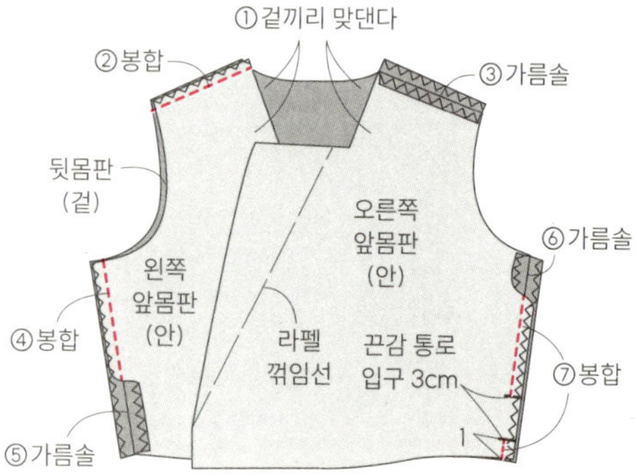

★주의★
※몸판의 오른쪽 옆선은
끈감 통로 입구를
제외하고 봉합한다

2 안단의 어깨를 봉합한다 (P.52 / 3-④~⑥ 참고)

3 끈감을 만들어 몸판에 단다

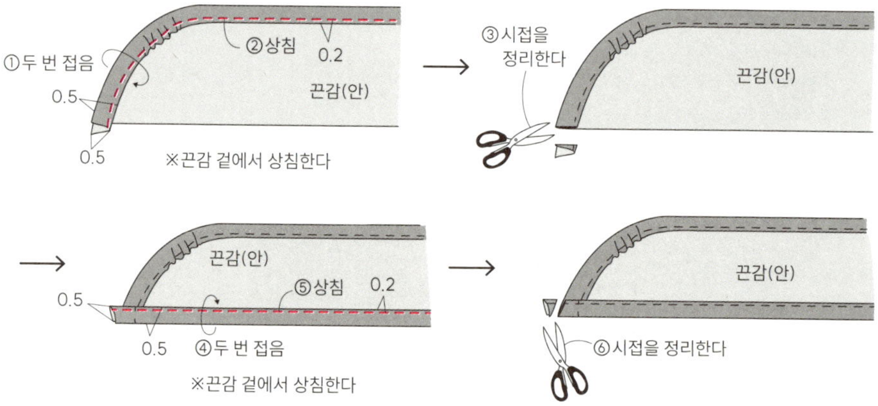

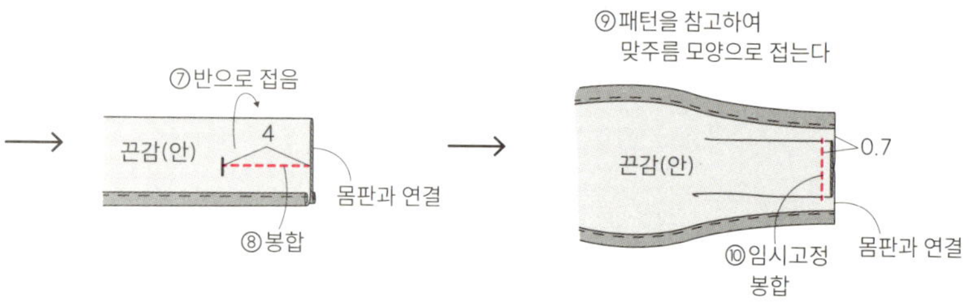

※P.45 / 4-4 맞주름 표시와 만드는 방법 참고
※끈감을 총 2개 만든다

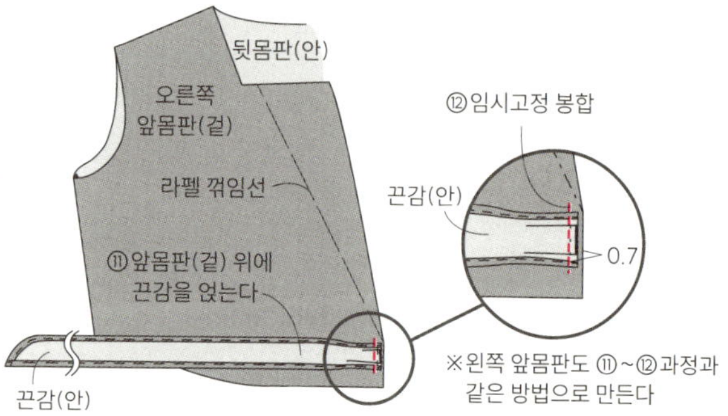

4 몸판과 안단에 칼라를 단다 (P.63 / 3-①~④ 참고)

5 몸판의 암홀 둘레를 안바이어스 처리한다

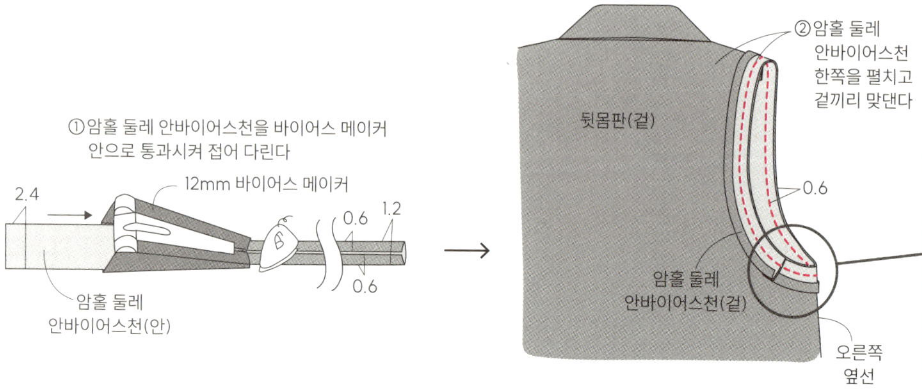

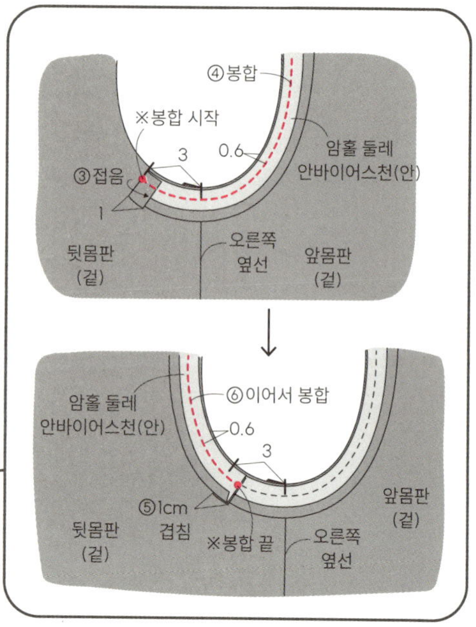

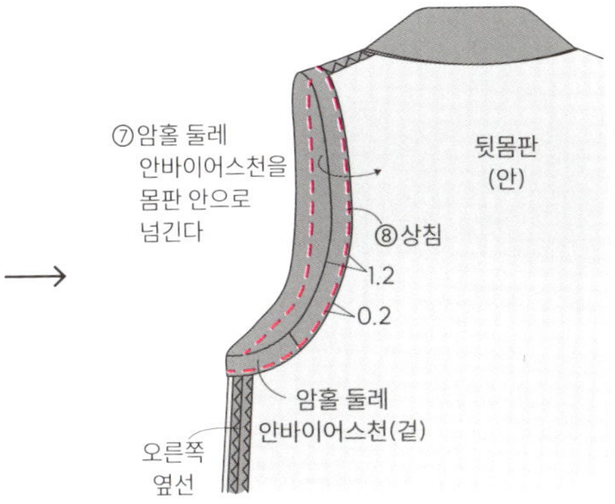

※몸판 겉에서 상침한다
※왼쪽 암홀 둘레도 ①~⑧과정과 같은 방법으로 만든다

6 앞·뒤스커트를 연결하고, 앞끝과 밑단을 정리한다

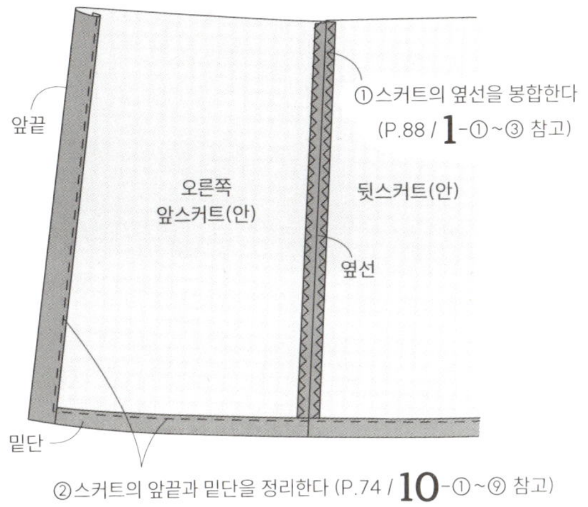

7 스커트의 주름을 잡는다

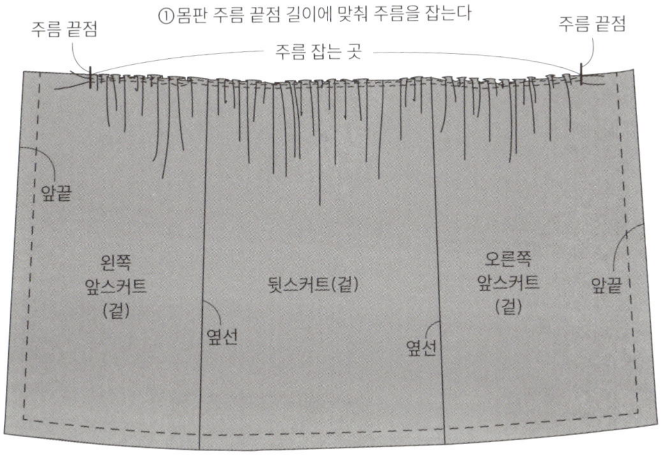

※P.45 / 4-6 주름 잡는 방법 참고

8 스커트에 몸판과 안단을 연결한다

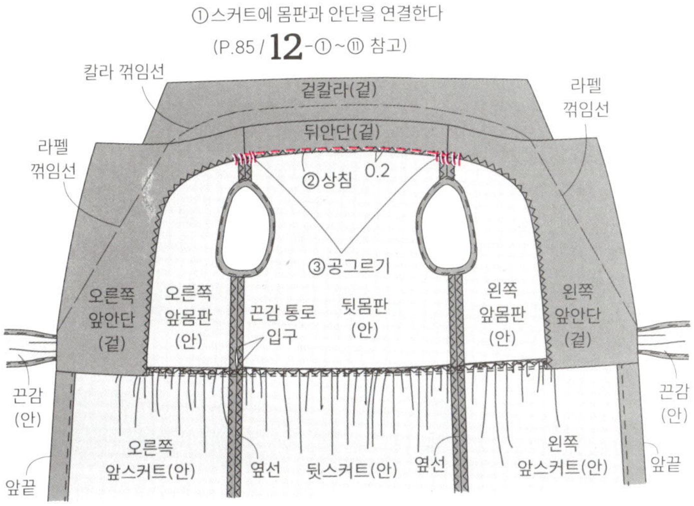

※봉합 후, 주름 잡기용 실은 제거한다
※뒷몸판 겉에서 상침한다

9 칼라를 정리한다 (P.65 / 7-①~② 참고)

10 몸판에 끈감을 둘러 마무리한다

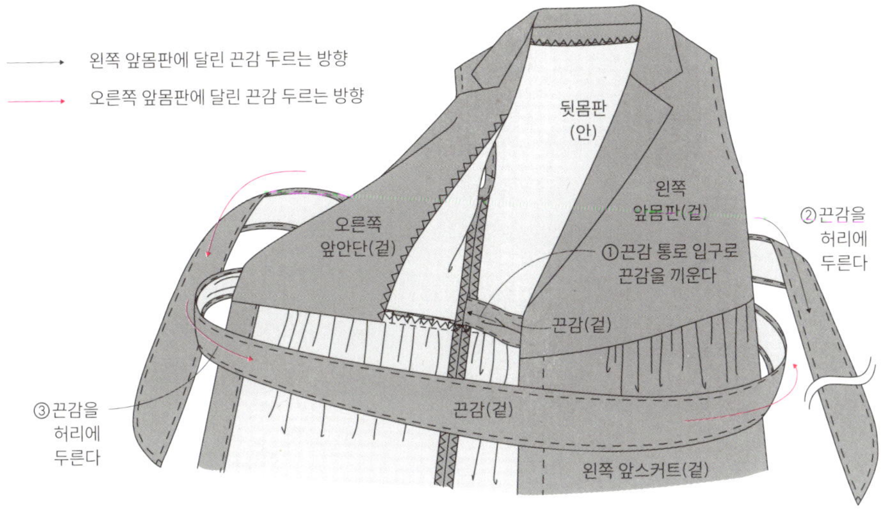

l

날개 스커트 wing skirt ... PHOTO > P.20

◈ 완성 사이즈(cm)

사이즈 분류	55 size	66 size	77 size	88 size
옷길이	80	81.5	83	84.5
허리둘레	70	72.5	75	77.5

◈ 재료

· 원단 요척과 재료의 양은 가장 큰 사이즈의 패턴을 기준으로 작성되어 있습니다.
  다른 사이즈의 패턴을 제작할 경우, 약간의 차이가 있을 수 있습니다.

· 겉감(린넨) ··· 140cm폭 x 225cm

· 1.8cm폭 단추 ··· 2개

◈ 패턴

· 패턴 면수 ··· C면의 [l] 패턴을 사용합니다.

· 실물 패턴 ··· 앞·뒤스커트

· 참고 사항 ··· 1. 끈감은 직접 제도하여 사용합니다. (재단배치도 참고)

◈ 만드는 순서

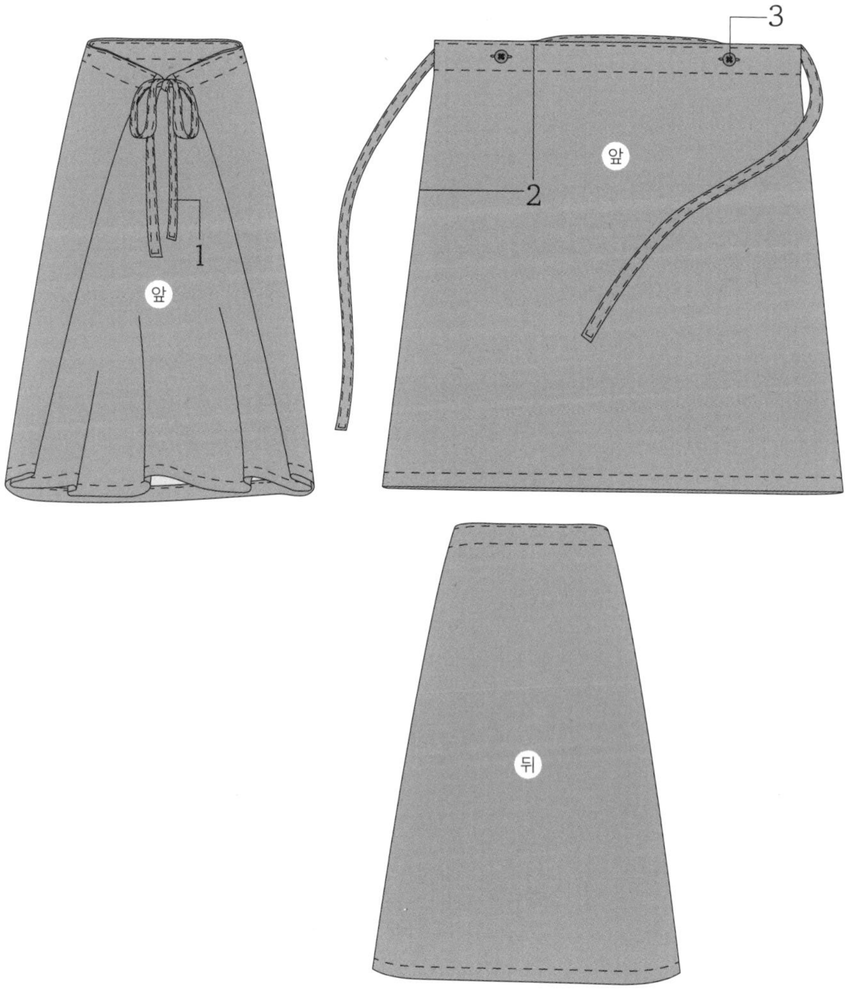

◈ 재단 배치도

· 지정 이외의 시접은 1cm

· 〰 표시된 부분은 지그재그봉제 또는 오버록 처리한다

· 끈감은 직접 제도하여 사용한다

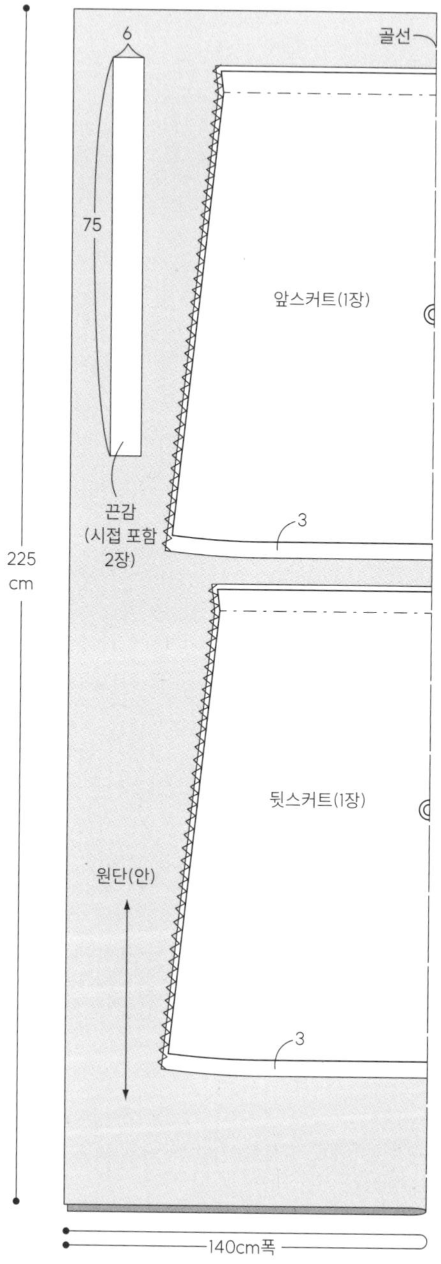

◈ 만드는 방법

· 치수가 기재되어 있지 않은 곳은 1cm로 봉합합니다.

1 끈감을 만들어 스커트에 단다

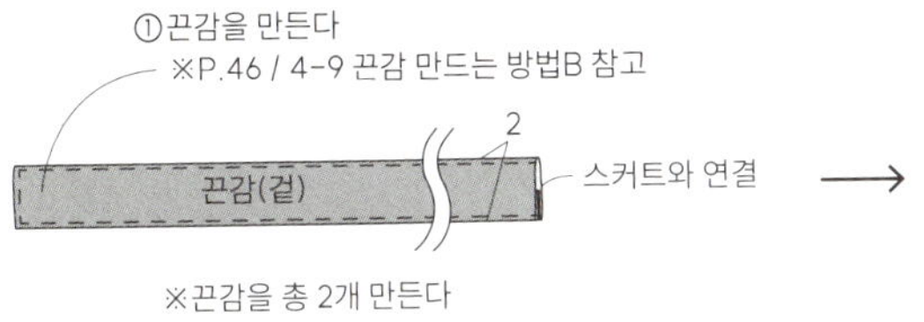

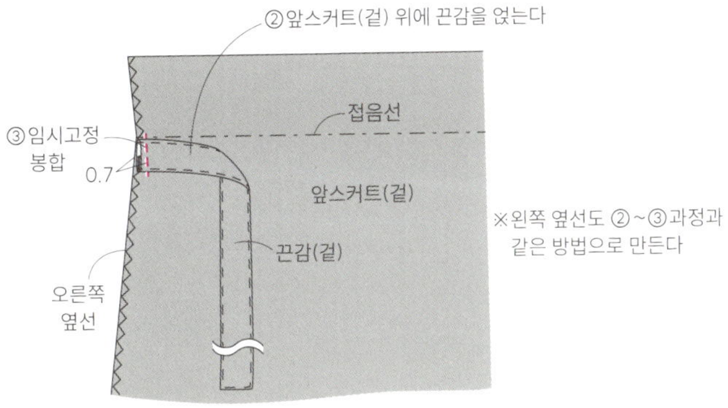

2 스커트를 만든다

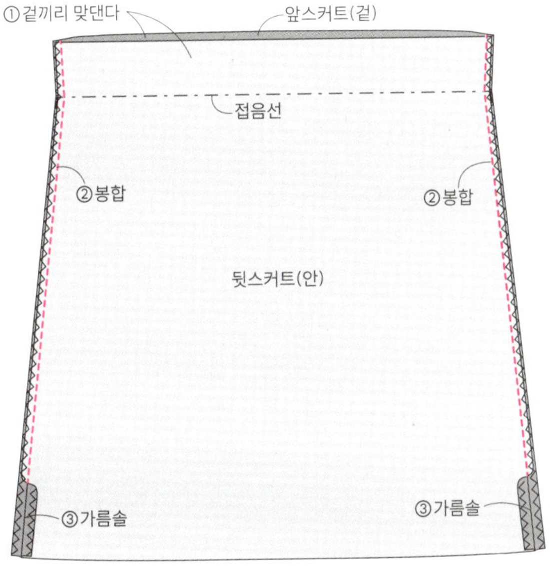

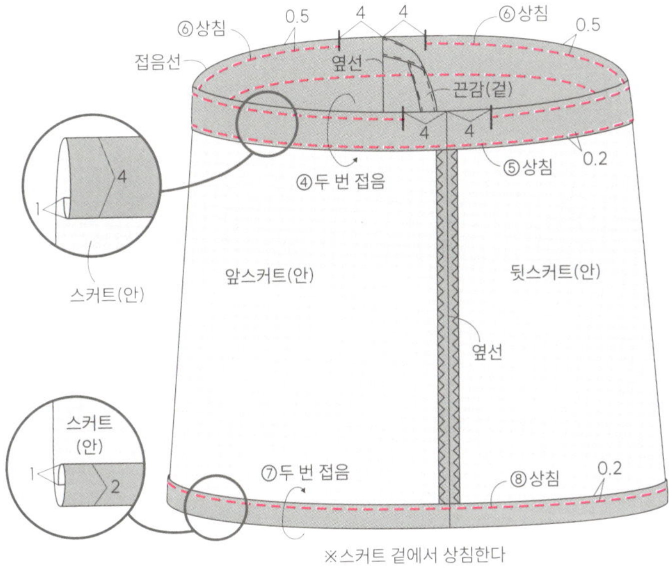

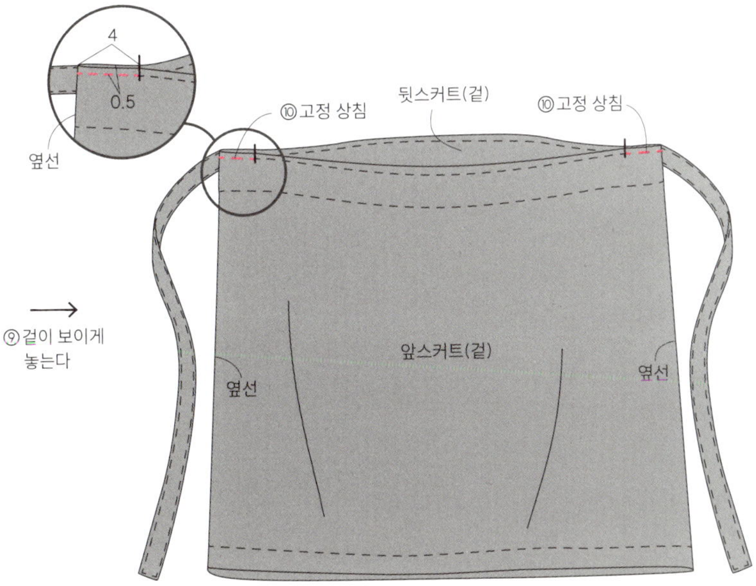

3 스커트에 단춧구멍을 뚫고, 단추를 단다

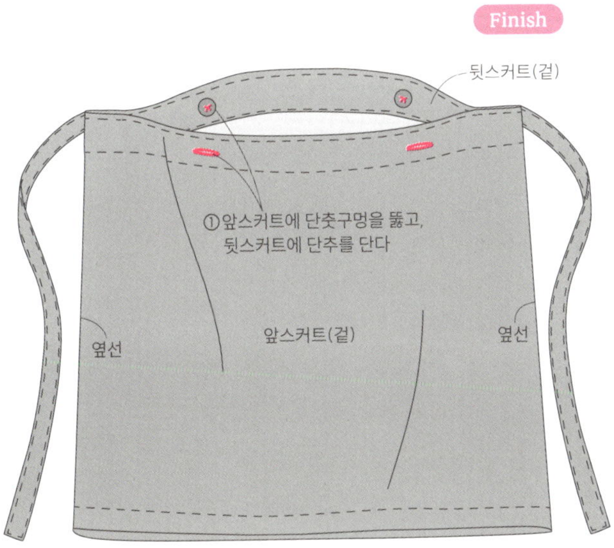

m

포켓 스커트 pocket skirt ... PHOTO > P.22

◈ 완성 사이즈(cm)

사이즈 분류	55 size	66 size	77 size	88 size
옷길이	86.5	88	89.5	91
허리둘레	67.5	72.5	77.5	82.5

◈ 재료

· 원단 요척과 재료의 양은 가장 큰 사이즈의 패턴을 기준으로 작성되어 있습니다.
다른 사이즈의 패턴을 제작할 경우, 약간의 차이가 있을 수 있습니다.

· 겉감(린넨) … 108cm폭 x 270cm

· 소잉심지 … 54cm폭 x 45cm

· 1.2cm폭 소잉테이프 심지 … 1팩

· 1.8cm폭 단추 … 4개

◈ 패턴

· 패턴 면수 … D면의 [m] 패턴을 사용합니다.

· 실물 패턴 … 앞스커트, 뒷스커트, 앞안단, 뒤안단, 손등감, 손바닥감, 겉·안주머니 뚜껑감, 끈감

· 참고 사항 … 1. 앞스커트 패턴의 턱 방향은 원단(겉) 기준으로 표시되어 있습니다.

◈ 만드는 순서

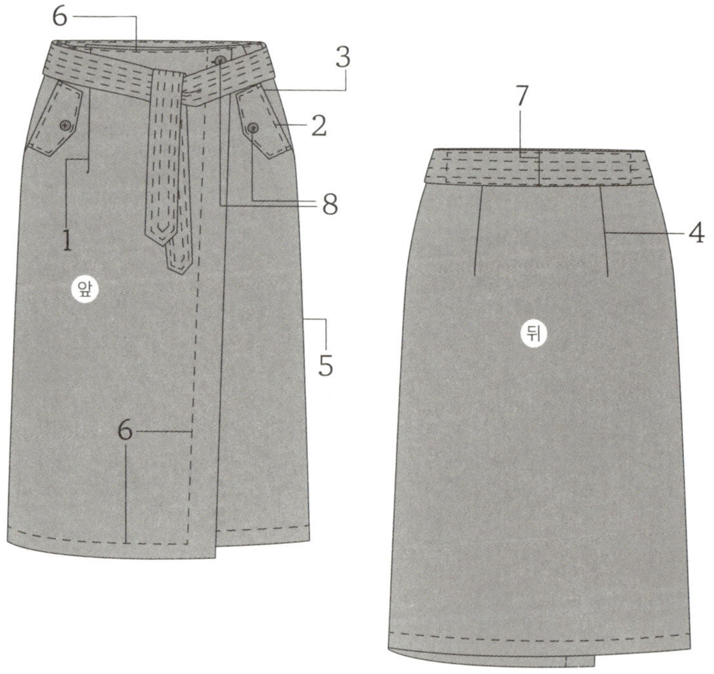

◈ 재단 배치도

· 지정 이외의 시접은 1cm

· ⬚ 부분에 소잉심지를 붙인다

· ⬚ 부분에 소잉테이프 심지를 붙인다

· 〰 표시된 부분은 지그재그봉제 또는 오버록 처리한다

· 앞스커트 패턴에 표시된 턱 방향은 원단(겉) 기준이므로
원단을 재단 후, 원단(겉)에 표시합니다

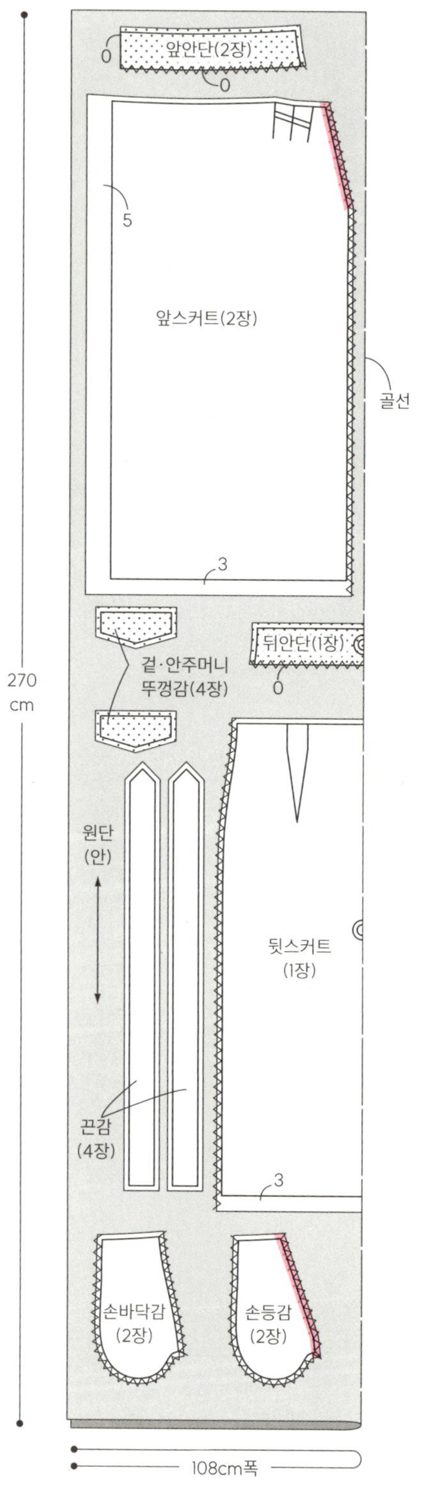

◈ 만드는 방법

· 치수가 기재되어 있지 않은 곳은 1cm로 봉합합니다.

1 앞스커트에 턱을 만든다

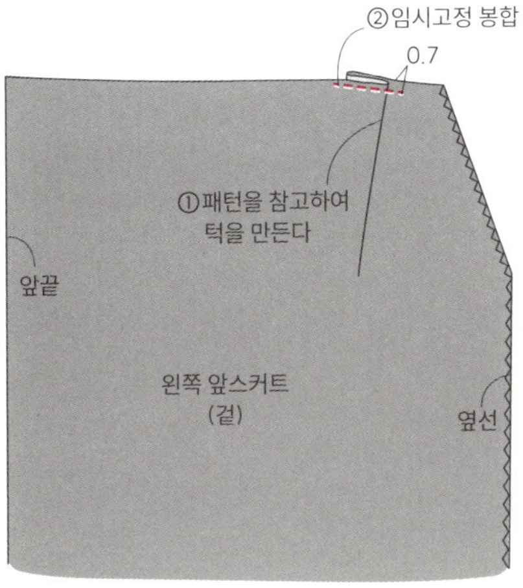

※P.45 / 4-5 턱 표시와 만드는 방법 참고
※오른쪽 앞스커트도 ①~②과정과 같은 방법으로 만든다

2 주머니 뚜껑감을 만들어 앞스커트에 단다

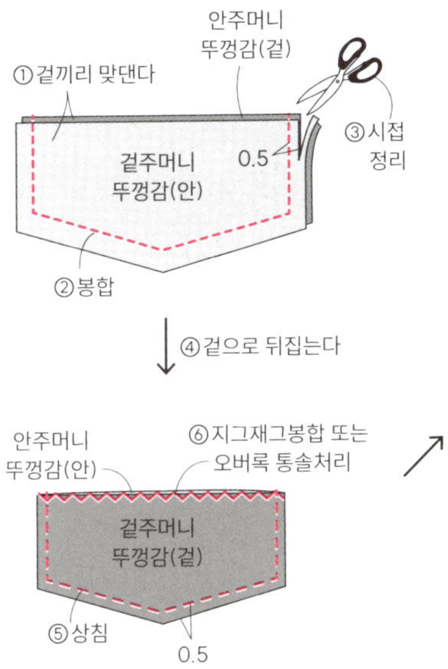

※주머니 뚜껑감을 총 2개 만든다

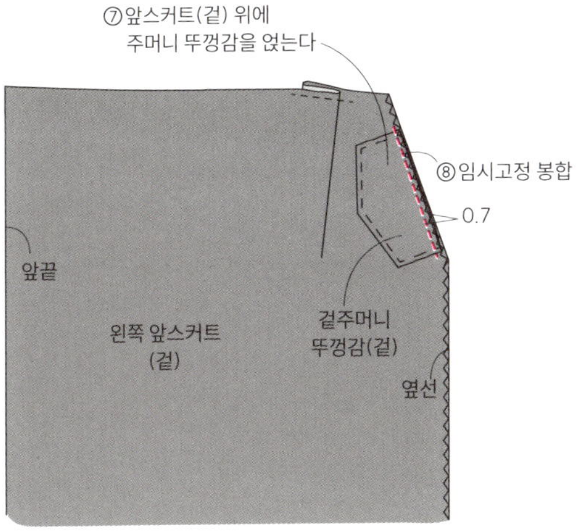

※오른쪽 앞스커트도 ⑦~⑧과정과 같은 방법으로 만든다

3 앞스커트에 옆선 주머니를 단다

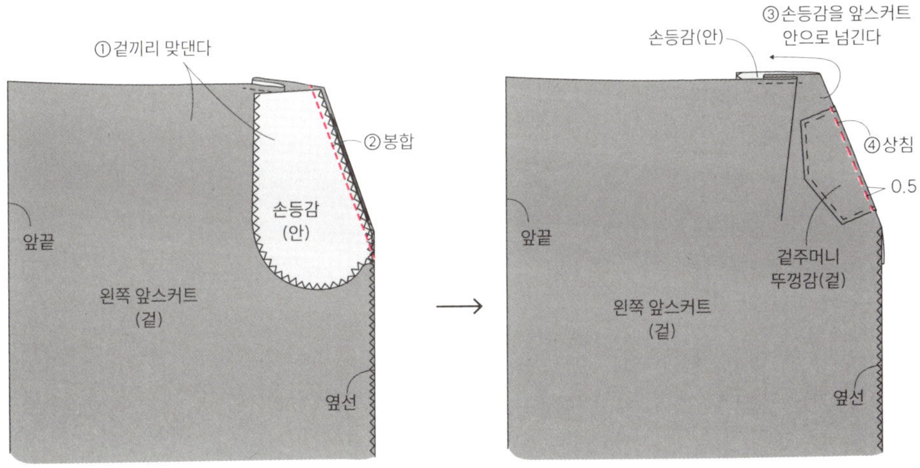

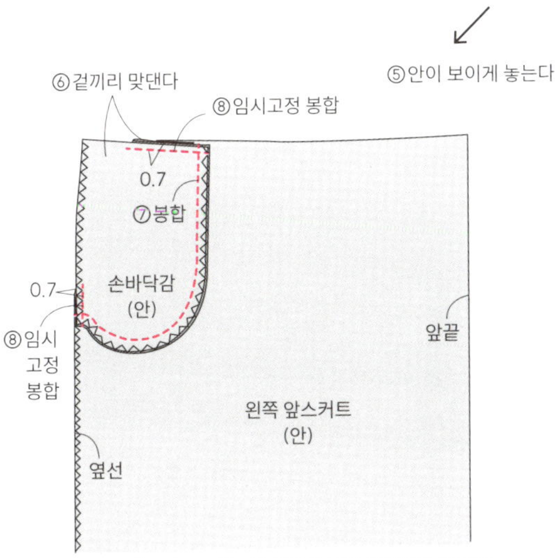

※오른쪽 앞스커트도 ①~⑧과정과 같은 방법으로 만든다

4 뒷스커트에 다트를 만든다

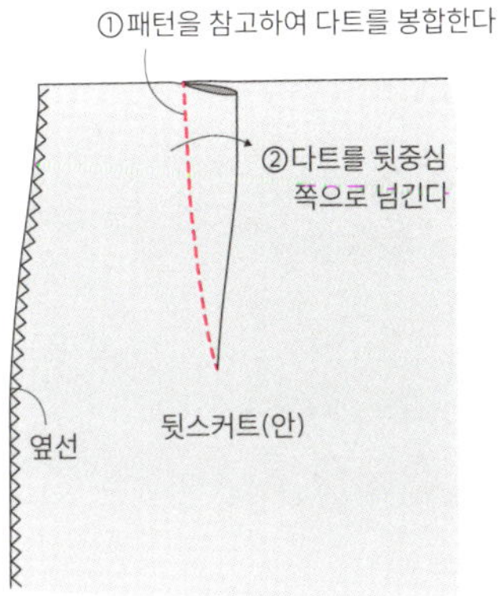

※반대쪽도 ①~②과정과 같은 방법으로 만든다

5 스커트와 안단의 옆선을 봉합한다

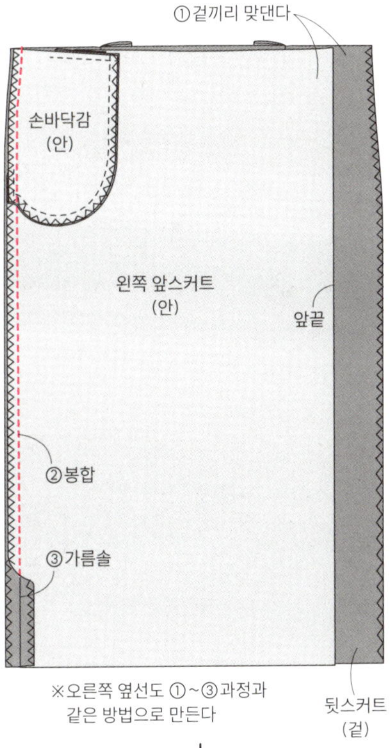

※오른쪽 옆선도 ①~③과정과
같은 방법으로 만든다

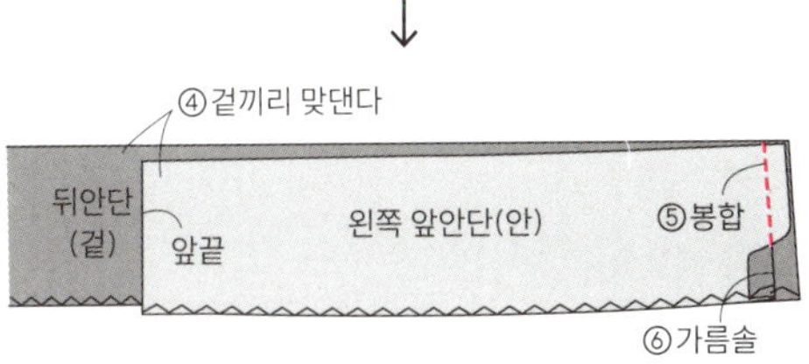

※오른쪽 옆선도 ④~⑥과정과 같은 방법으로 만든다

6 스커트에 안단을 달고, 앞끝과 밑단을 정리한다

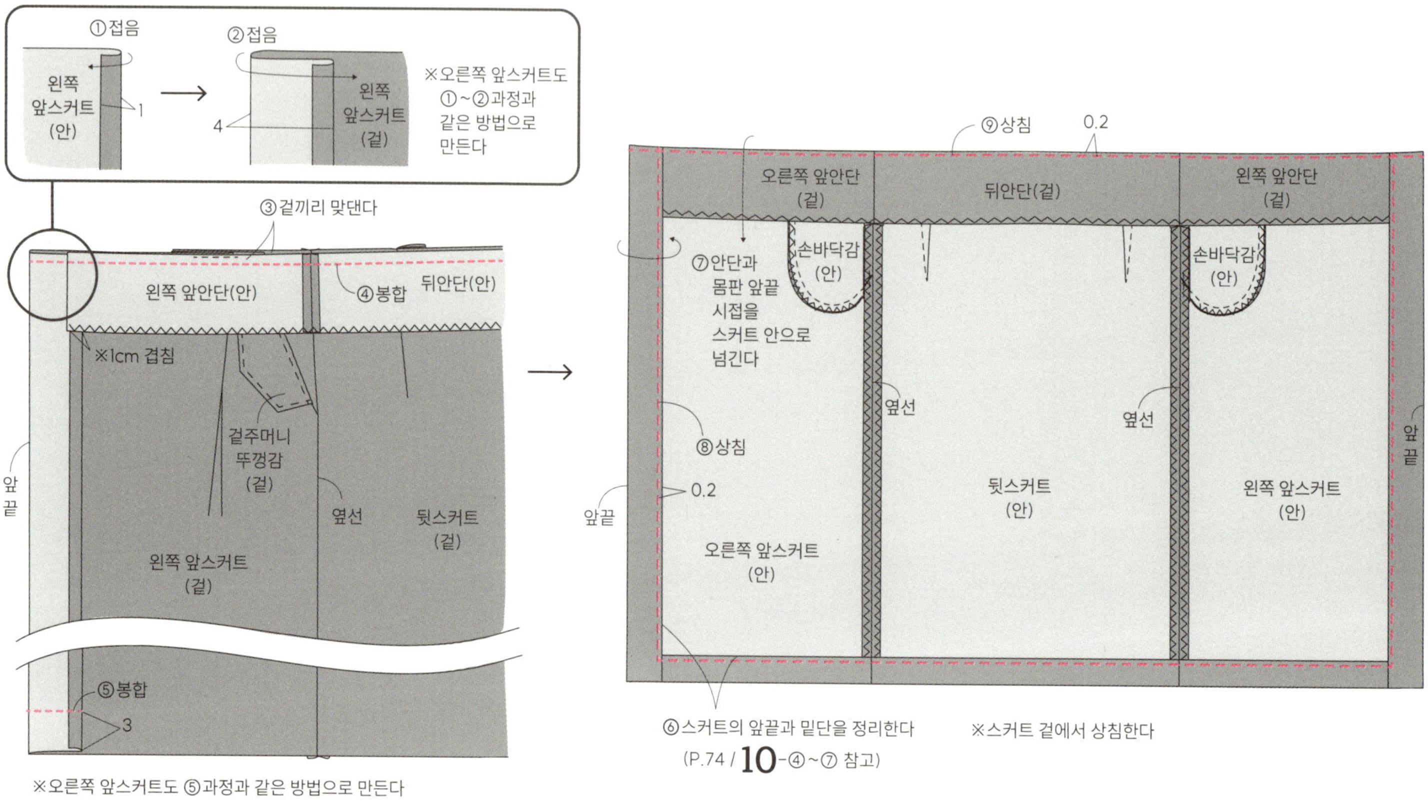

7 끈감을 만들어 스커트에 단다

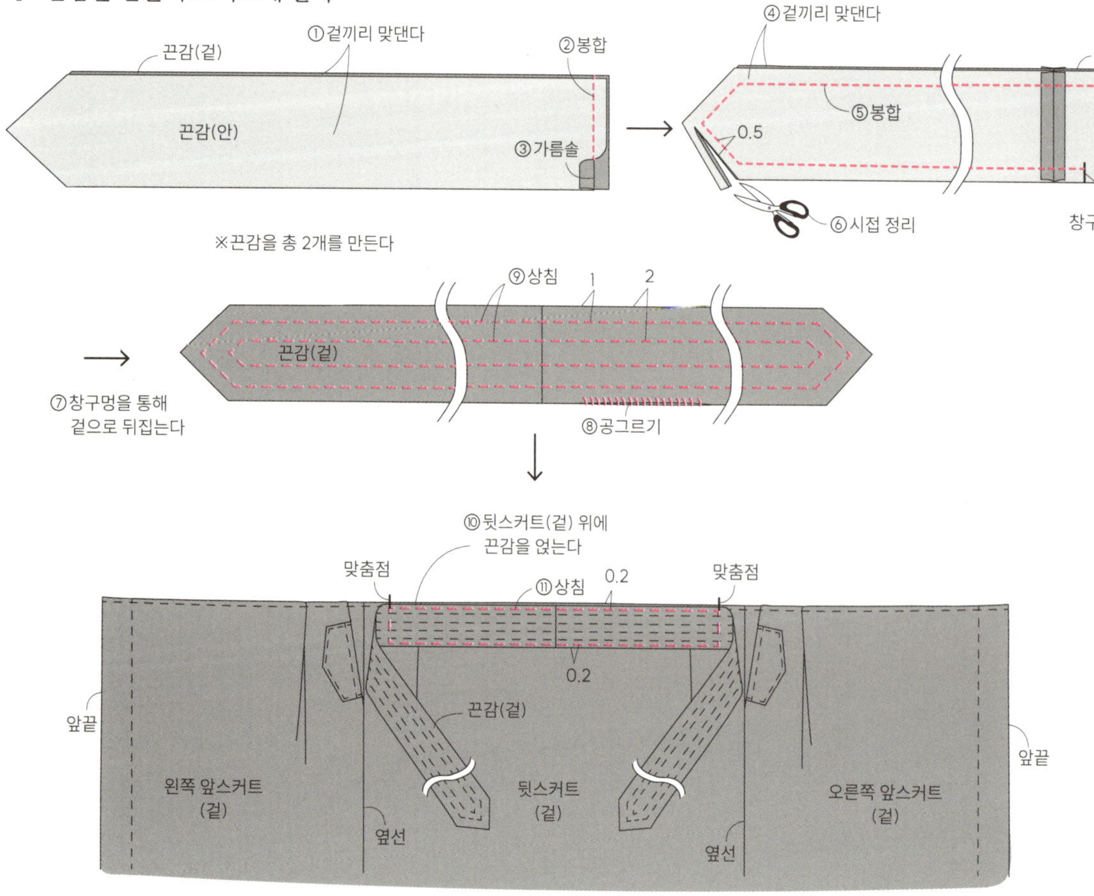

8 스커트에 단춧구멍을 뚫고, 단추를 단다

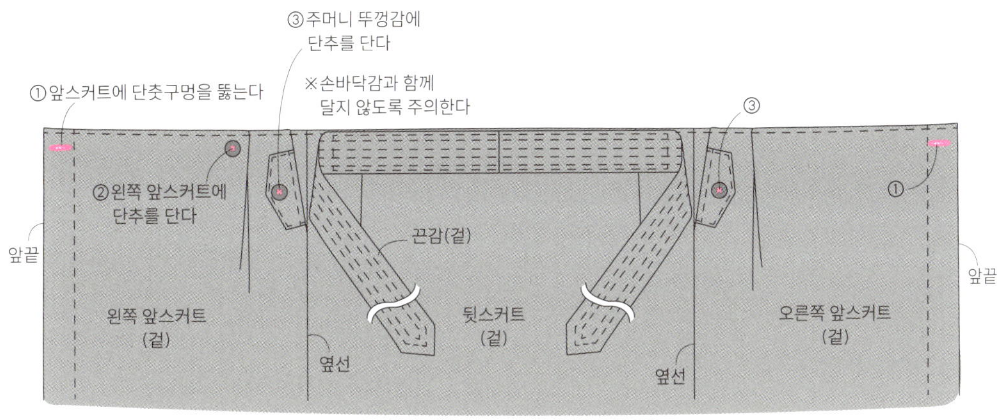

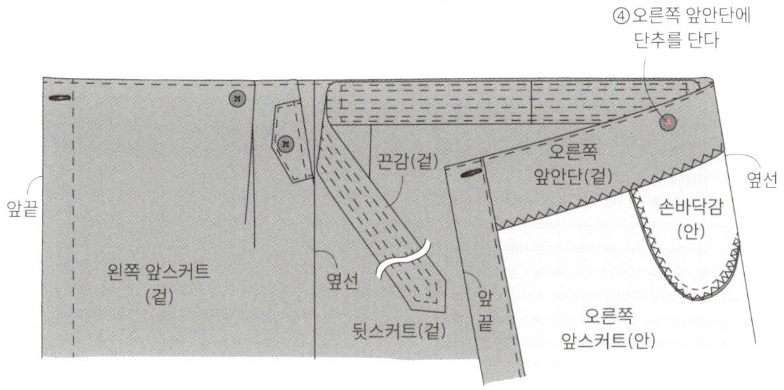

Finish

n

긴팔 셔츠 원피스 long sleeve shirt dress ... PHOTO > P.23

◈ 완성 사이즈(cm)

사이즈 분류	55 size	66 size	77 size	88 size
옷길이	119.5	121.5	123.5	125.5
가슴둘레	92.5	97.5	102	107
소매길이	54.5	55.5	56.5	57.5

◈ 재료

· 원단 요척과 재료의 양은 가장 큰 사이즈의 패턴을 기준으로 작성되어 있습니다.
 다른 사이즈의 패턴을 제작할 경우, 약간의 차이가 있을 수 있습니다.
· 겉감(린넨) … 125cm폭 x 495cm
· 소잉심지 … 54cm폭 x 110cm
· 3cm폭 D링 … 4개

◈ 패턴

· 패턴 면수 … C면의 [n] 패턴을 사용합니다.
· 실물 패턴 … 앞몸판, 뒷몸판, 겉·안칼라, 겉·안칼라받침, 소매, 겉·안앞허리벨트, 겉·안뒤허리벨트,
 왼쪽 앞스커트(위), 왼쪽 앞스커트(아래), 오른쪽 앞스커트(위), 오른쪽 앞스커트(아래), 뒷스커트
· 참고 사항 … 1. 길이가 긴 패턴은 분리하여 수록하였습니다. 맞춤점에 맞춰 한 장으로 연결해주세요.
 2. D링 고리감1·2, 끈감1·2는 직접 제도하여 사용합니다. (재단배치도 참고)
 3. 앞·뒤스커트 패턴의 턱 방향은 원단(겉) 기준으로 표시되어 있습니다.

◈ 만드는 순서

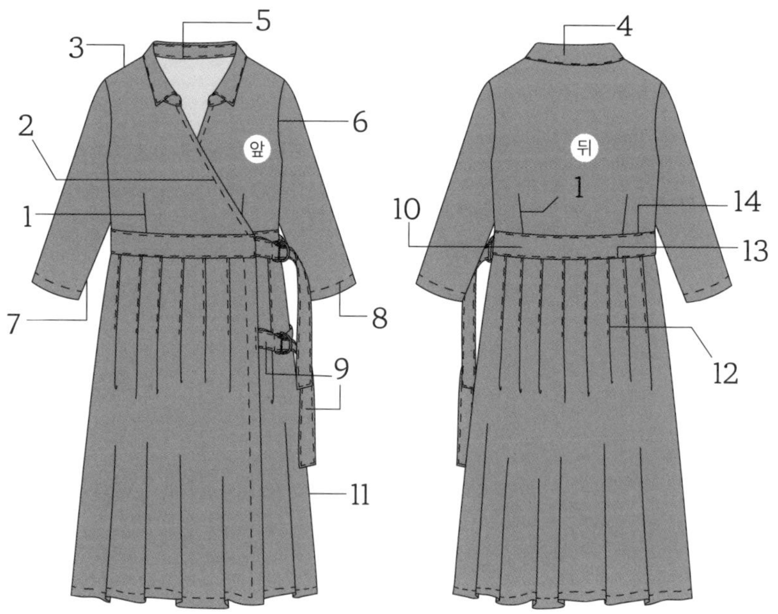

◈ 재단 배치도

· 지정 이외의 시접은 1cm
· [ ] 부분에 소잉심지를 붙인다
· D링 고리감1·2, 끈감1·2는 직접 제도하여 사용한다
· 앞·뒤스커트 패턴에 표시된 턱 방향은 원단(겉) 기준이므로
 원단을 재단 후, 원단(겉)에 표시합니다

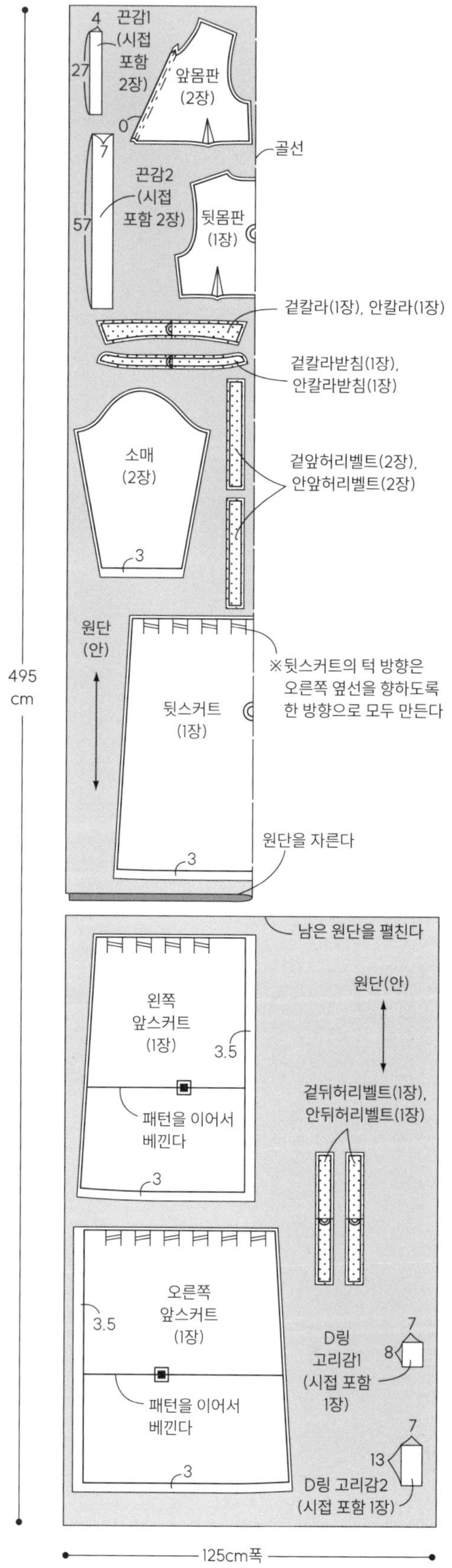

◈ 만드는 방법

· 치수가 기재되어 있지 않은 곳은 1cm로 봉합합니다.

1 몸판에 다트를 만든다 (P.83 / 1-①~④ 참고)

2 앞몸판의 앞끝을 정리한다

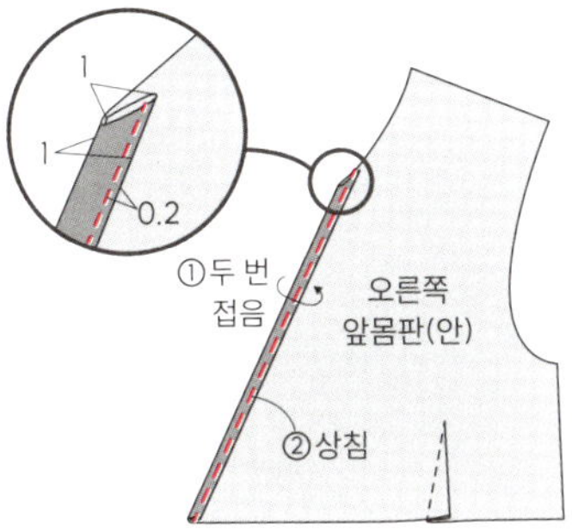

※앞몸판 겉에서 상침한다
※왼쪽 앞몸판도 ①~②과정과 같은 방법으로 만든다

3 몸판의 어깨를 봉합한다

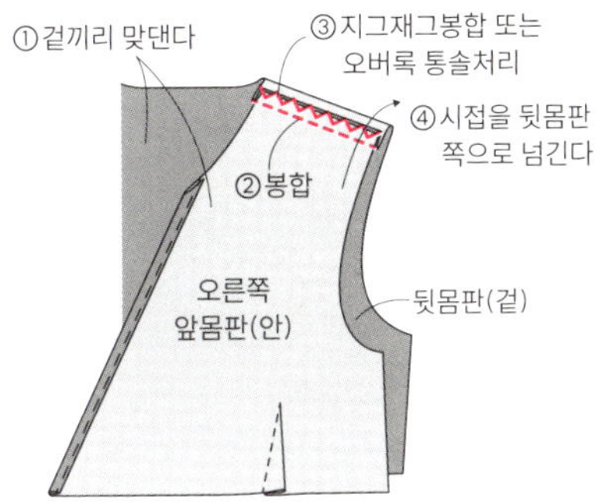

※왼쪽 어깨도 ①~④과정과 같은 방법으로 만든다

4 칼라를 만든다

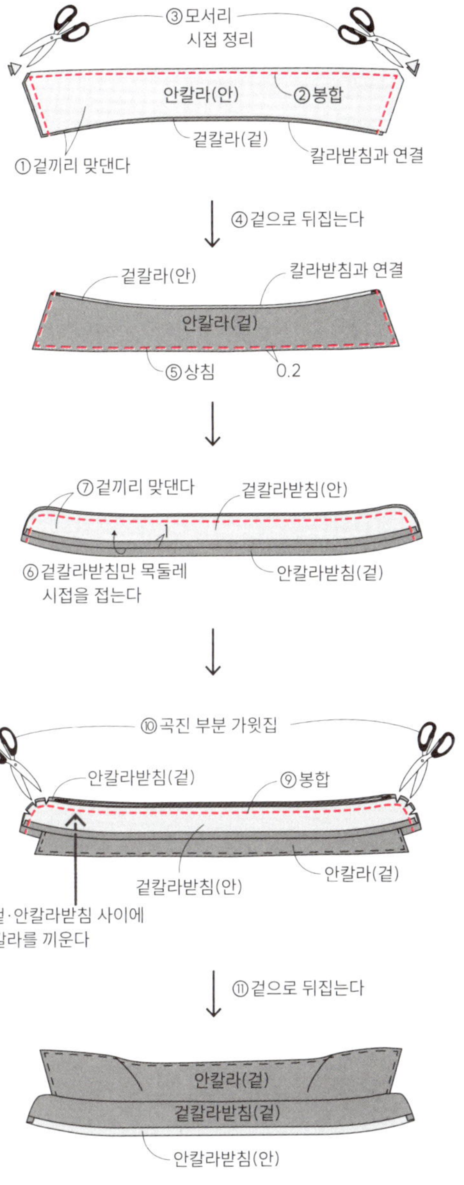

5 몸판에 칼라를 단다

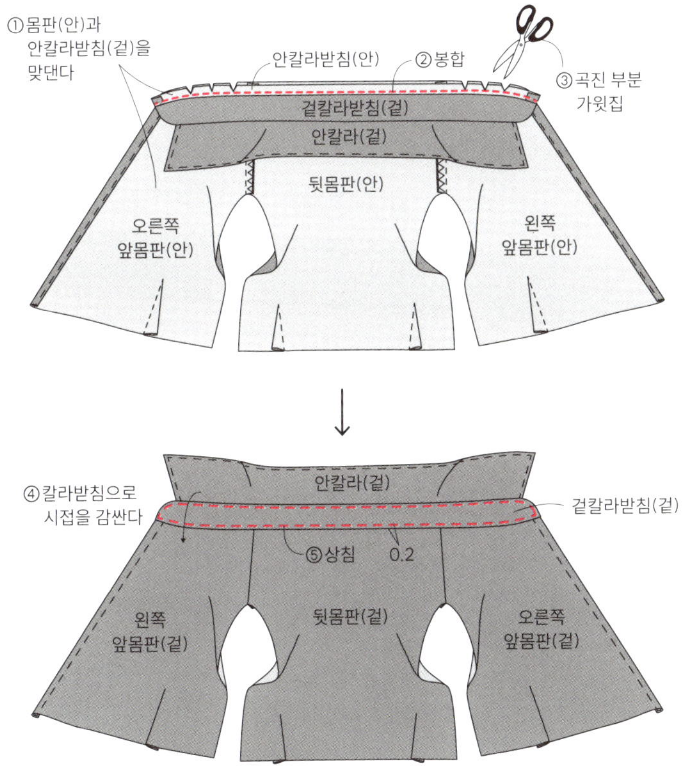

6 몸판에 소매를 단다 (P.54 / 6-①~④ 참고)

7 몸판과 소매의 옆선을 한 번에 이어서 봉합한다 (P.57 / 5-①~④ 참고)

8 소매의 밑단을 정리한다 (P.55 / 8-③~④ 참고)

9 D링 고리감1, 2와 끈감1, 2를 만든다

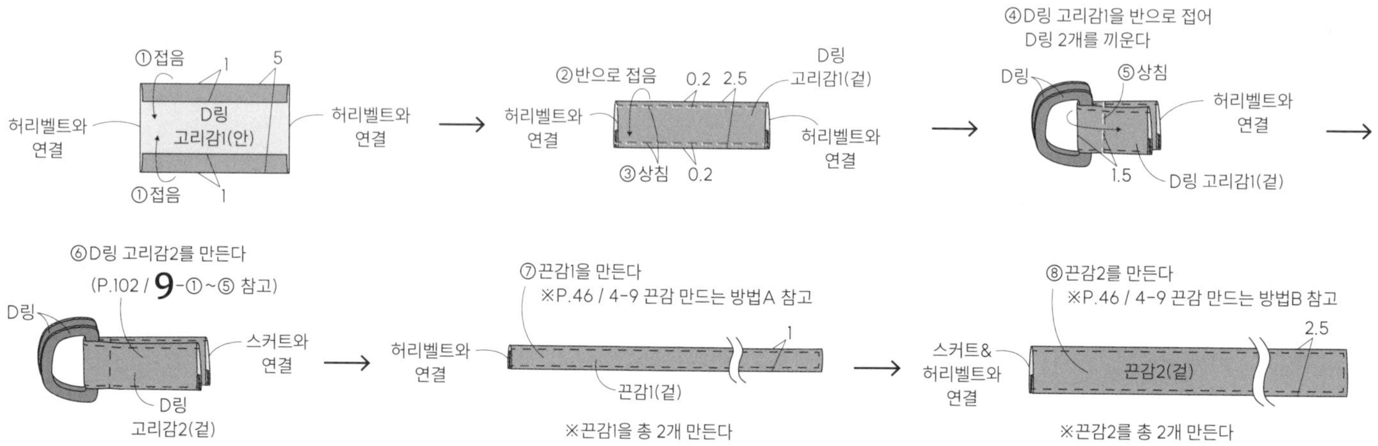

10 허리벨트를 만든다

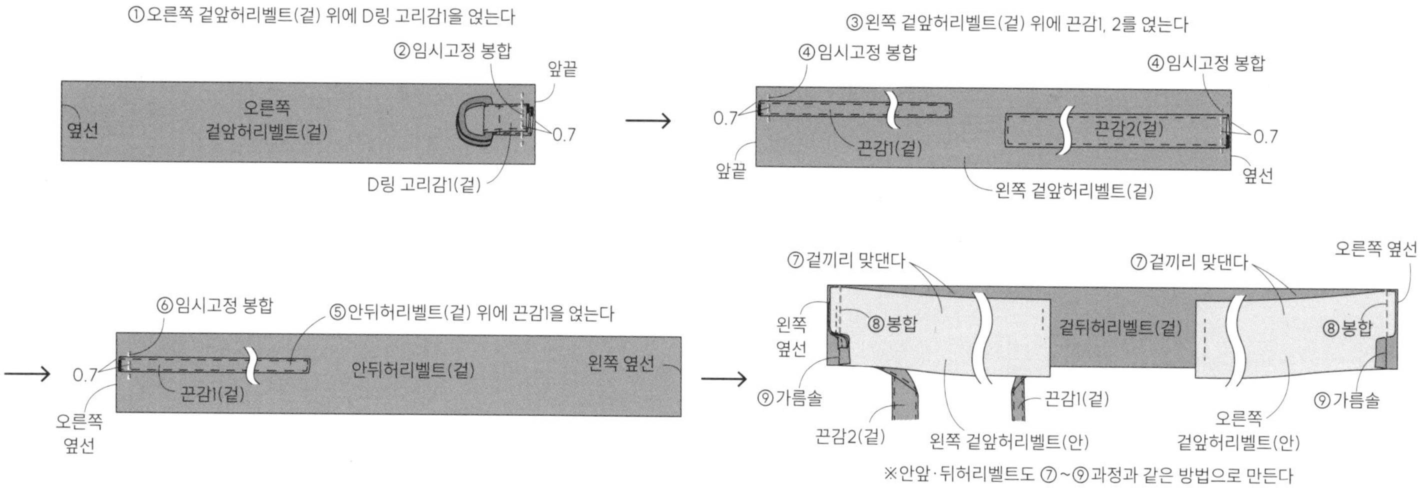

11 스커트를 만든다

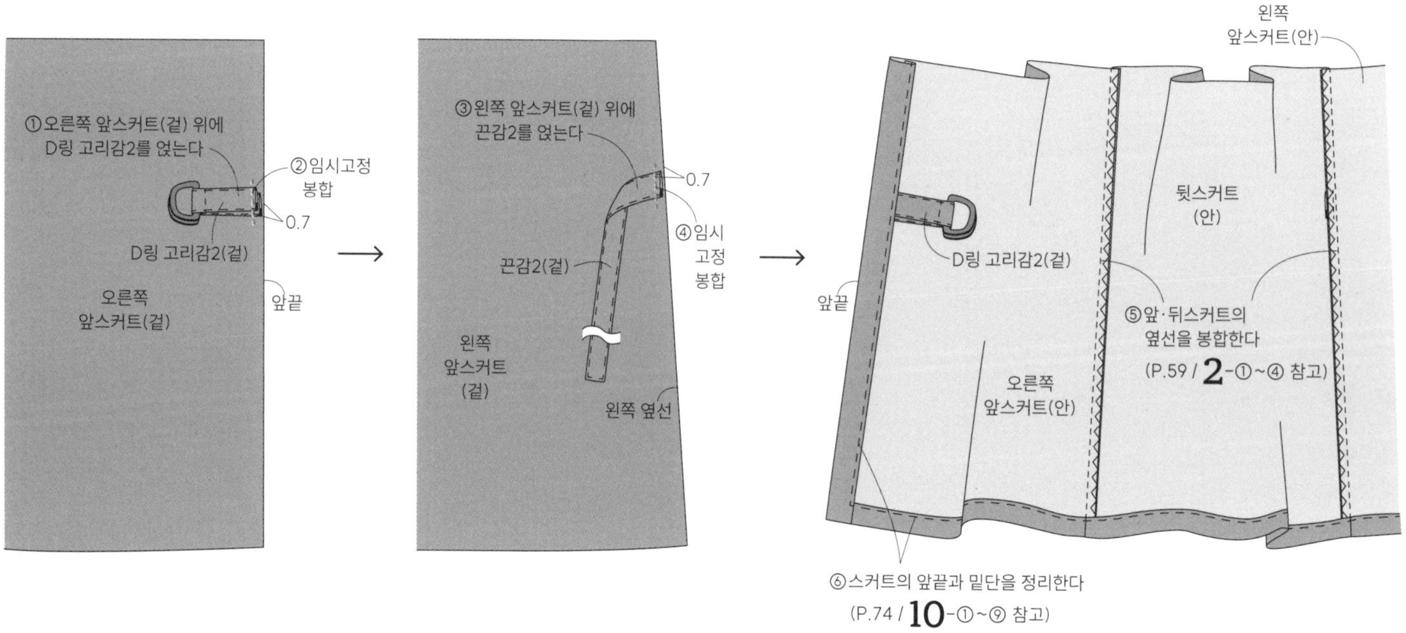

12 스커트에 턱을 만든다

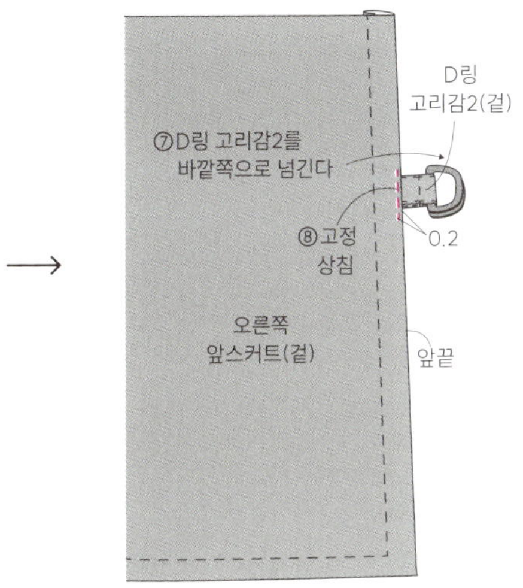

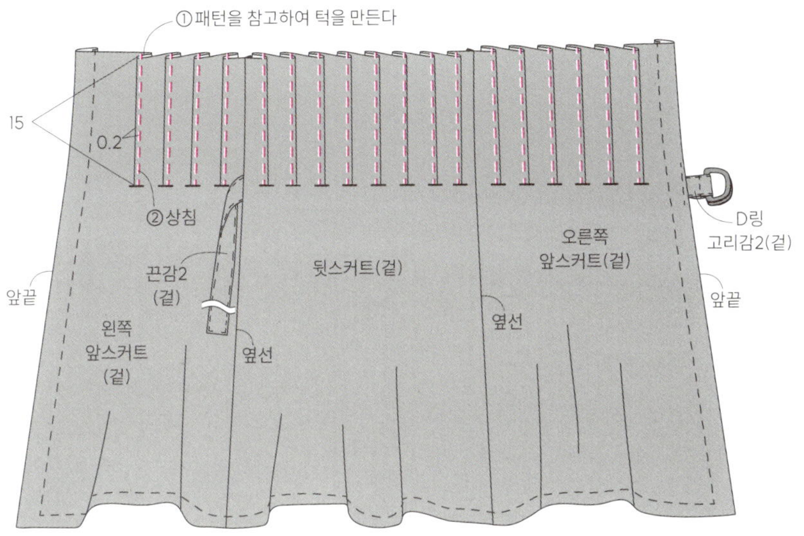

※P.45 / 4-5 턱 표시와 만드는 방법 참고

13 스커트에 허리벨트를 단다

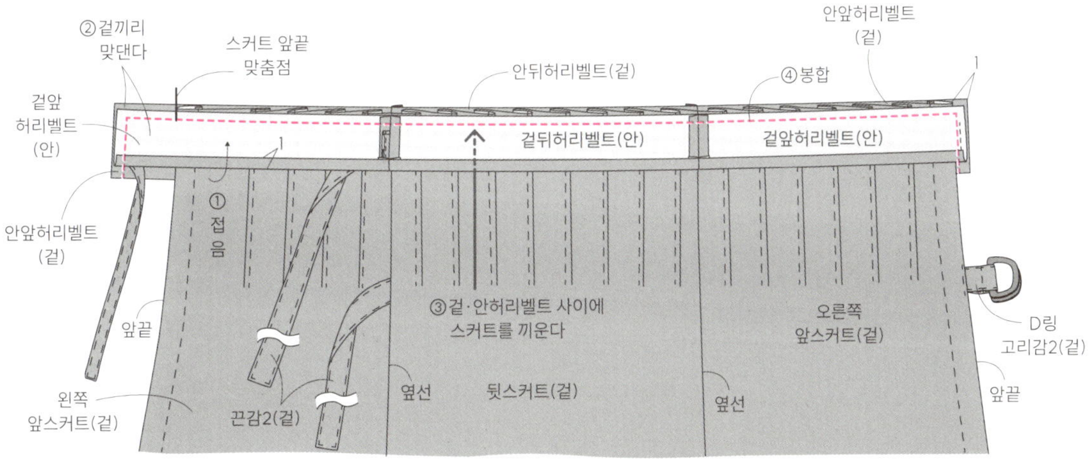

↓

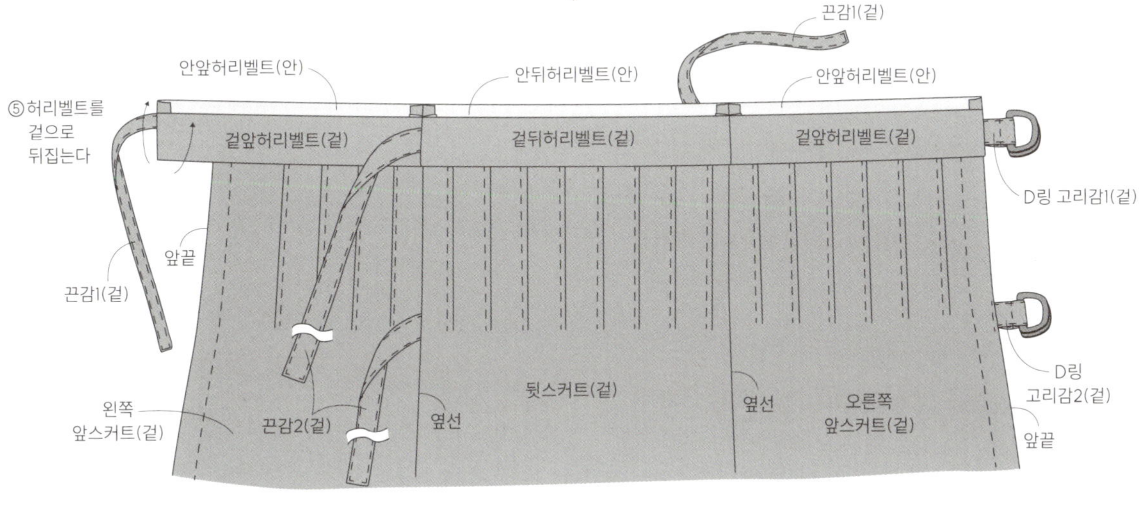

14 몸판에 허리벨트를 단다

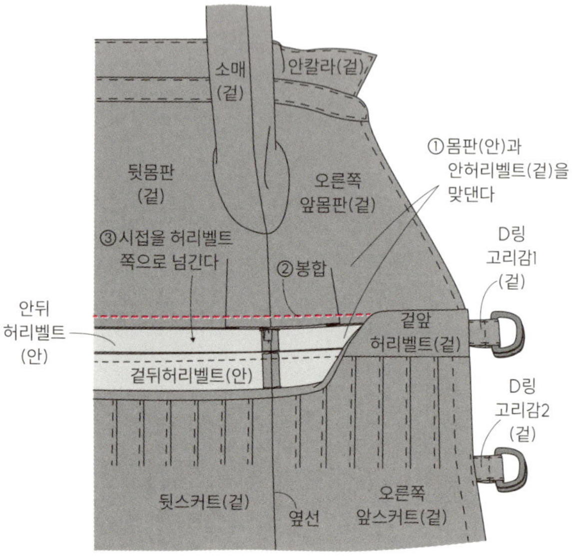

→

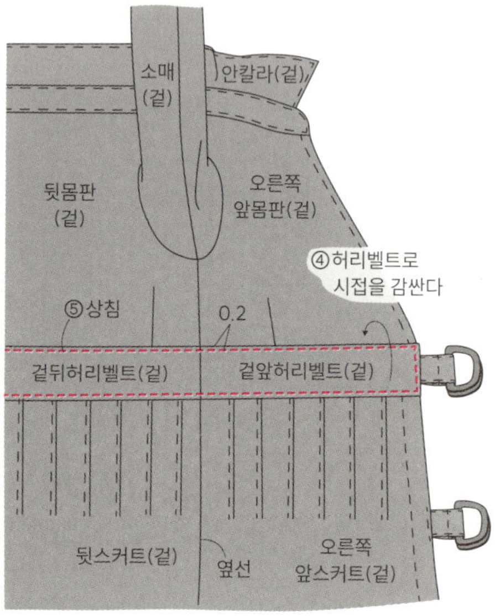

Finish

o

숄 칼라 재킷 shawl collar jacket ... PHOTO > P.24

◈ 완성 사이즈(cm)

사이즈 분류	55 size	66 size	77 size	88 size
옷길이	113.5	115.5	117.5	119.5
가슴둘레	115	119.5	124	128.5
소매길이	52.5	53.5	55	56

◈ 재료

· 원단 요척과 재료의 양은 가장 큰 사이즈의 패턴을 기준으로 작성되어 있습니다.
다른 사이즈의 패턴을 제작할 경우, 약간의 차이가 있을 수 있습니다.

· 겉감(코튼 더블거즈) … 106cm폭 x 450cm

· 소잉심지 … 54cm폭 x 180cm

· 1.2cm폭 소잉테이프 심지 … 1팩

◈ 패턴

· 패턴 면수 … A면의 [a], D면의 [o] 패턴을 사용합니다.

· 실물 패턴 … 앞몸판(위), 앞몸판(아래), 뒷몸판(위), 뒷몸판(아래), 앞안단(위), 앞안단(아래),
겉·안뒷요크, 소매, 옆선 주머니(a작품과 공통 패턴)

· 참고 사항 … 1. 길이가 긴 패턴은 분리하여 수록하였습니다. 맞춤점에 맞춰 한 장으로 연결해주세요.
2. 옆선 주머니는 [a.베이직 원피스]의 옆선 주머니와 공통 패턴으로 사용합니다.
3. 패턴지 한 면에 뒷몸판과 겉·안뒷요크가 함께 이어져 있으니
패턴을 베낀 후, 절개선을 따라 잘라서 사용합니다.
4. 뒷몸판 패턴의 맞주름 방향은 원단(겉) 기준으로 표시되어 있습니다.

◈ 만드는 순서

◈ 재단 배치도

· 지정 이외의 시접은 1cm

· ⬚ 부분에 소잉심지를 붙인다

· ▨ 부분에 소잉테이프 심지를 붙인다

· 〰 표시된 부분은 지그재그봉제 또는 오버록 처리한다

· 뒷몸판 패턴에 표시된 맞주름 방향은 원단(겉) 기준이므로
원단을 재단 후, 원단(겉)에 표시합니다

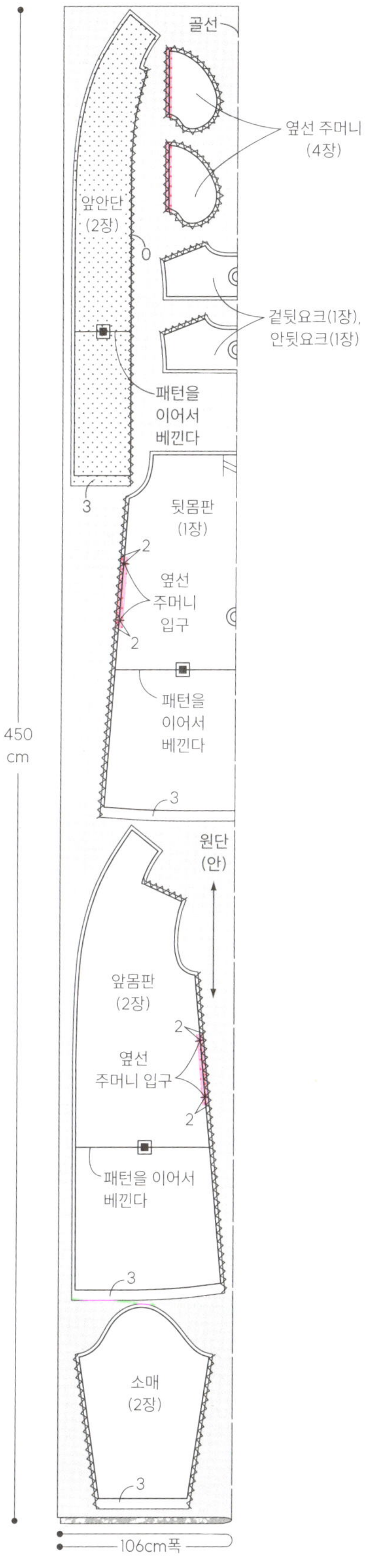

◈ 만드는 방법

· 치수가 기재되어 있지 않은 곳은 1cm로 봉합합니다.

1 뒷몸판에 맞주름을 만든다

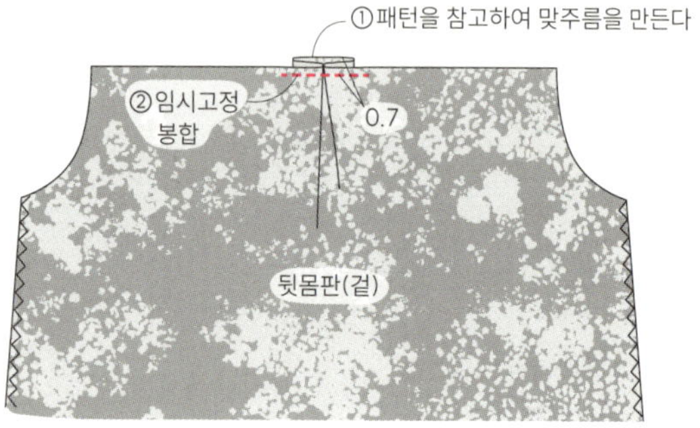

※P.45 / 4-4 맞주름 표시와 만드는 방법

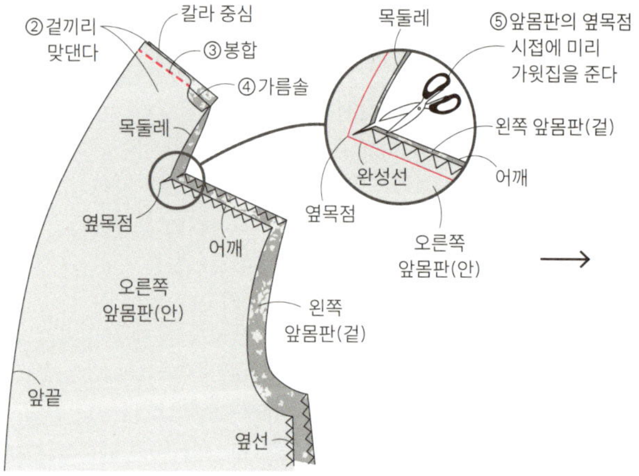

2 몸판에 옆선 주머니를 단다 (P.51 / 2-①~③ 참고)

3 앞몸판에 겉뒷요크를 단다

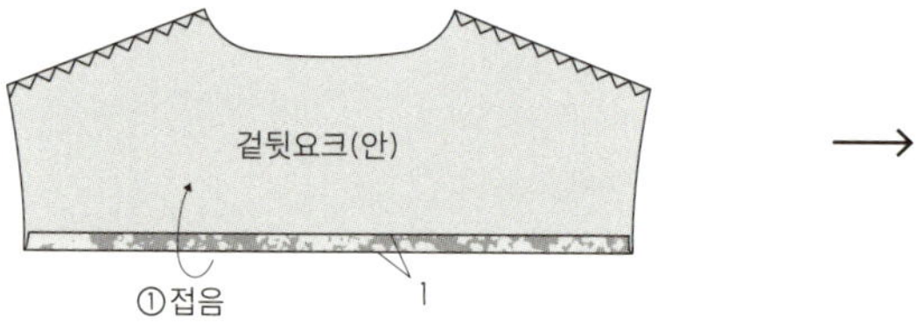

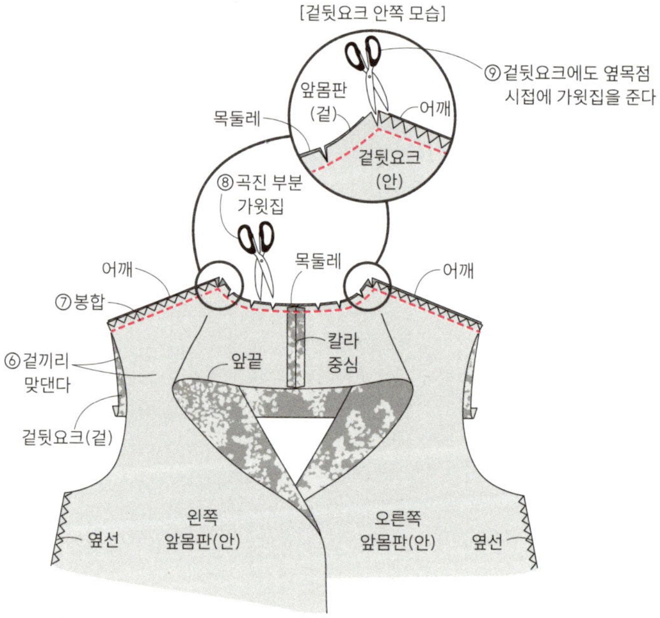

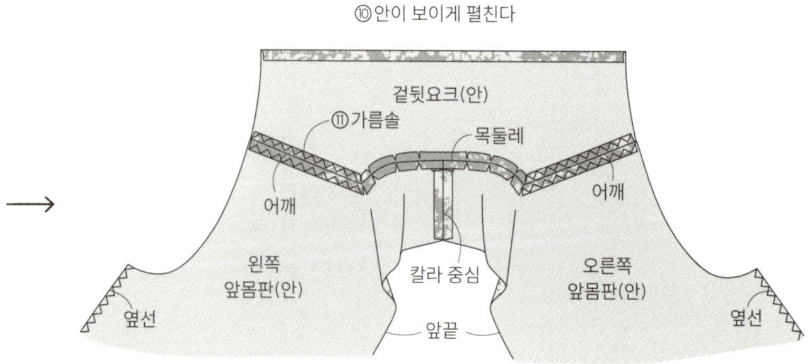

4 앞안단에 안뒷요크를 단다

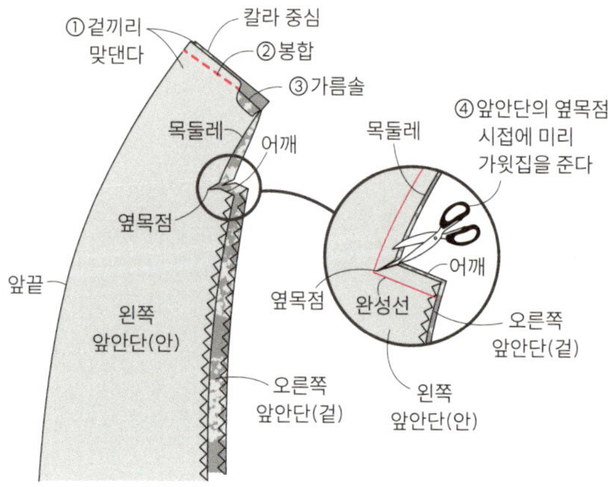

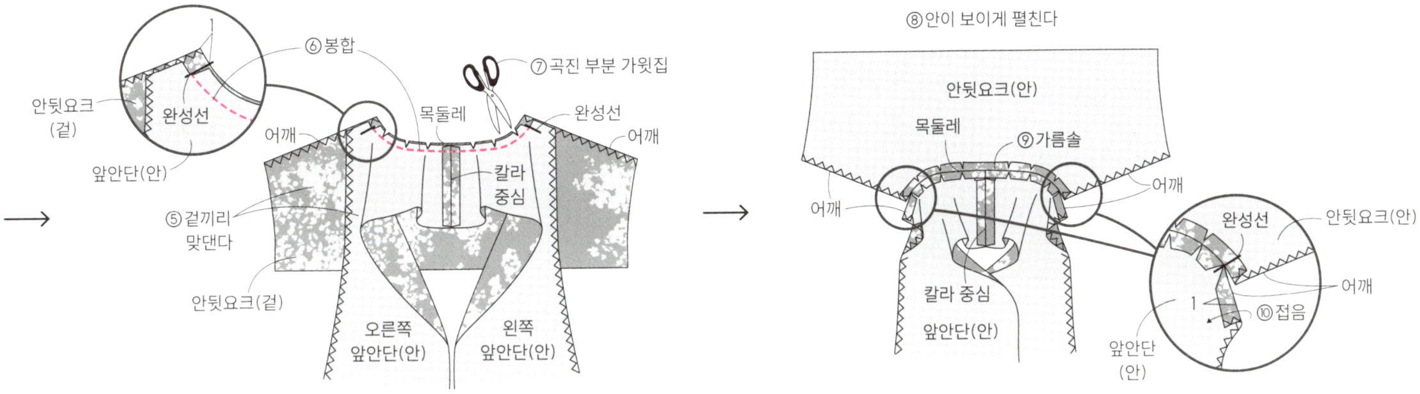

5 앞몸판과 앞안단을 연결한다

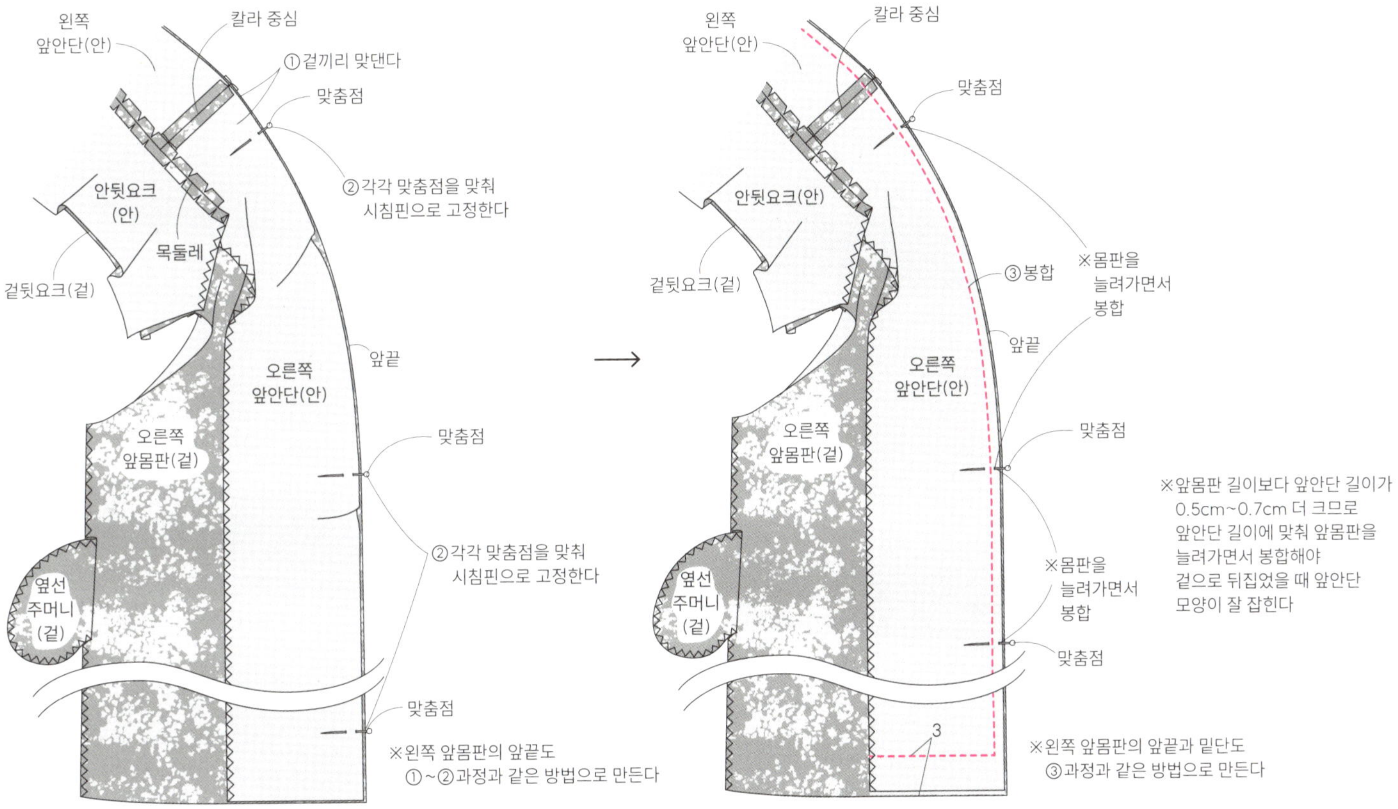

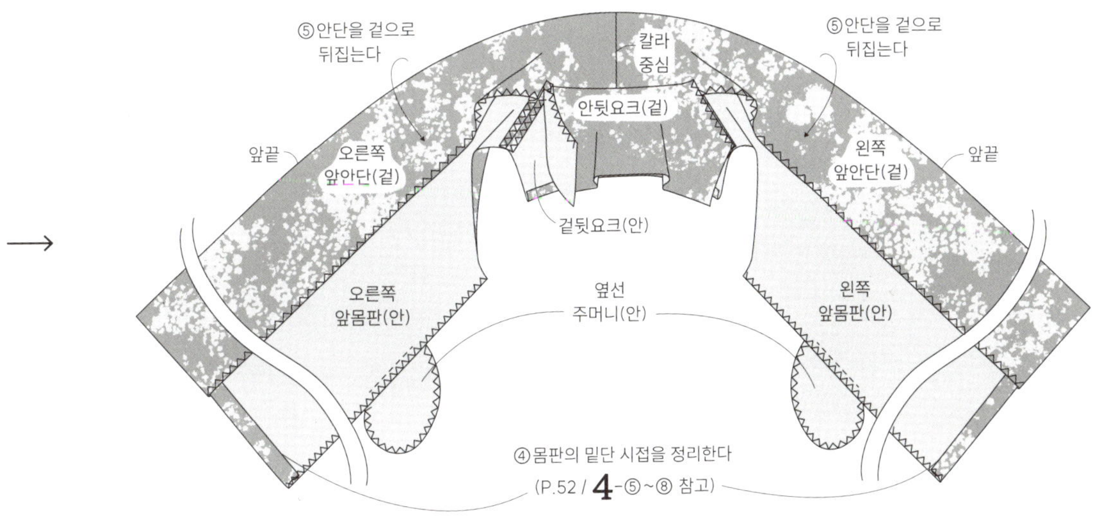

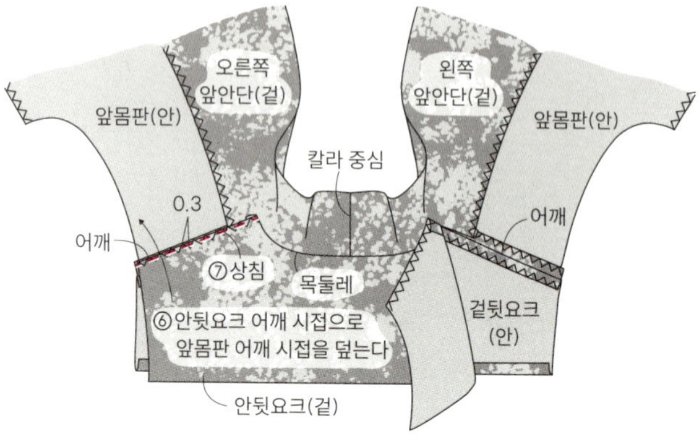

※앞몸판 겉에서 상침한다
※왼쪽 어깨도 ⑥~⑦과정과 같은 방법으로 만든다

6 뒷요크에 뒷몸판을 단다

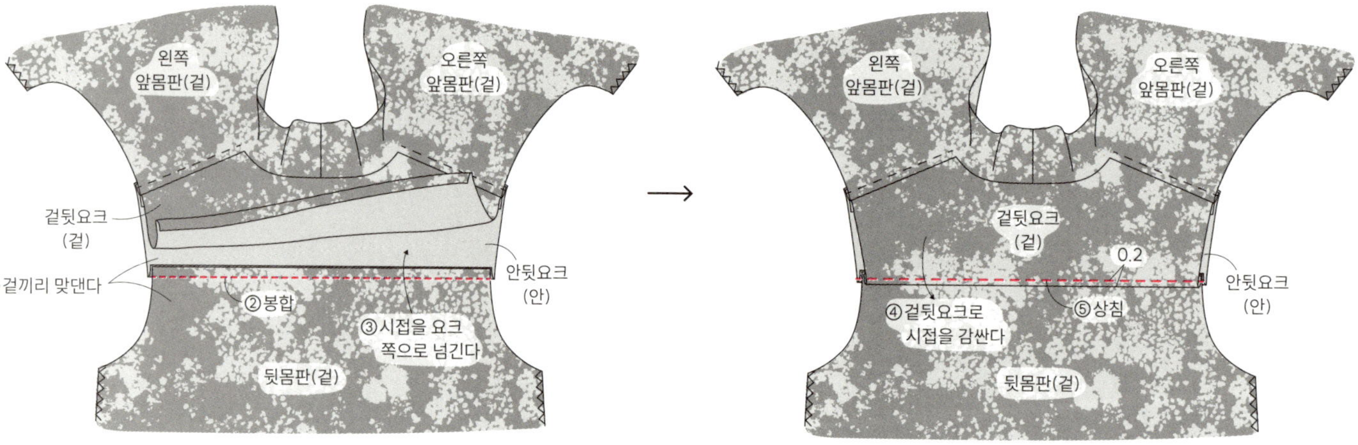

7 몸판에 소매를 단다 (P.54 / 6-①~④ 참고)

8 몸판과 소매의 옆선을 한 번에 이어서 봉합한다 (P.54 / 7-①~⑥ 참고)

9 몸판과 소매의 밑단을 정리한다 (P.55 / 8-①~④ 참고)

Finish

p

프릴 원피스 frill dress ... PHOTO > P.26

◈ 완성 사이즈(cm)

사이즈 분류	55 size	66 size	77 size	88 size
옷길이	113.5	116	118	120.5
가슴둘레	98	103	108	112.5
소매길이	43.5	44.5	45.5	46.5

◈ 재료

· 원단 요척과 재료의 양은 가장 큰 사이즈의 패턴을 기준으로 작성되어 있습니다.
다른 사이즈의 패턴을 제작할 경우, 약간의 차이가 있을 수 있습니다.
· 겉감(트윌 린넨) ··· 112cm폭 x 495cm
· 소잉심지 ··· 54cm폭 x 45cm
· 약 1cm(완성폭) 바이어스 테이프 ··· 1팩
· 0.4cm폭 롱밴드 고무줄 ··· 1팩
· 1.5cm폭 단추 ··· 1개

◈ 패턴

· 패턴 면수 ··· A면의 [p], C면의 [p] 패턴을 사용합니다.
· 실물 패턴 ··· 앞몸판1, 앞몸판2, 뒷몸판1, 뒷몸판2, 프릴감, 소매, 오른쪽 앞스커트(위), 오른쪽 앞스커트(아래)
왼쪽 앞스커트(위), 왼쪽 앞스커트(아래), 뒷스커트
· 참고 사항 ··· 1. 길이가 긴 패턴은 분리하여 수록하였습니다. 맞춤점에 맞춰 한 장으로 연결해주세요.
2. 패턴지 한 면에 앞몸판1과 앞몸판2가 함께 이어져 있으니
패턴을 베낀 후, 절개선을 따라 잘라서 사용합니다.
3. 패턴지 한 면에 뒷몸판1과 뒷몸판2가 함께 이어져 있으니
패턴을 베낀 후, 절개선을 따라 잘라서 사용합니다.
4. 오른쪽 앞스커트 안에 왼쪽 앞스커트가 함께 포함되어 있으니 각각 베껴 사용합니다.
5. 커프스, 끈감은 직접 제도하여 사용합니다. (재단배치도 참고)

◈ 만드는 순서

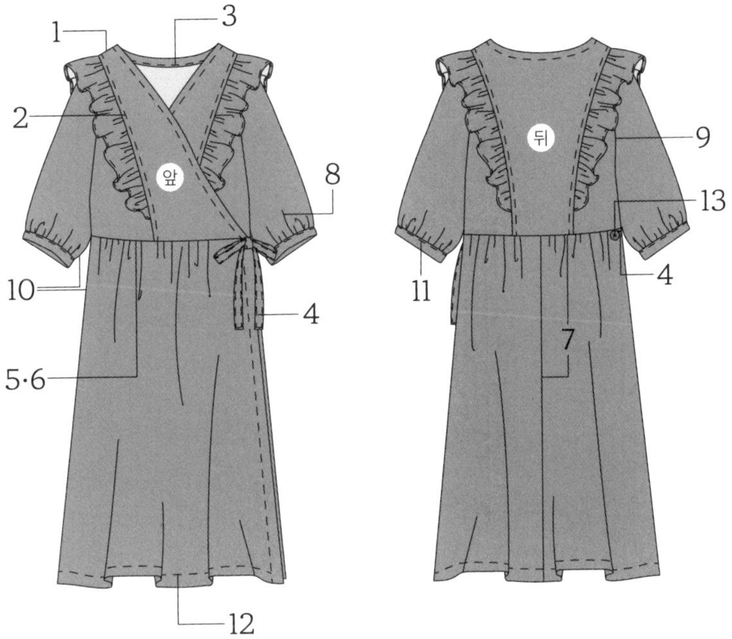

◈ 재단 배치도

· 지정 이외의 시접은 1cm
· [점무늬] 부분에 소잉심지를 붙인다
· [지그재그] 표시된 부분은 지그재그봉제 또는 오버록 처리한다
· 커프스, 끈감은 직접 제도하여 사용한다
· 위에서부터 55/66/77/88 사이즈

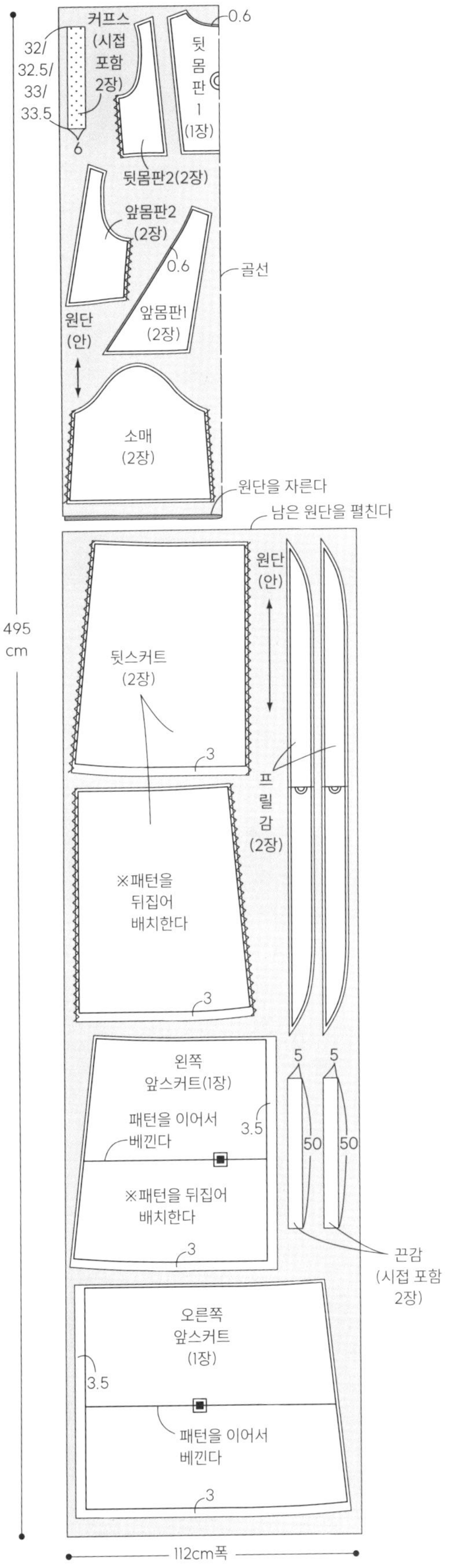

◈ 만드는 방법

· 치수가 기재되어 있지 않은 곳은 1cm로 봉합합니다.
· 바이어스 테이프의 길이는 필요한 길이보다 여유있게 기재되어 있습니다. 다는 곳의 길이에 맞춰 여분을 잘라서 사용해주세요.

1 몸판의 어깨를 봉합한다

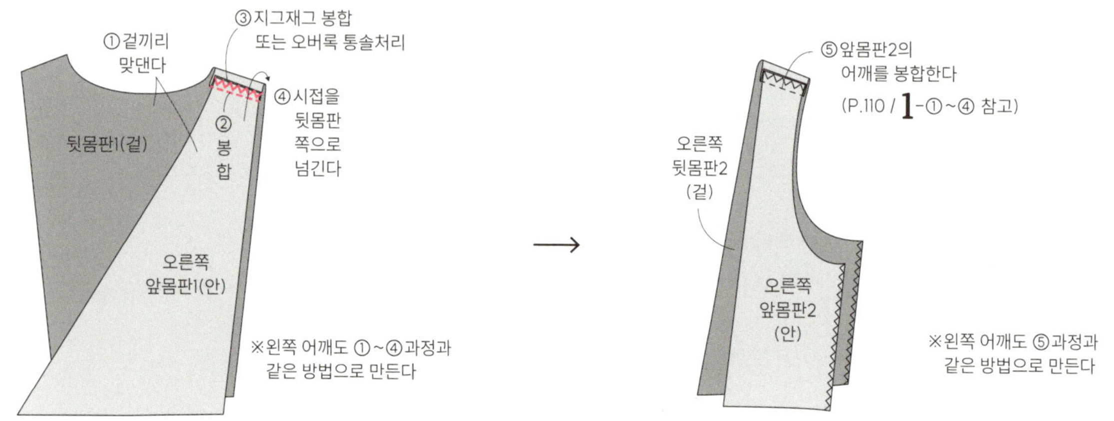

2 몸판에 프릴을 단다

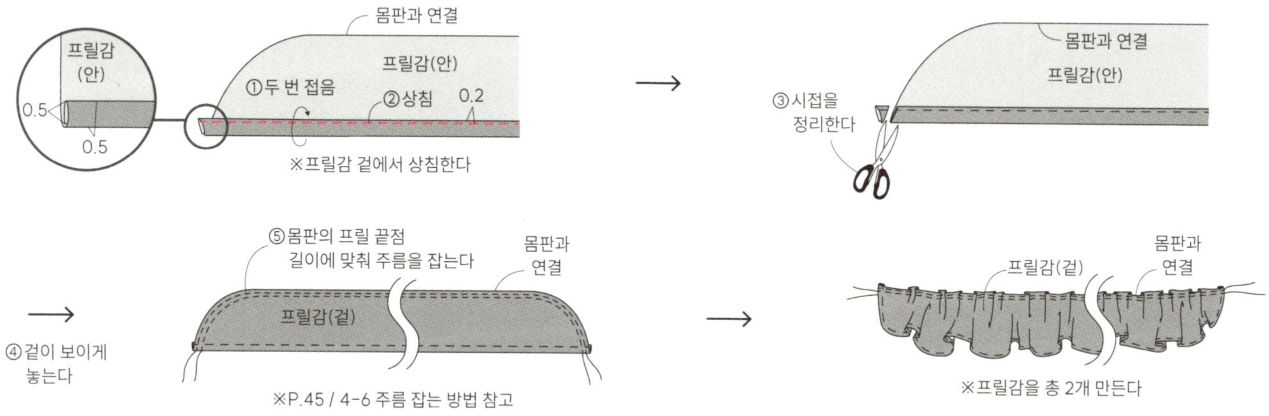

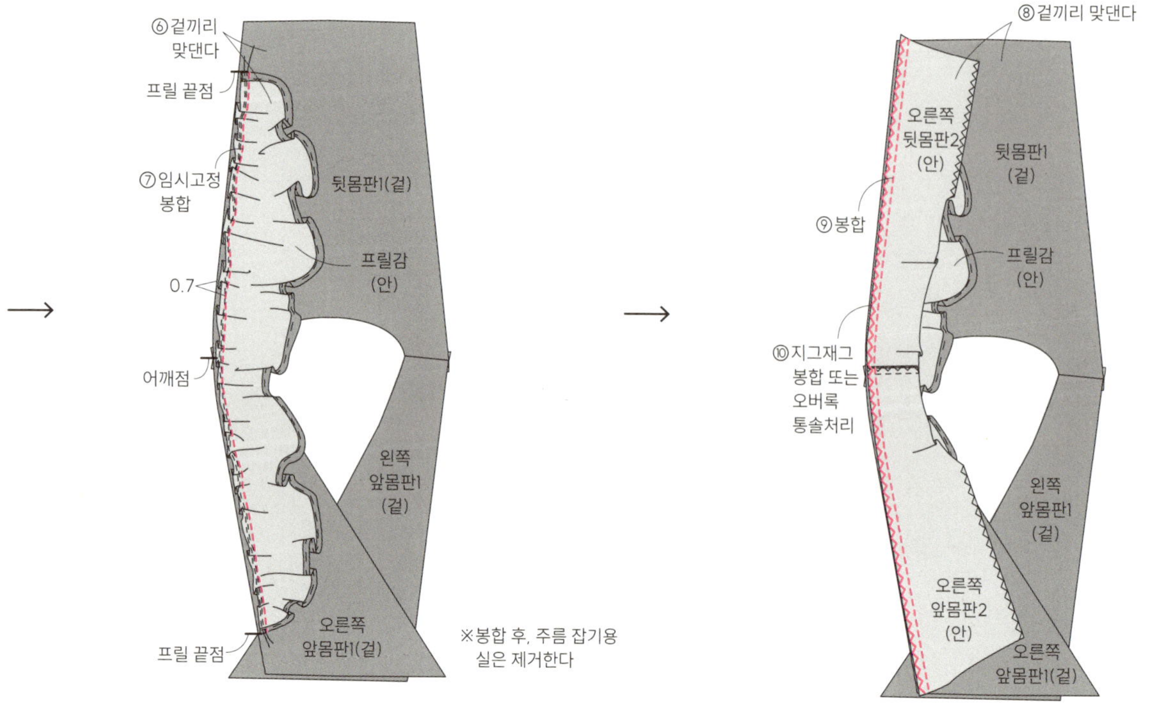

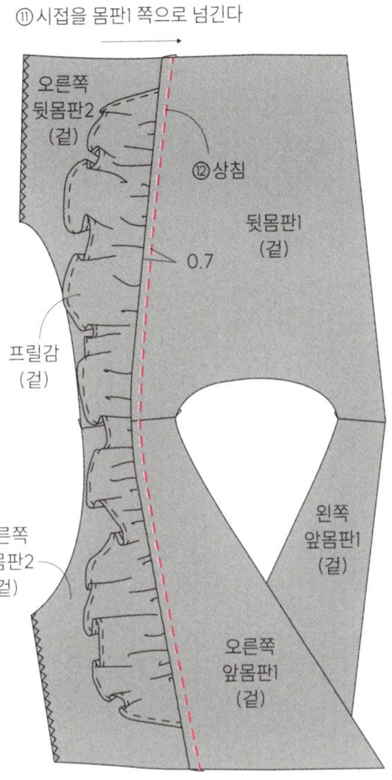

※왼쪽 몸판도 ⑥~⑫과정과 같은 방법으로 만든다

3 몸판의 목둘레를 안바이어스 처리한다

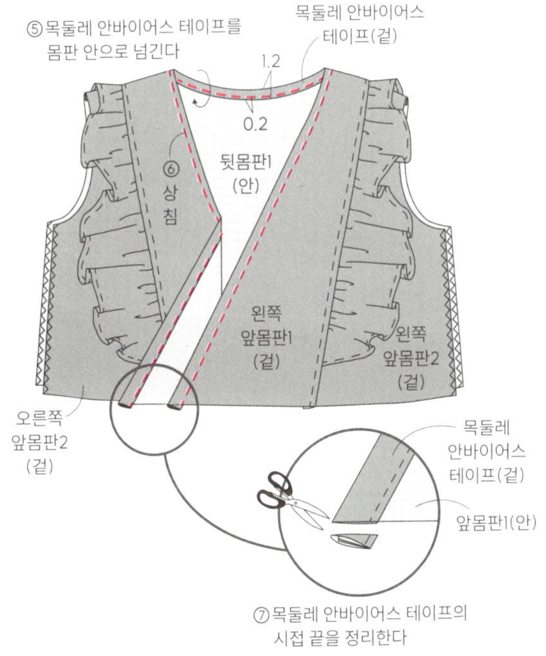

4 스커트에 고무줄과 끈감을 단다

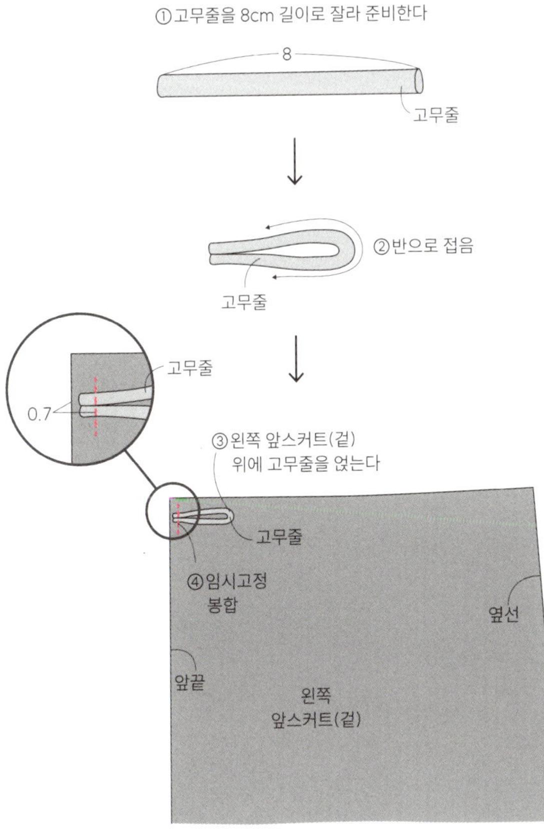

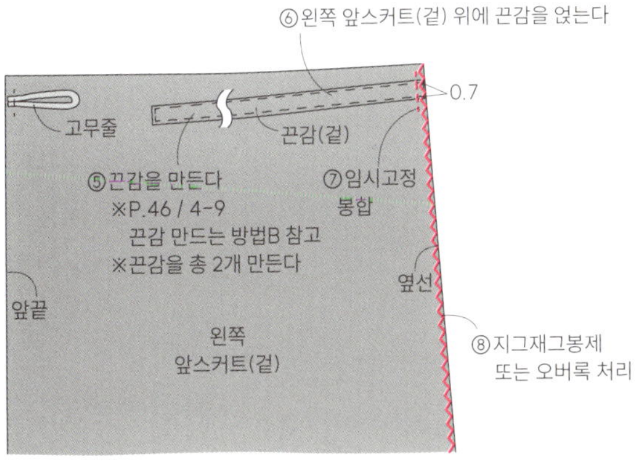

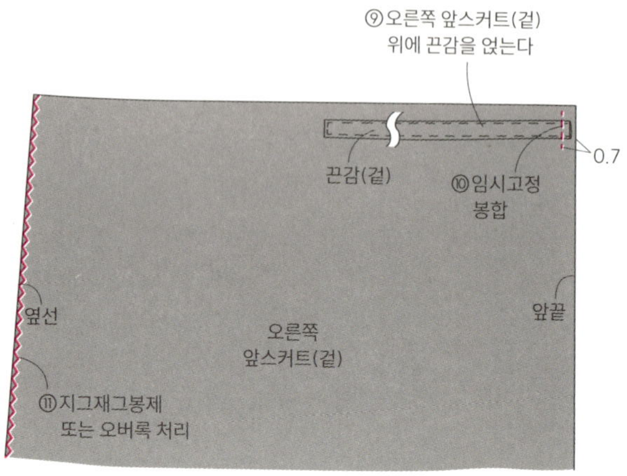

5 왼쪽 앞몸판에 왼쪽 앞스커트를 연결한다

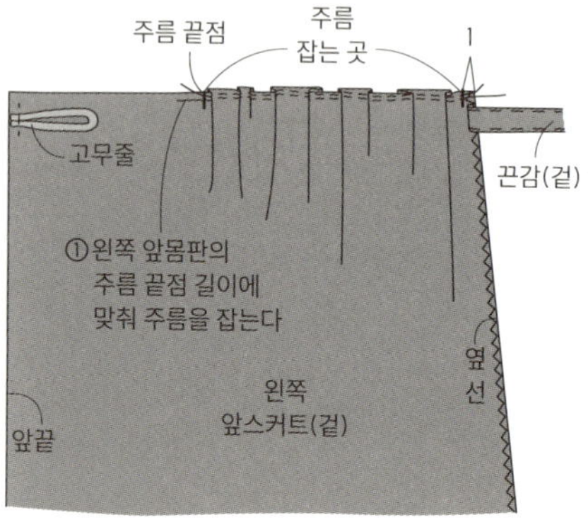

※P.45 / 4-6 주름 잡는 방법 참고

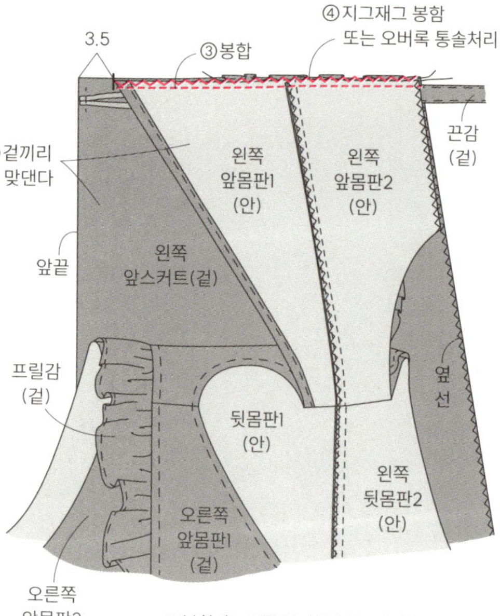

※봉합 후, 주름 잡기용 실은 제거한다

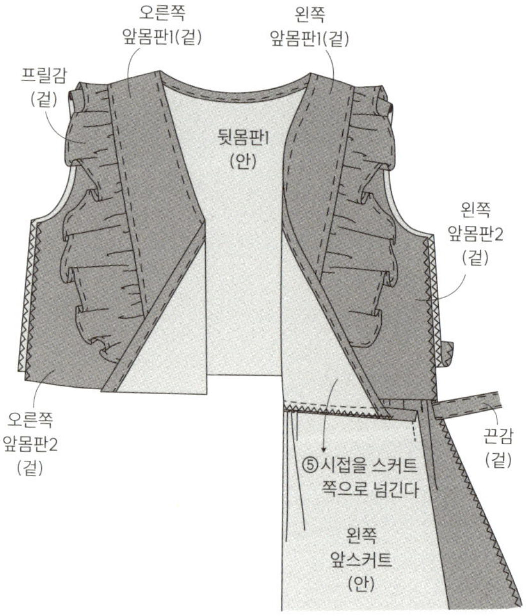

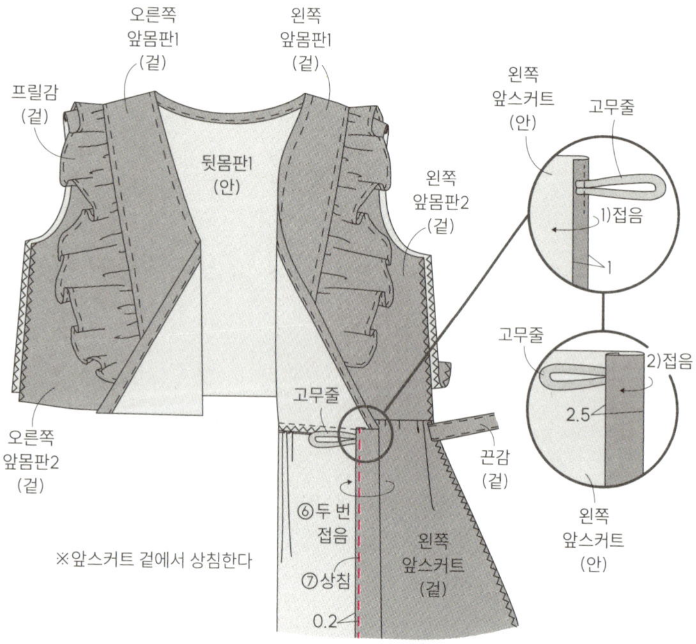

※앞스커트 겉에서 상침한다

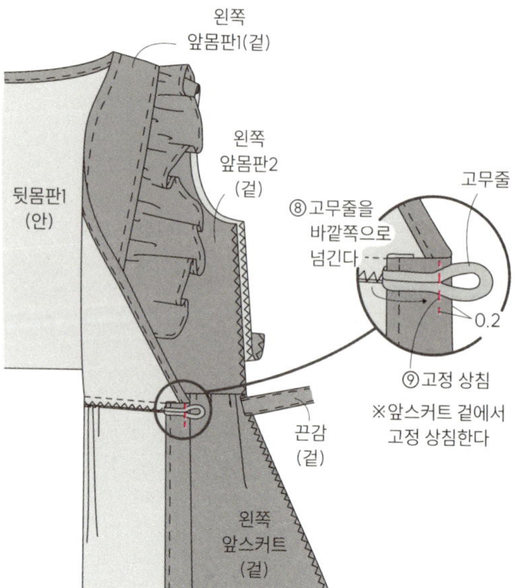

6 오른쪽 앞몸판에 오른쪽 앞스커트를 연결한다

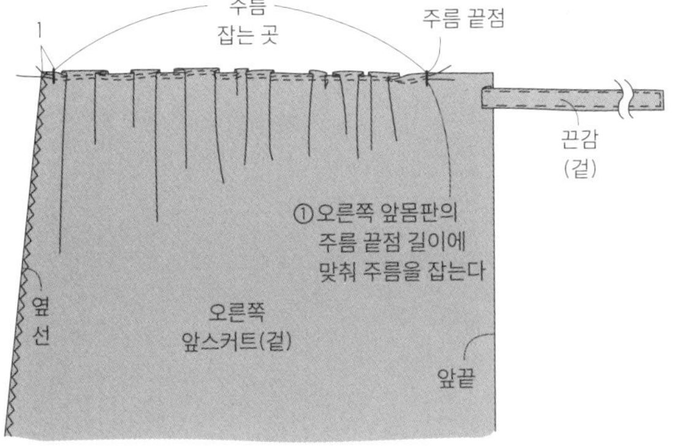

※P.45 / 4-6 주름 잡는 방법 참고

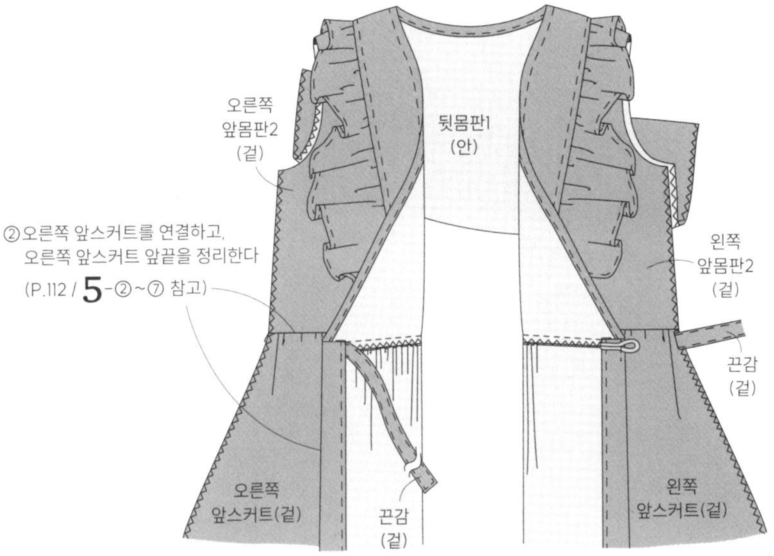

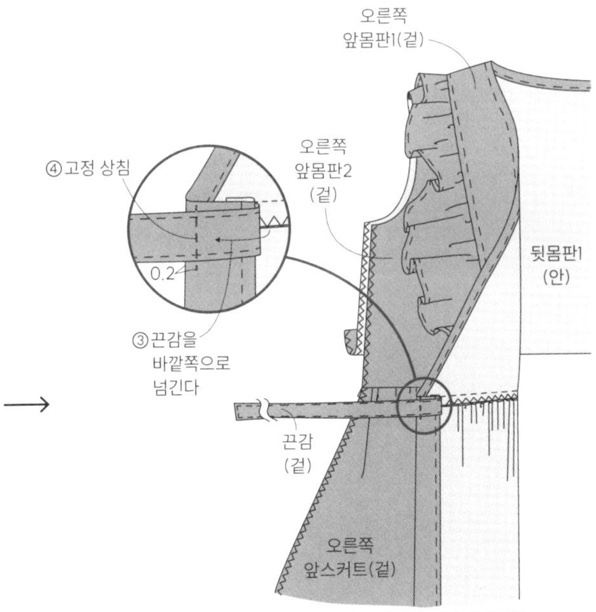

※앞스커트 겉에서 고정 상침한다

7 뒷몸판에 뒷스커트를 연결한다

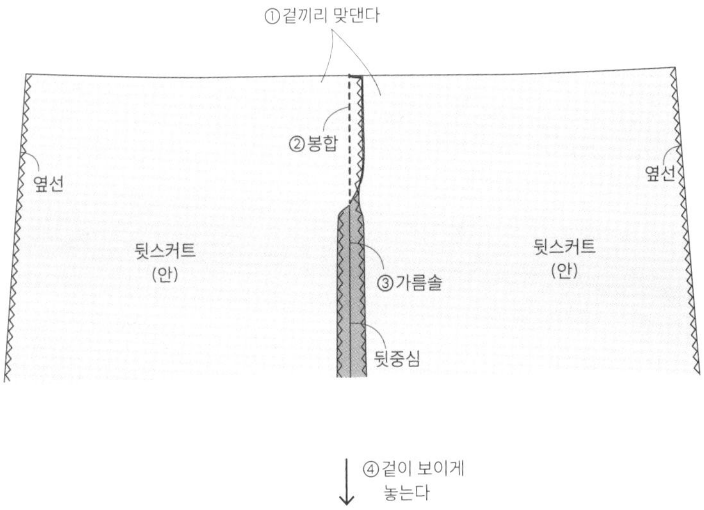

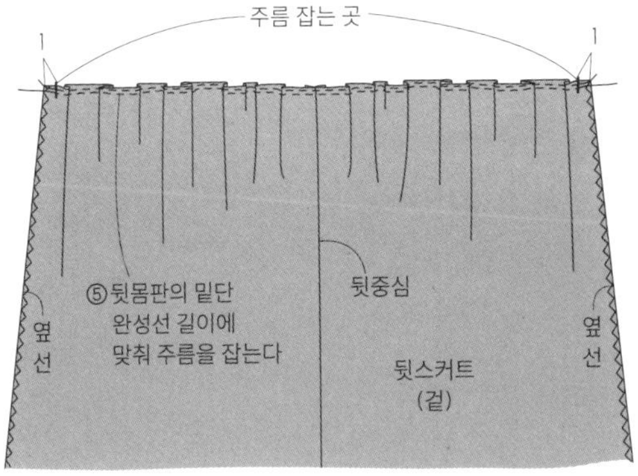

※P.45 / 4-6 주름 잡는 방법 참고

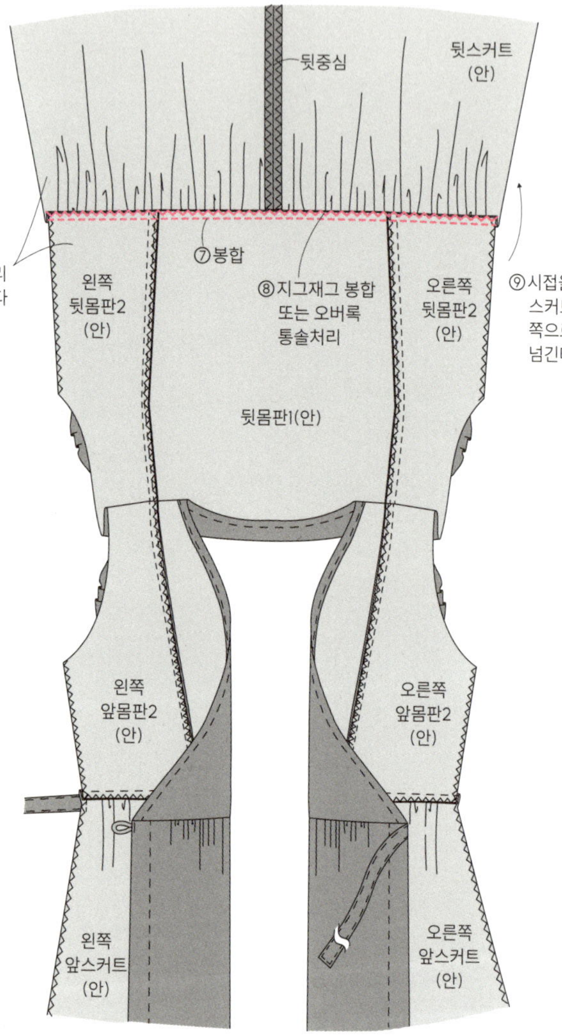

8 소매의 밑단에 주름을 잡는다 (P.84 / **5**-② 참고)

9 몸판에 소매를 단다 (P.54 / **6**-①~④ 참고)

10 몸판과 소매의 옆선을 한 번에 이어서 봉합한다

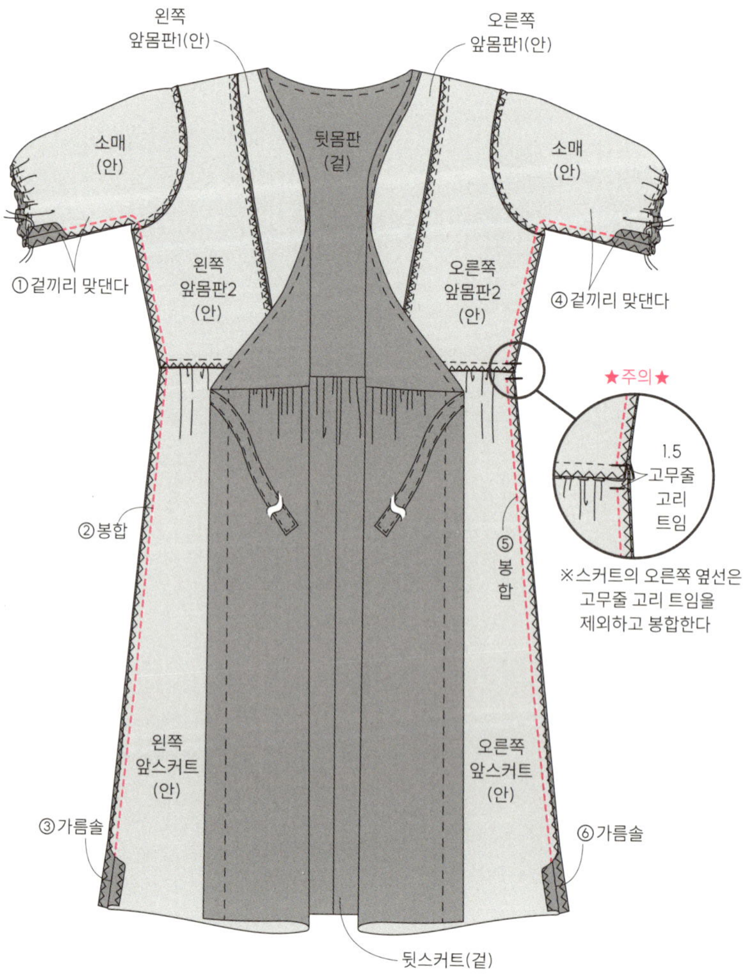

11 커프스를 만들어 소매에 단다 (P.84 / **8**-①~⑨ 참고)

12 스커트의 밑단을 정리한다 (P.90 / **5**-①~② 참고)

13 뒷스커트에 단추를 단다

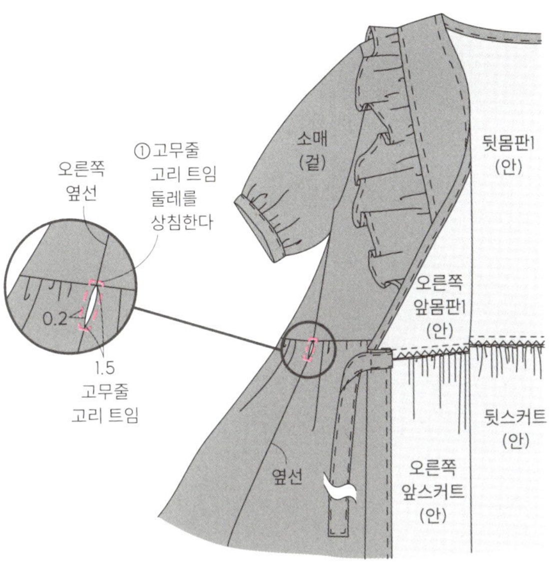

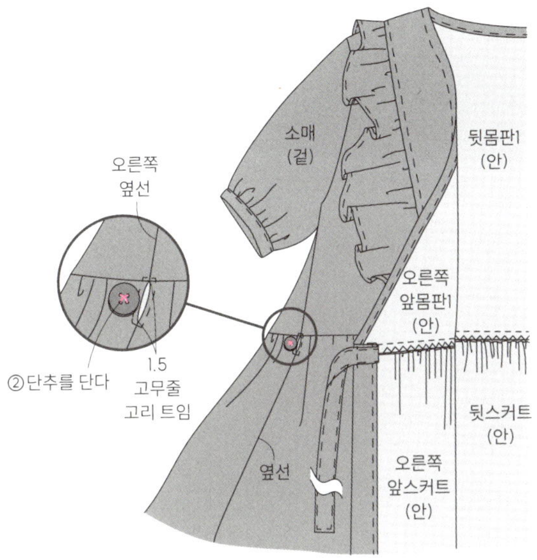

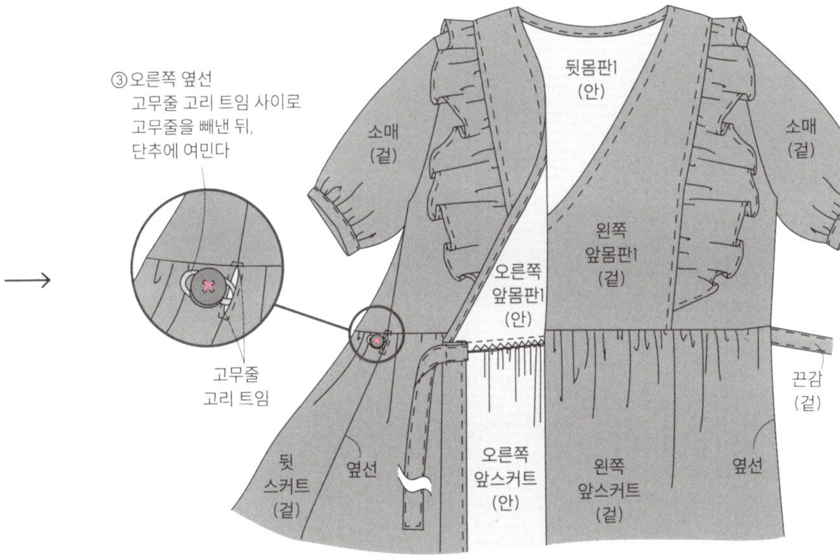

q

소매 턱 블라우스 sleeve tuck blouse ... PHOTO > P.27

◈ 완성 사이즈(cm)

사이즈 분류	55 size	66 size	77 size	88 size
옷길이	63	65.5	68	70
가슴둘레	98	103	108	112.5
소매길이	26	26.5	27.5	28

◈ 재료

· 원단 요척과 재료의 양은 가장 큰 사이즈의 패턴을 기준으로 작성되어 있습니다.
  다른 사이즈의 패턴을 제작할 경우, 약간의 차이가 있을 수 있습니다.
· 겉감(코튼) ··· 150cm폭 x 225cm
· 약 1cm(완성폭) 바이어스 테이프 ··· 1팩
· 0.4cm폭 롱밴드 고무줄 ··· 1팩
· 1.5cm폭 단추 ··· 1개

◈ 패턴

· 패턴 면수 ··· A면의 [q], C면의 [q] 패턴을 사용합니다.
· 실물 패턴 ··· 앞몸판, 뒷몸판, 소매, 오른쪽 앞프릴감, 왼쪽 앞프릴감, 뒷프릴감
· 참고 사항 ··· 1. 오른쪽 앞프릴감 안에 왼쪽 앞프릴감이 함께 포함되어 있으니 각각 베껴 사용합니다.
  2. 끈감은 직접 제도하여 사용합니다. (재단배치도 참고)

◈ 만드는 순서

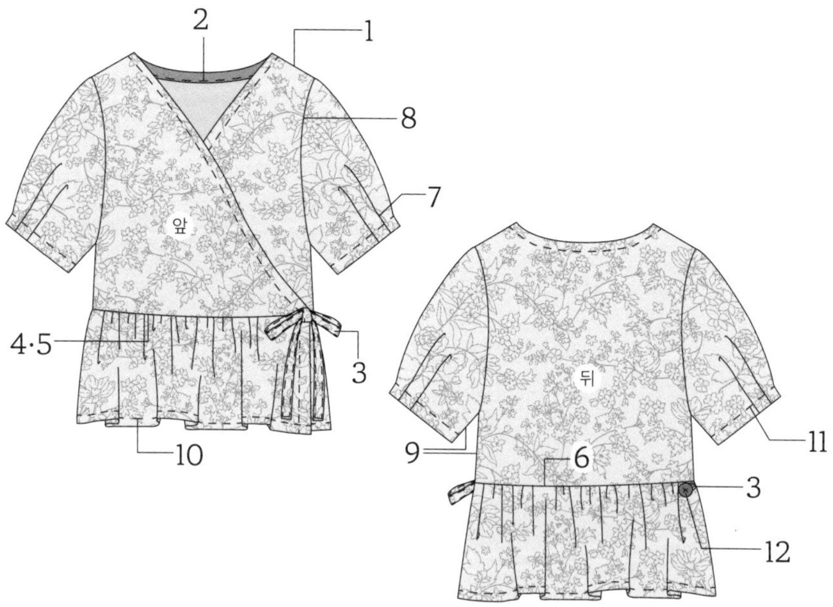

◈ 재단 배치도

· 지정 이외의 시접은 1cm
· 〰 표시된 부분은 지그재그봉제 또는 오버록 처리한다
· 끈감은 직접 제도하여 사용한다

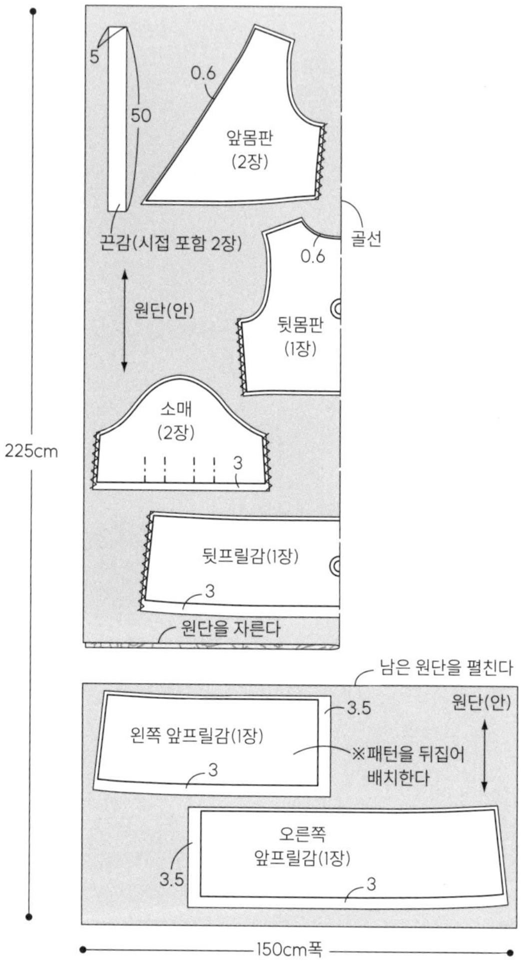

◈ 만드는 방법

- 치수가 기재되어 있지 않은 곳은 1cm로 봉합합니다.
- 바이어스 테이프의 길이는 필요한 길이보다 여유있게 기재되어 있습니다. 다는 곳의 길이에 맞춰 여분을 잘라서 사용해주세요.

1 몸판의 어깨를 봉합한다 (P.110 / **1**-①~④ 참고)

2 몸판의 목둘레를 안바이어스 처리한다 (P.111 / **3**-①~⑦ 참고)

3 프릴감에 고무줄과 끈감을 단다 (P.111 / **4**-①~⑪ 참고)

4 왼쪽 앞몸판에 왼쪽 앞프릴감을 연결한다 (P.112 / **5**-①~⑨ 참고)

5 오른쪽 앞몸판에 오른쪽 앞프릴감을 연결한다 (P.113 / **6**-①~④ 참고)

6 뒷몸판에 뒷프릴감을 연결한다 (P.113 / **7**-⑤~⑨ 참고)

7 소매의 밑단에 턱을 만든다

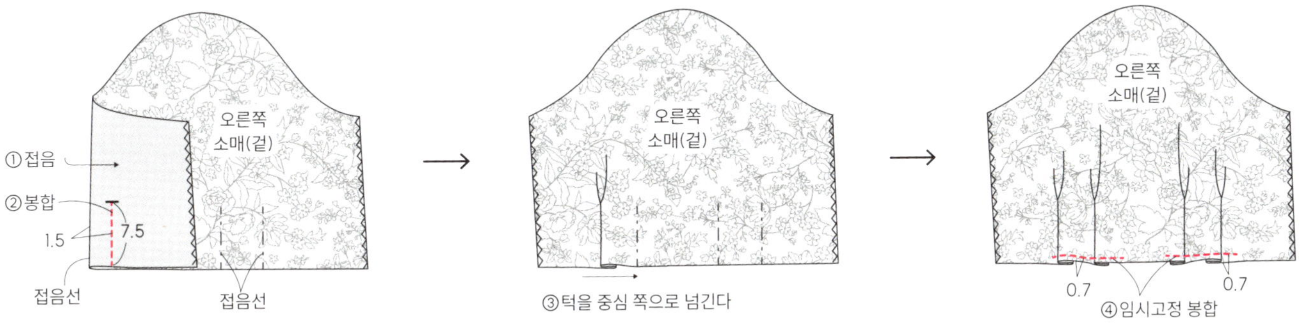

※왼쪽 소매도 ①~④과정과 같은 방법으로 만든다

8 몸판에 소매를 단다 (P.54 / **6**-①~④ 참고)

9 몸판과 소매의 옆선을 한 번에 이어서 봉합한다 (P.114 / **10**-①~⑥ 참고)

10 프릴감의 밑단을 정리한다 (P.90 / **5**-①~② 참고)

11 소매의 밑단을 정리한다 (P.55 / **8**-③~④ 참고)

12 뒷프릴감에 단추를 단다 (P.115 / **13**-①~③ 참고)

r

버튼 와이드 팬츠 button wide pants ... PHOTO > P.28

◈ 완성 사이즈(cm)

사이즈 분류	55 size	66 size	77 size	88 size
옷길이	92.5	94.5	96.5	98.5
엉덩이 둘레	125.5	129.5	134	138

◈ 재료

- 원단 요척과 재료의 양은 가장 큰 사이즈의 패턴을 기준으로 작성되어 있습니다. 다른 사이즈의 패턴을 제작할 경우, 약간의 차이가 있을 수 있습니다.
- 겉감(린넨) … 110cm폭 x 270cm
- 소잉심지 … 54cm폭 x 135cm
- 2cm폭 단추 … 4개

◈ 패턴

- 패턴 면수 … B면의 [r] 패턴을 사용합니다.
- 실물 패턴 … 앞팬츠, 뒤팬츠, 겉·안앞허리벨트, 겉·안뒤허리벨트

◈ 만드는 순서

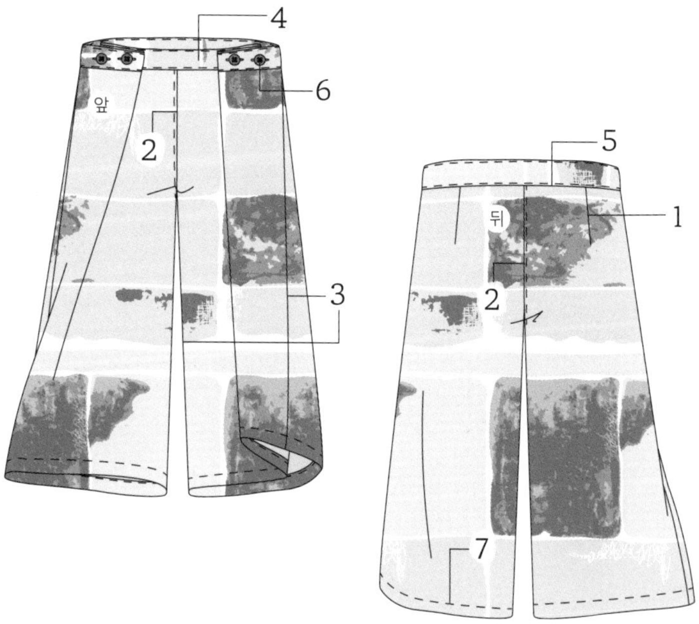

◈ 재단 배치도

- 지정 이외의 시접은 1cm
- ⬚ 부분에 소잉심지를 붙인다

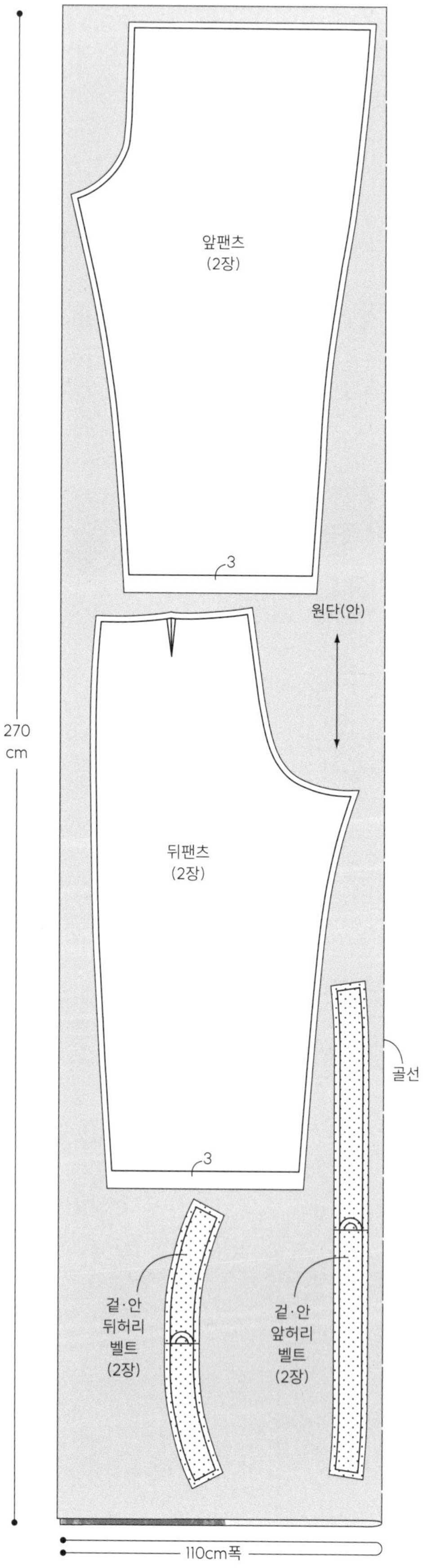

◈ 만드는 방법

· 치수가 기재되어 있지 않은 곳은 1cm로 봉합합니다.

1 뒤팬츠에 다트를 만든다

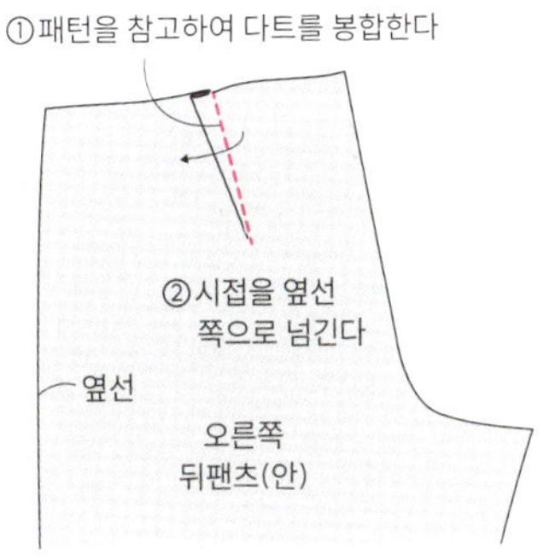

※왼쪽 뒤팬츠도 ①~②과정과 같은 방법으로 만든다

2 팬츠의 밑위를 봉합한다

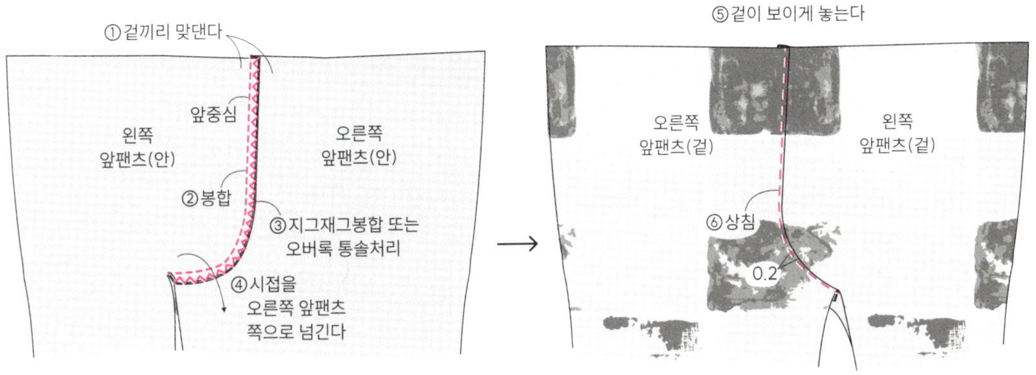

※뒤팬츠도 ①~⑥과정과 같은 방법으로 만든다

3 팬츠의 옆선과 밑아래 둘레를 봉합한다

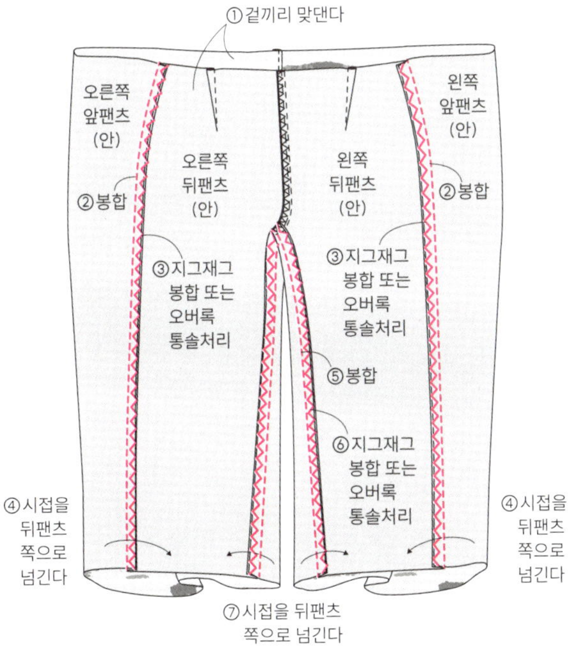

4 허리벨트를 만든다

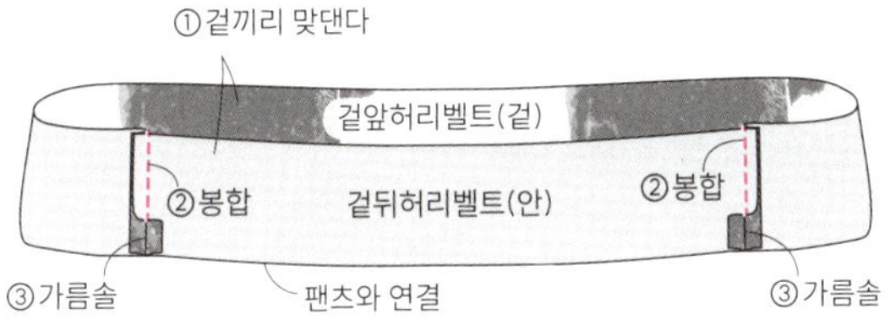

※안허리벨트도 ①~③과정과 같은 방법으로 만든다

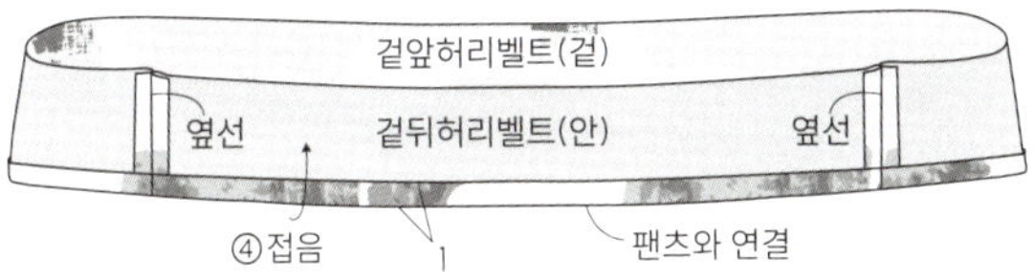

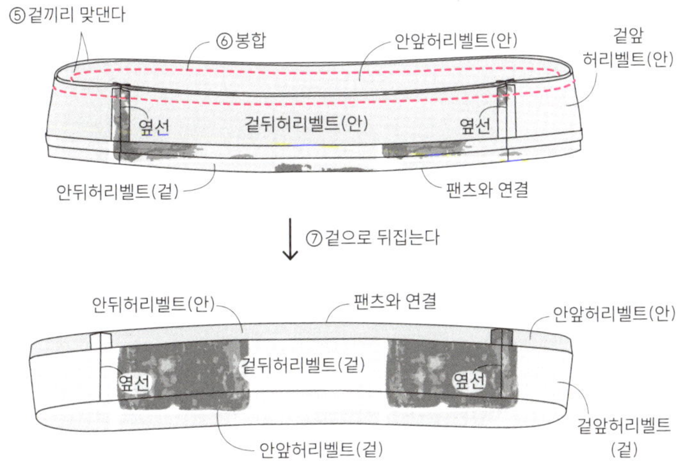

5 팬츠에 허리벨트를 단다

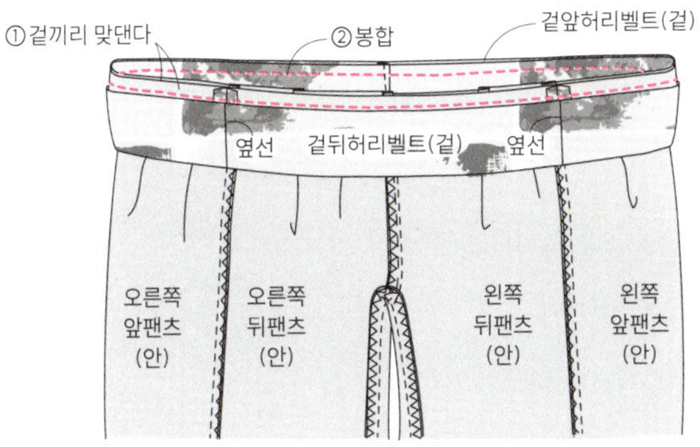

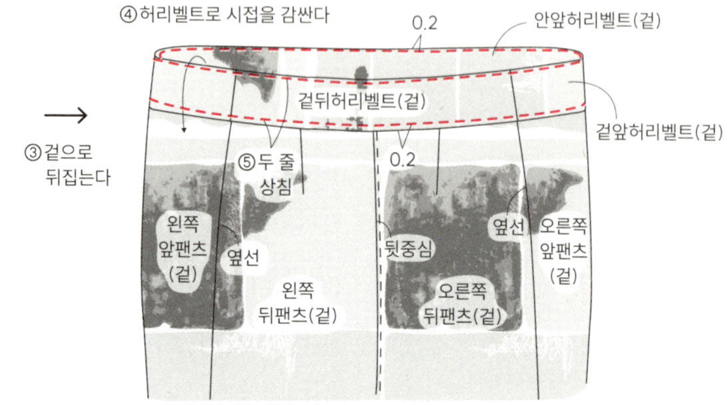

6 허리벨트에 단춧구멍을 뚫고, 단추를 단다

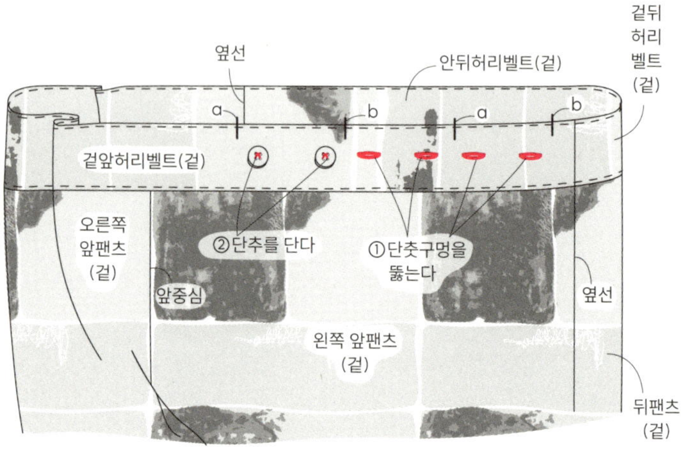

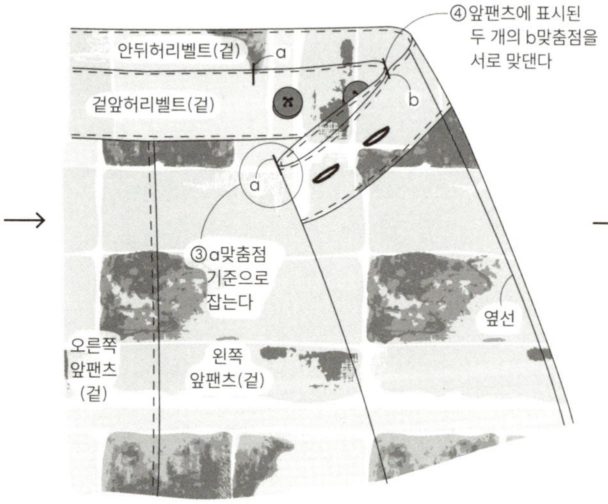

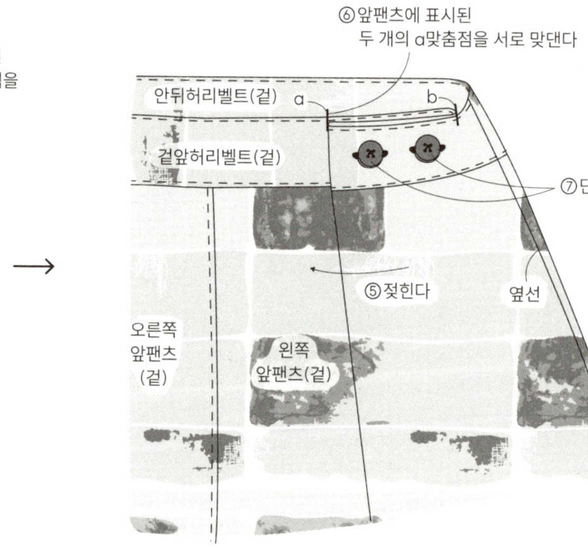

※오른쪽 앞팬츠도 ①~⑦과정과 같은 방법으로 만든다

7 팬츠의 밑단을 정리한다

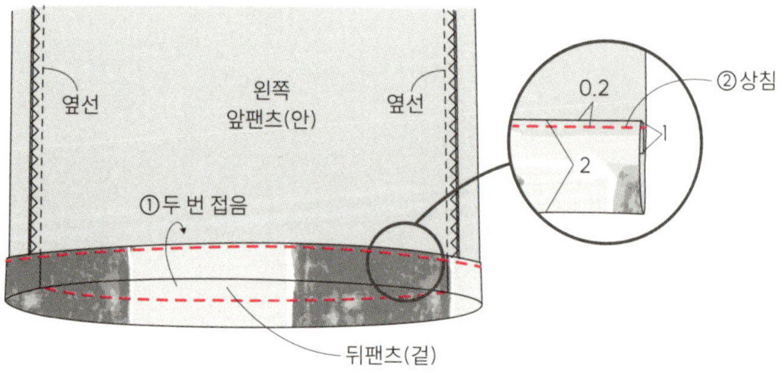

※팬츠 겉에서 상침한다
※오른쪽 팬츠도 ①~②과정과 같은 방법으로 만든다

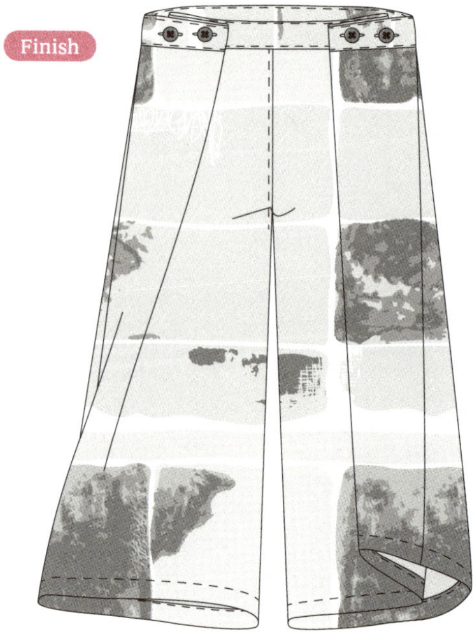

S

솔 칼라 블라우스 shawl collar blouse ... PHOTO > P.30

◈ 완성 사이즈(cm)

사이즈 분류	55 size	66 size	77 size	88 size
옷길이	69	70.5	72	73.5
가슴둘레	109.5	113.5	118	122.5
소매길이	52.5	53.5	55	56

◈ 재료

· 원단 요척과 재료의 양은 가장 큰 사이즈의 패턴을 기준으로 작성되어 있습니다.
다른 사이즈의 패턴을 제작할 경우, 약간의 차이가 있을 수 있습니다.

· 겉감(코튼 레이온) … 145cm폭 x 225cm

· 소잉심지 … 54cm폭 x 135cm

◈ 패턴

· 패턴 면수 … D면의 [s] 패턴을 사용합니다.

· 실물 패턴 … 앞몸판, 뒷몸판, 앞안단, 겉·안뒷요크, 소매

· 참고 사항 … 1. 패턴지 한 면에 뒷몸판과 겉·안뒷요크가 함께 이어져 있으니
패턴을 베낀 후, 절개선을 따라 잘라서 사용합니다.
2. 끈감은 직접 제도하여 사용합니다. (재단배치도 참고)

◈ 만드는 순서

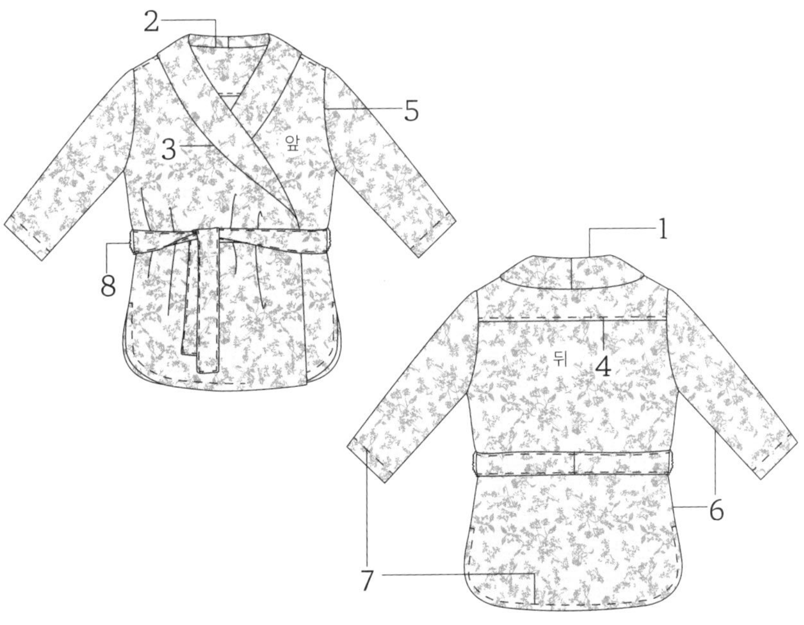

◈ 재단 배치도

· 지정 이외의 시접은 1cm

· [점선 상자] 부분에 소잉심지를 붙인다

· 〰 표시된 부분은 지그재그봉제 또는 오버록 처리한다

· 끈감은 직접 제도하여 사용한다

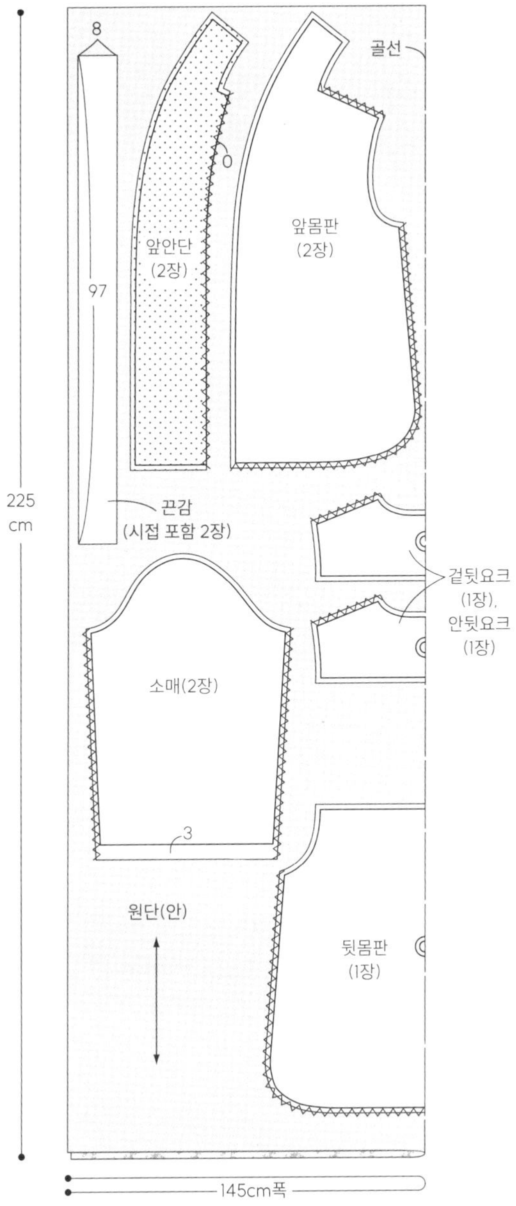

◈ 만드는 방법

· 치수가 기재되어 있지 않은 곳은 1cm로 봉합합니다.

1 앞몸판에 겉뒷요크를 단다 (P.106 / 3-①~⑪ 참고)

2 앞안단에 안뒷요크를 단다 (P.106 / 4-①~⑩ 참고)

3 앞몸판과 앞안단을 연결한다

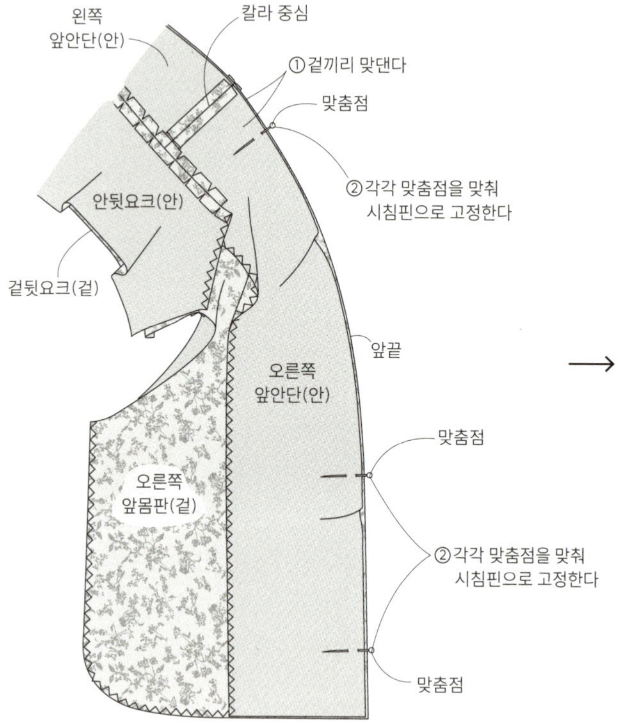

※왼쪽 앞몸판의 앞끝도 ①~②과정과 같은 방법으로 만든다

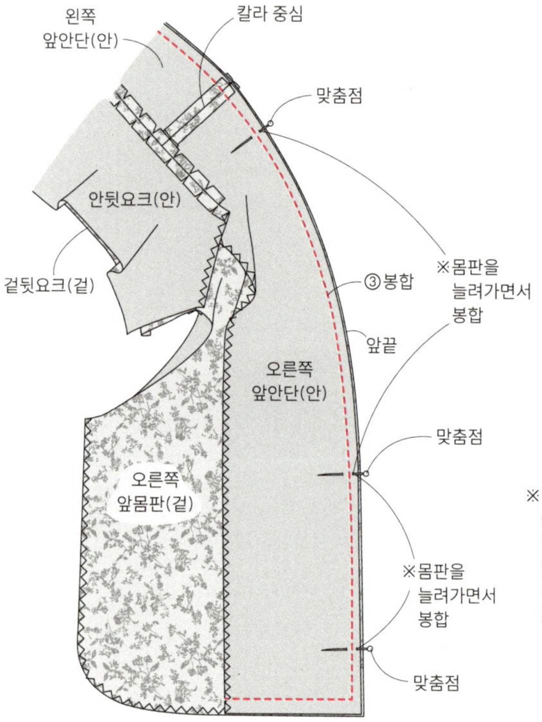

※앞몸판 길이보다 앞안단 길이가 0.5cm~0.7cm 더 크므로 앞안단 길이에 맞춰 앞몸판을 늘려가면서 봉합해야 겉으로 뒤집었을 때 앞안단 모양이 잘 잡힌다

※왼쪽 앞몸판의 앞끝과 밑단도 ③과정과 같은 방법으로 만든다

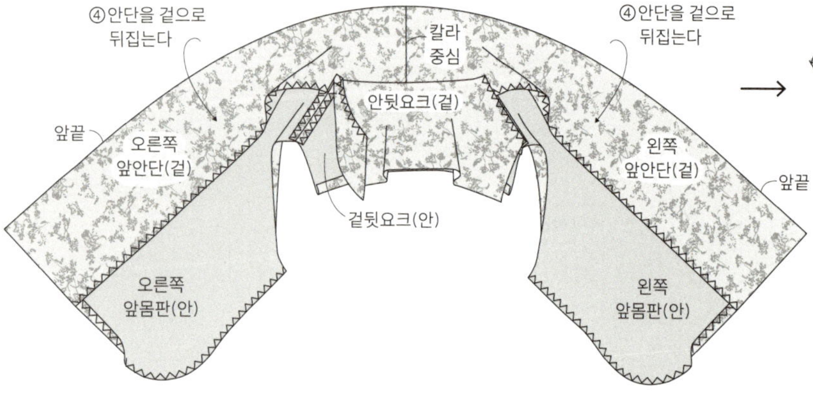

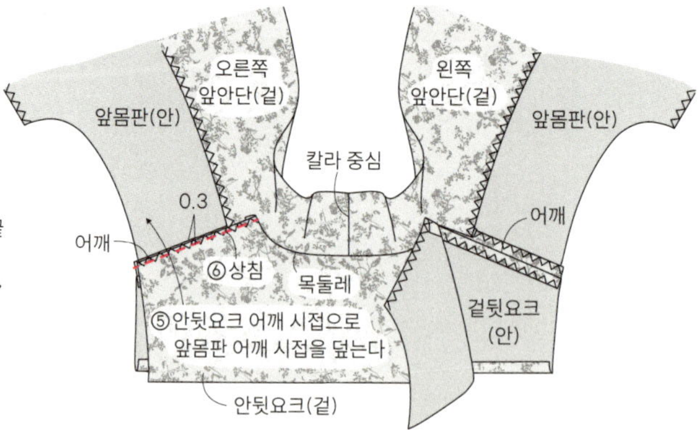

※앞몸판 겉에서 상침한다
※왼쪽 어깨도 ⑤~⑥과정과 같은 방법으로 만든다

4 뒷요크에 뒷몸판을 단다 (P.108 / 6-①~⑤ 참고)

5 몸판에 소매를 단다 (P.54 / 6-①~④ 참고)

6 몸판과 소매의 옆선을 한 번에 이어서 봉합한다

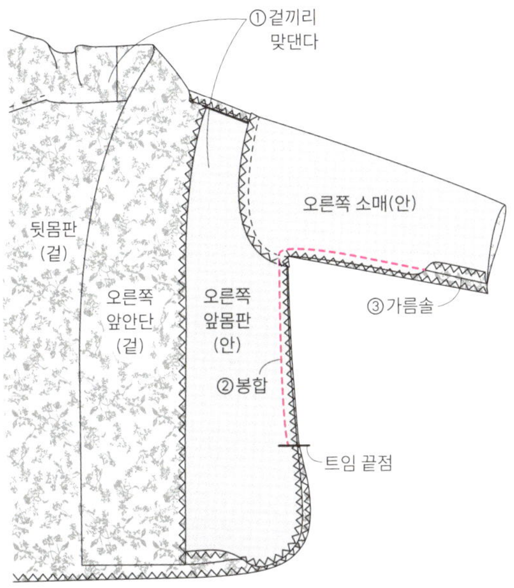

※왼쪽 옆선도 ①~③과정과 같은 방법으로 만든다

7 몸판과 소매의 밑단을 정리한다

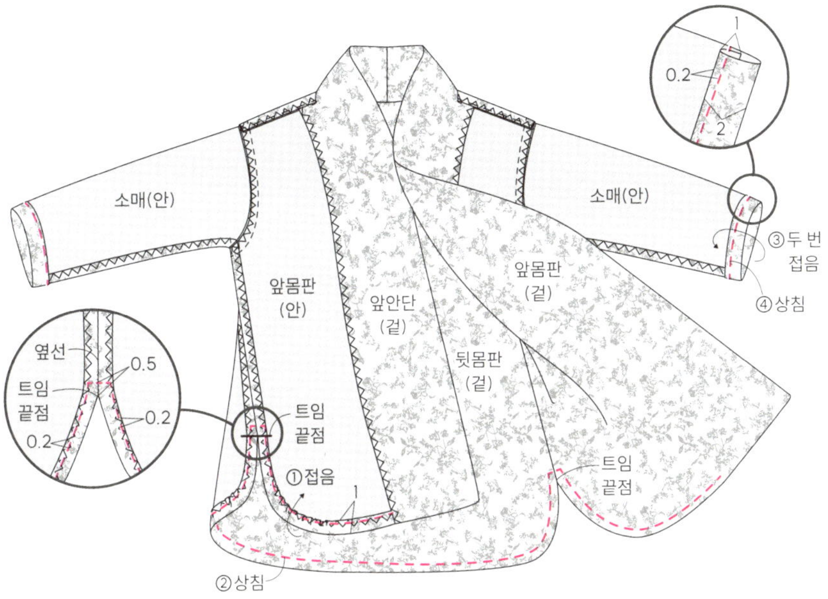

※몸판과 소매 겉에서 상침한다

8 실루프를 만들어 몸판에 달고, 끈감을 만들어 끼운다

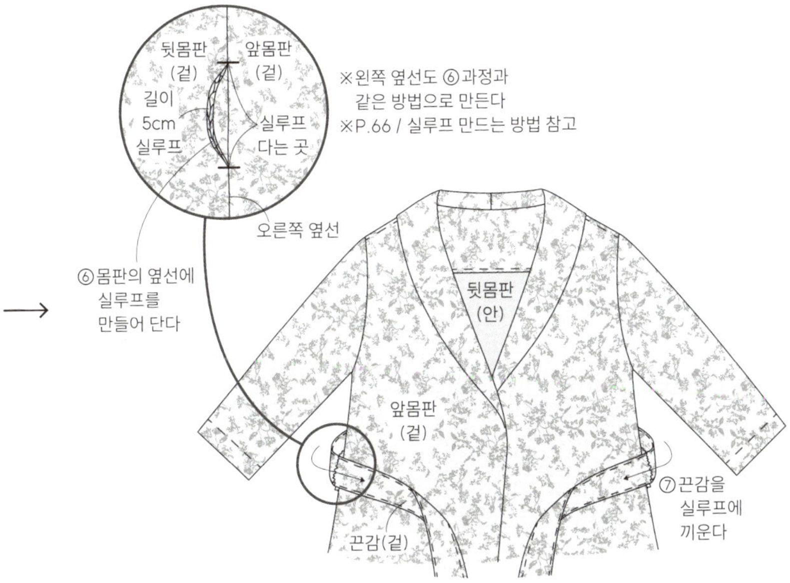

Finish

t

날개 팬츠 wing pants ... PHOTO > P.31

◈ 완성 사이즈(cm)

사이즈 분류	55 size	66 size	77 size	88 size
옷길이	105	107	109	111
엉덩이 둘레	161.5	166.5	171.5	176.5

◈ 재료

· 원단 요척과 재료의 양은 가장 큰 사이즈의 패턴을 기준으로 작성되어 있습니다.
다른 사이즈의 패턴을 제작할 경우, 약간의 차이가 있을 수 있습니다.
· 겉감(코튼 린넨 헤링본) … 108cm폭 x 360cm
· 소잉심지 … 54cm폭 x 135cm
· 1.15cm폭 T단추 … 2쌍

◈ 패턴

· 패턴 면수 … D면의 [t] 패턴을 사용합니다.
· 실물 패턴 … 앞팬츠(위), 앞팬츠(아래), 뒤팬츠(위), 뒤팬츠(아래), 앞허리벨트, 뒤허리벨트
· 참고 사항 … 1. 길이가 긴 패턴은 분리하여 수록하였습니다. 맞춤점에 맞춰 한 장으로 연결해주세요.
2. 벨트고리감, 끈감은 직접 제도하여 사용합니다. (재단배치도 참고)

◈ 만드는 순서

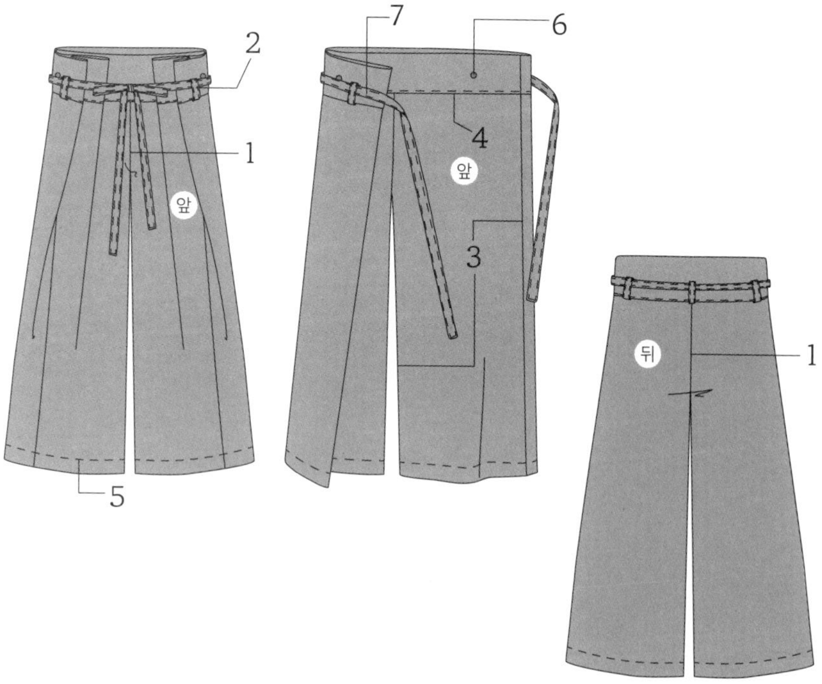

◈ 재단 배치도

· 지정 이외의 시접은 1cm
· [점선 박스] 부분에 소잉심지를 붙인다
· 〰 표시된 부분은 지그재그봉제 또는 오버록 처리한다
· 벨트고리감, 끈감은 직접 제도하여 사용한다

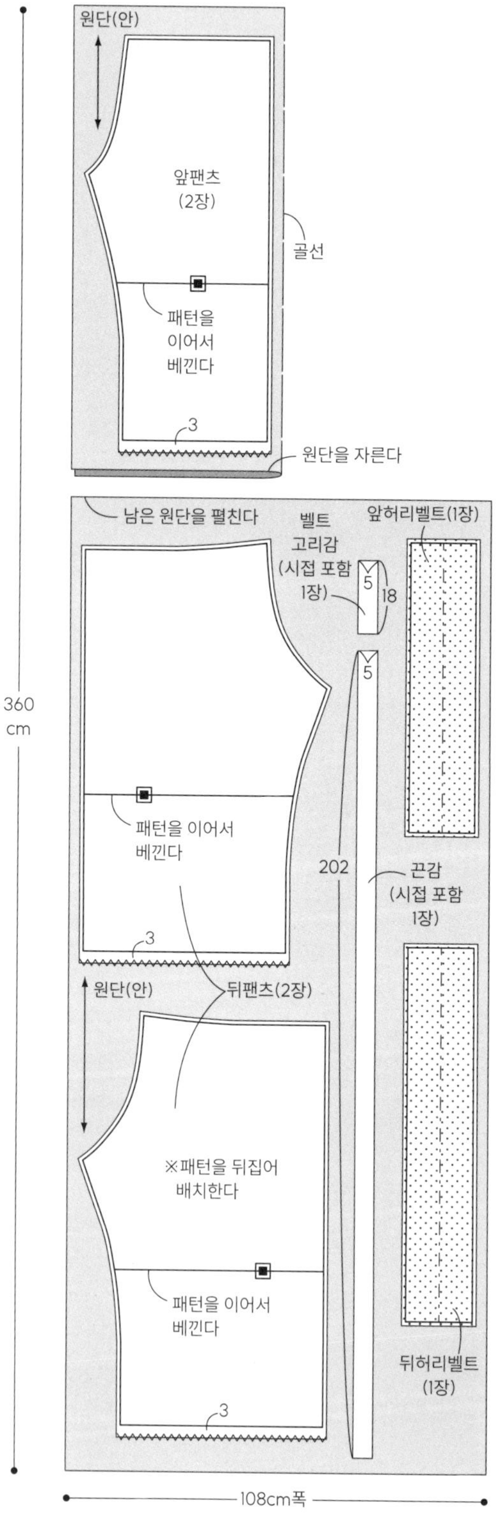

◈ 만드는 방법

· 치수가 기재되어 있지 않은 곳은 1cm로 봉합합니다.

1 팬츠의 밑위를 봉합한다 (P.119 / 2-①~④ 참고)

2 벨트고리감을 만들어 뒤팬츠에 단다

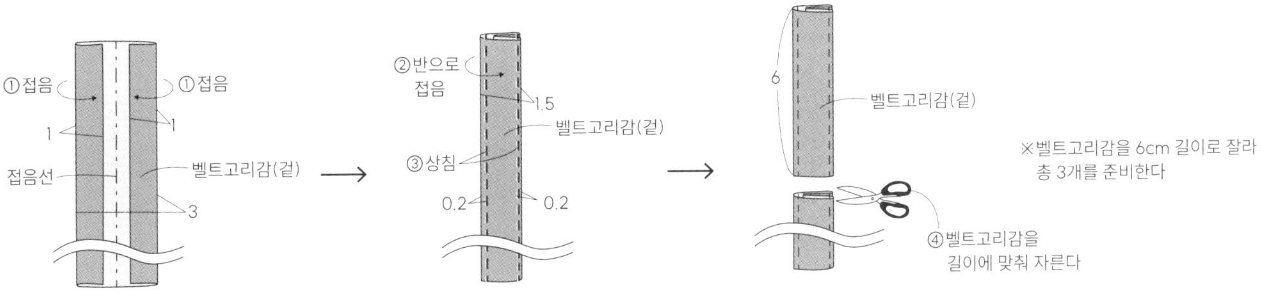

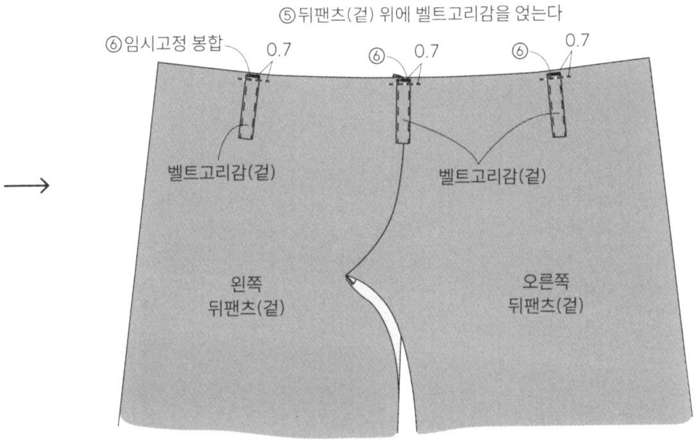

3 팬츠의 옆선과 밑아래 둘레를 봉합한다

(P.119 / 3-①~⑦ 참고)

4 허리벨트를 만들어 팬츠에 단다

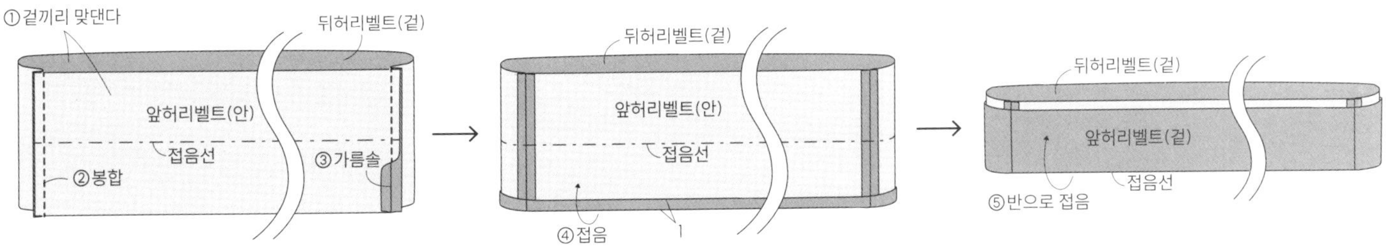

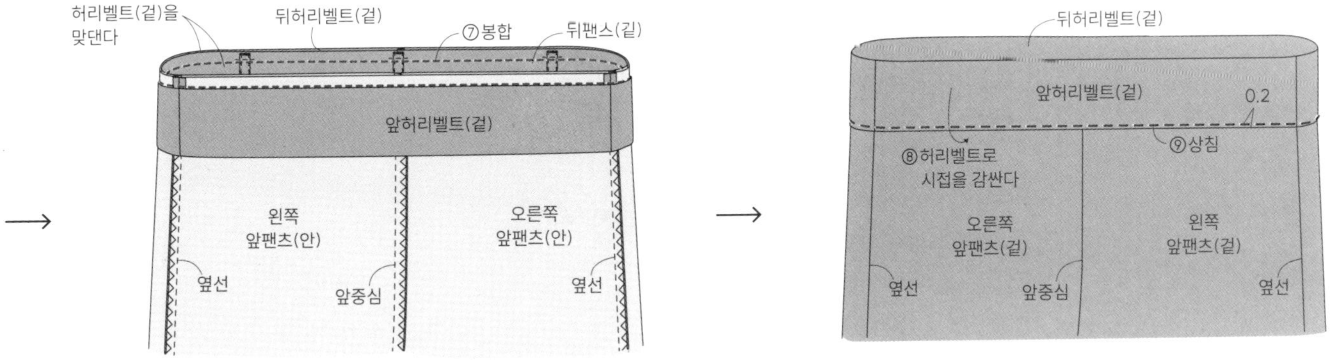

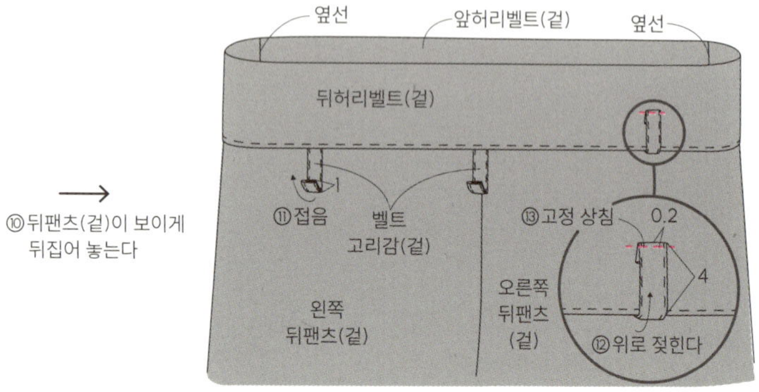

5 팬츠의 밑단을 정리한다

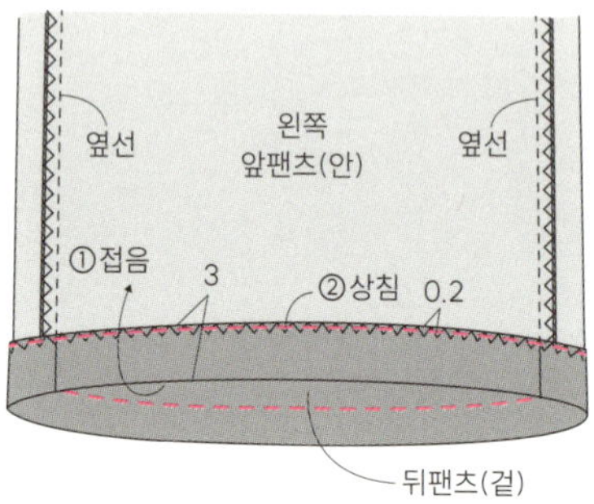

※팬츠 겉에서 상침한다
※오른쪽 팬츠도 ①~②과정과 같은 방법으로 만든다

6 허리벨트에 T단추를 단다

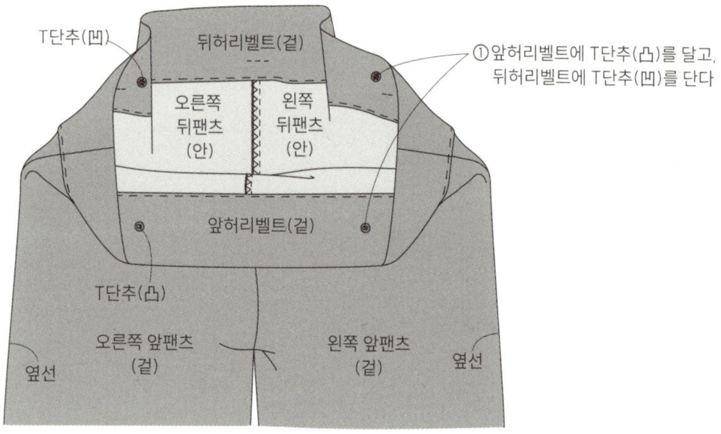

※P.127 / T단추 다는 방법 참고

7 끈감을 만들어 벨트고리감에 통과시킨다

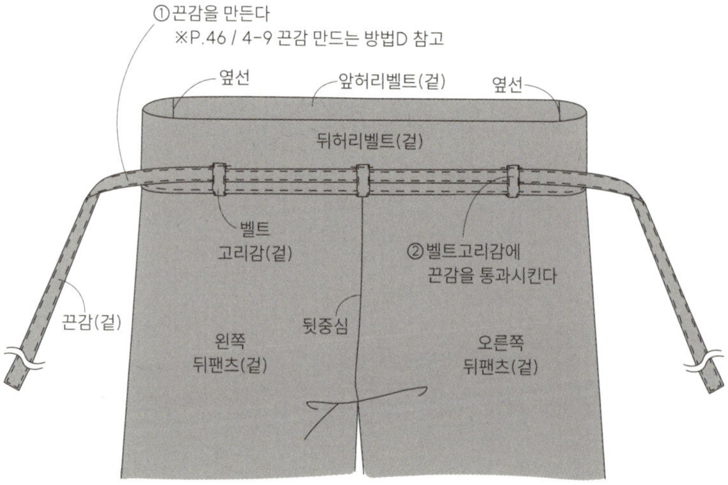

※P.127 / 날개 팬츠 착용하는 방법 참고

Finish

T단추 다는 방법

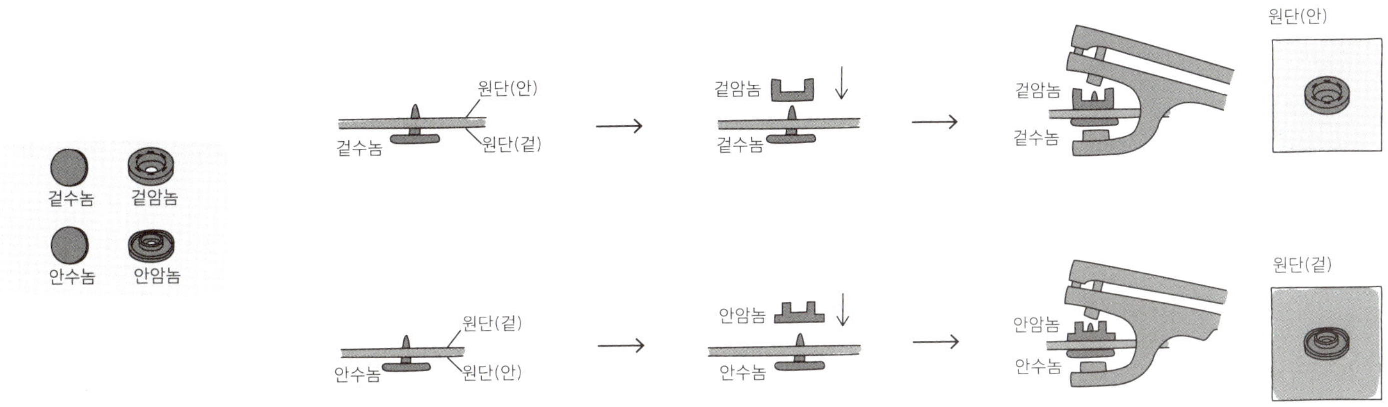

날개 팬츠 착용하는 방법

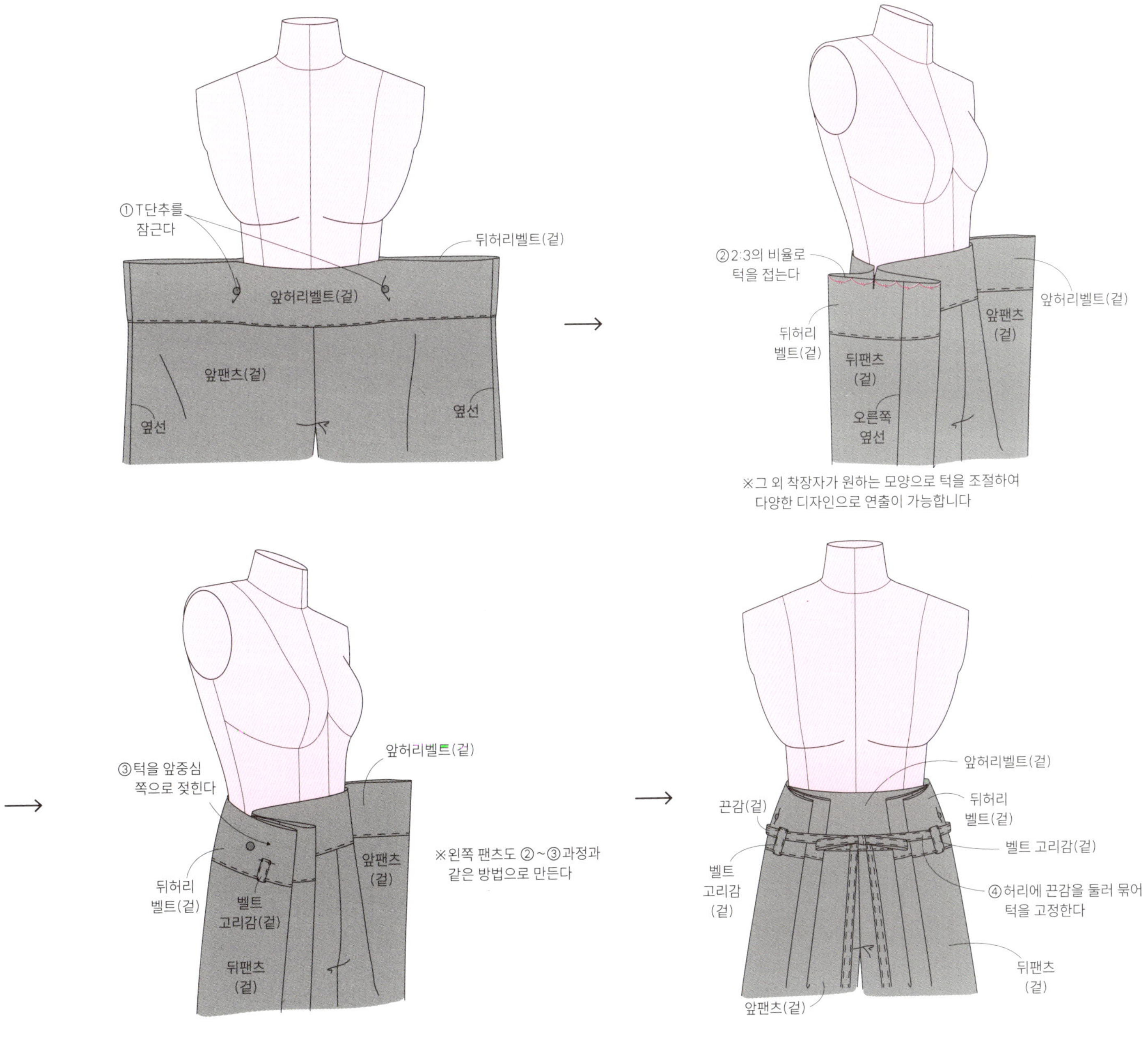

전 연 희 Jeon yeon hee

영어교사로 근무하면서 취미로 소잉을 시작했다. 이후 아시아머신소잉협회(AMSA) 정규 과정을 수료하고 소잉 마스터 자격증을 취득했다. 2011년 심플소잉 대리점을 오픈하면서 본격적으로 소잉교육을 시작하였고 2021년까지 심플소잉 울산 남구점을 운영하였다. 현재는 심플소잉 경주 용황점을 운영 중이며, AMSA 협회 이사와 경상 지역 지부장으로 활동 중이다.

[블 로 그] http://blog.naver.com/kiwi0023
[인스타그램] simplesewing_gyeongju
[연 락 처] 심플소잉 경주 용황점
경주시 용황로 14길 34
010-9778-5588

SEWING HARUE VOL.33

랩 스타일의 핸드메이드 레시피

초판 1쇄 인쇄 2023년 04월 21일
초판 1쇄 발행 2023년 05월 03일

발행인 정용효
저자 전연희
기획/제작 이슬희, 윤효인
감수 브라이언
편집디자인 추수연
일러스트 이슬희, 윤효인
패턴제작 소잉컨텐츠
패턴편집 이슬희

사진 Reina Ryu
모델 RIKE
촬영장소 33MANSION STUDIO
주얼리 협찬 MANANA
인쇄 상식문화

PRINTED IN KOREA
ISBN 979-11-88062-49-2
ISSN 2092-8769
판매가 19,000원

등록번호 제 2016-000002호
등록일자 2016년 01월 26일
발행처 주)핸디스 소잉스토리
광주광역시 북구 서암대로 133 (신안동), 3층
대표전화 062_513_8957
팩스 062_515_8827
문의전화 070_8893_9218

소잉스토리는
소잉D.I.Y 취미실용서를 출간합니다.
www.sewingstory.com

sewing harue 소잉 하루에

프로페셔널 기획과 짜임새 있는 완성도를 바탕으로 2009년 한국 최초의 소잉 D.I.Y 잡지로 창간된 "소잉 하루에" 시리즈는 현재는 단행본 형식으로 변경하여 매 시즌 트렌디한 아이템들로 기획, 매년 3회씩 발간하고 있습니다.

NEW BOOK

SEWING HARUE vol. 33

랩 스타일의 핸드메이드 레시피

20작품 수록 / 136쪽 / 정가 19,000원
실물크기 패턴 2매(4면) 20작품 수록

[랩 스타일의 핸드메이드 레시피] 는 컬러풀하고 감성적인 원단으로 다양한 랩 스타일 20작품을 담은 랩 스타일 전문 소잉 서적입니다. 이 서적의 핸드메이드 레시피를 통해서 나만의 감각적이고 활용도 높은 랩 스타일을 만들어보세요.

SEWING HARUE vol. 32

소잉으로 만드는 핸드메이드 스타일

20작품 수록 / 108쪽 / 정가 19,000원
실물크기 패턴 2매(4면) 20작품 수록

[소잉으로 만드는 핸드메이드 스타일] 에서는 빈티지 무드와 클래식한 브리티쉬 감성을 현대적으로 재해석하고 9가지 스타일로 매칭하여 20작품 수록하였습니다. 소잉과 잘 어울리는 클래식한 분위기를 나만의 스타일로 만들어보세요.

SEWING HARUE vol. 21 개정판

리넨으로 만드는 엄마와 딸의 커플룩 36

36작품 수록 / 136쪽 / 정가 19,000원
실물크기 패턴 2매(4면) 33작품 수록

[리넨으로 만드는 엄마와 딸의 커플룩 36] 에서는 주제를 가지고 데일리룩, 피크닉룩, 리빙룩, 커플 아이템 4가지 테마의 다양하고 실용적인 아이템들 을 한 권에 담았습니다. 아이와 함께 입을 수 있는 사랑스러운 리넨 커플룩을 만들어보세요!

SEWING HARUE vol. 31

디자이너 컬렉션 핸드메이드 여성복

20작품 수록 / 120쪽 / 정가 18,000원
실물크기 패턴 2매(4면) 20작품 수록

[디자이너 컬렉션 핸드메이드 여성복] 에서는 소잉 디자이너의 컬렉션을 컨셉으로 엔틱한 여성 의상을 20작품 수록하였습니다. 소잉 디자이너가 디자인하고 추천하는 여성복 디자인을 감상하시고 나만의 디자인 컬렉션을 만들어보세요.

SEWING HARUE vol. 30

에이프런과 원피스 그리고 리넨 handmade

20작품 수록 / 108쪽 / 정가 18,000원
실물크기 패턴 2매(4면) 20작품 수록

[에이프런과 원피스 그리고 리넨 handmade]에서는 다양한 에이프런을 한 권에 담았습니다. 여성 에이프런, 원피스 / 아동 에이프런, 원피스 총 20작품을 수록하였습니다. 나만의 감성 에이프런을 만나보세요.

SEWING HARUE vol. 29

우리 아이를 위한 특별한 핸드메이드 옷과 소품

23작품 수록 / 112쪽 / 정가 18,000원
실물크기 패턴 2매(4면) 22작품 수록

[우리 아이를 위한 특별한 핸드메이드 옷과 소품]에서는 사랑스러운 우리 아이를 위한 의상과 소품 총 23작품을 50~70사이즈, 80 ~130 사이즈로 알차게 담았습니다. 마음과 정성을 다해 세상에 단 하나뿐인 작품을 만들어 선물해 보세요.

SEWING HARUE vol. 28

직접 만들어 입고 싶은 COUPLE LOOK 20

20작품 수록 / 108쪽 / 정가 18,000원
실물크기 패턴 2매(4면) 20작품 수록

[직접 만들어 입고 싶은 COUPLE LOOK 20]에서는 사랑하는 사람과 함께 즐길 수 있는 커플 룩을 주제로 남/여 의상 20작품을 10가지 커플 룩으로 수록했습니다. 사랑하는 사람과 함께 세상에 단 하나뿐인 커플 패션을 즐겨보세요.

SEWING HARUE vol. 27

Daily lady's closet 사계절 핸드메이드 여성복

20작품 수록 / 120쪽 / 정가 18,000원
실물크기 패턴 2매(4면) 20작품 수록

[Daily lady's closet 사계절 핸드메이드 여성복]에서는 일 년 내내 다양하게 레이어드하여 즐길 수 있는 여성복 상의, 원피스, 하의, 아우터, 소품 총 20작품을 수록했습니다. 간편하면서도 감각적인 데일리 룩을 만나보세요.

SEWING HARUE vol. 26

네 가지 스타일의 핸드메이드 여성복

32작품 수록 / 152쪽 / 정가 18,000원
실물크기 패턴 2매(4면) 32작품 수록

[네 가지 스타일의 핸드메이드 여성복]에서는 네 작가들의 각각의 취향과 마음을 담은 작품들을 소개합니다. 작가별로 8작품씩, 총 32작품을 수록하고 있어 다양한 스타일의 아이템을 한 권으로 만날 수 있습니다. 나의 취향을 발견해 보세요.

SEWING HARUE vol. 25

편안하고 특별한 핸드메이드 여성복

31작품 수록 / 144쪽 / 정가 18,000원
실물크기 패턴 2매(4면) 31작품 수록

[편안하고 특별한 핸드메이드 여성복]에서는 나의 일상을 채워 줄 다양한 스타일의 여성복을 소개합니다. 베스트, 티셔츠, 블라우스, 셔츠, 자켓, 하의 총 6가지 테마의 작품 31종을 수록 하였습니다. 일상 속 소잉의 즐거움을 느껴보세요.

SEWING HARUE vol. 24

깔끔한 실루엣의 원피스 만들기 25

25작품 수록 / 128쪽 / 정가 16,000원
실물크기 패턴 2매(4면) 25작품 수록

[깔끔한 실루엣의 원피스 만들기 25]에서는 기본 원피스, 주름 원피스, 프린세스 원피스, 랩 원피스, 셔츠 원피스, 소품 총 6가지 테마의 원피스와 소품 25작품을 한 권에 담았습니다. 아름다운 실루엣이 가득한 원피스 작품들을 만들어보세요.

여러 구매처 및
온/오프라인 서점에서
다양한 <소잉 하루에>
시리즈를 만나 보세요!

패션스타트

심플소잉

퀼트스타

패턴인
스마트스토어

SEWING STORY

핸디스 소잉스토리 출판사는 소잉 D.I.Y 전문 출판사입니다. 개발 단행본 시리즈 인 소잉 하루에, 그리고 일본에서 인기 있는 소잉 서적을 번역하여 출간합니다. 소잉스토리 홈페이지에서 더 많은 출간서적을 확인해보세요.

소잉하는 사람의 마음과 손으로 짓는 책, 소잉스토리의 안목으로 선정한 번역서들을 만나보세요.

PET PATTERN BOOK 사계절 강아지 옷 패턴북

26작품 수록 / 96쪽 / 정가 19,500원
실물크기 패턴 3매(6면) 25작품 수록

[PET PATTERN BOOK 사계절 강아지 옷 패턴북]에서는 귀여운 강아지들을 위한 다양한 디자인의 의상과 소품을 한 권에 담았습니다. 나의 소중한 반려견에게 직접 만든 건강한 옷으로 행복을 선물해 보세요!!

오늘도 내일도 핸드메이드 원피스

21작품 수록 / 88쪽 / 정가 18,000원
실물크기 패턴 2매(4면) 16작품 수록

[오늘도 내일도 핸드메이드 원피스]에서는 심플하고 밝은 느낌의 다양한 여성 원피스로 구성되어 있습니다. 나만의 감성을 자극하는 원피스로 사랑스러운 느낌을 연출해 보세요.

내가 만들어 입는 코디네이트 룩

26작품 수록 / 88쪽 / 정가 18,000원
실물크기 패턴 2매(4면) 26작품 수록

[내가 만들어 입는 코디네이트 룩]에서는 셋업 스타일을 주제로 총 6가지 코디를 구성하여 다양한 디자인의 여성복 아이템들을 한 권에 담았습니다. 심플하고 멋스러운 셋업 스타일을 즐겨보세요.

리넨으로 만드는 에이프런과 소품 36

36작품 수록 / 88쪽 / 정가 18,000원
실물크기 패턴 1매(2면) 36작품 수록

[리넨으로 만드는 에이프런과 소품 36]에서는 다양한 디자인의 여성 에이프런과 여성복, 커플로 코디할 수 있는 남성용, 아동용 에이프런과 소품을 한 권에 담았습니다. 나와 사랑하는 사람들을 위한 에이프런을 지금 만들어 보세요.

즐겨 입는 핸드메이드 여성복 35

35작품 수록 / 88쪽 / 정가 18,000원
실물크기 패턴 1매(2면) 28작품 수록

[즐겨 입는 핸드메이드 여성복 35]에서는 다양한 형태의 여성복을 소개합니다. 또한 나만의 코디를 돋보이게 해줄 가방과 브로치 등 소품들을 함께 담았습니다. 나만의 감성, 취향을 한껏 담은 핸드메이드 패션을 즐겨보세요.

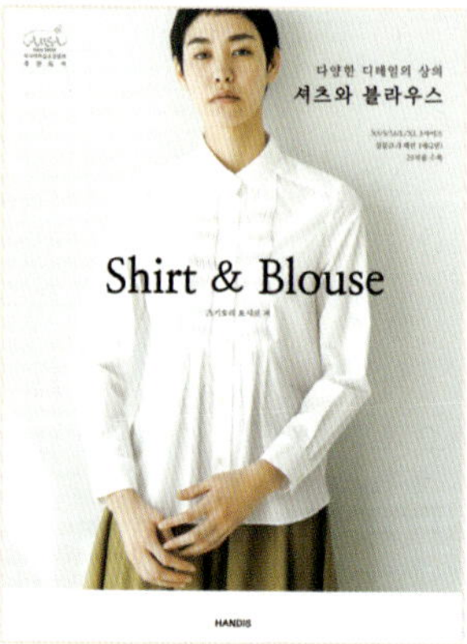

다양한 디테일의 상의 셔츠와 블라우스

25작품 수록 / 96쪽 / 정가 16,000원
실물크기 패턴 1매(2면) 25작품 수록

[다양한 디테일의 상의 셔츠와 블라우스]에서는 다양한 디테일이 담긴 여성 상의들을 소개합니다. 소매의 형태부터 밑단 처리, 핀턱 장식 등 소잉에 유용한 디테일이 담긴 작품이 25종 수록되어 있습니다. 내가 원하는 디테일을 골라 만들어보세요.

여러 구매처 및 온/오프라인 서점에서
다양한 소잉스토리 서적들을 만나 보세요!

패션스타트 / 심플소잉 / 퀼트스타 / 패턴인 스마트스토어

<2022년 제13회 전시회> 주제-소잉 콘서트

<2021년 제12회 전시회> 주제-나가다 만나다

<2020년 제11회 전시회>
주제-SEWING WITH MOVIES

민간자격 등록번호 2017-004750

사단법인 AMSA 아시아머신소잉협회

아시아머신소잉협회(AMSA : ASIA MACHINE SEWING ASSOCIATION)는 소잉전문영역에서 가장 높은 교육수준을 유지하여 작가와 강사를 양성하고, 그 강사들이 모여 구성된 명실공히 국내 최대의 협회입니다.
AMSA는 능률적이고 안정적인 소잉을 구현할 수 있는 소잉기술을 바탕으로 교육 프로그램, 교재를 마련하고 이들의 품질을 계속적으로 개선하고 감독합니다.
또 강사에게 자격을 부여하고 AMSA 교육을 전파하기 위한 지원 서비스를 합니다.

소잉마이스터강사 320명	90개의 대리점과 공방
매년 2,400명 취미반 양성	강사준비 500명 진행중

AMSA 강사 교육과정

AMSA 소잉아트 디자이너와 소잉마이스터 과정

1 취미반 수강(2~6개월)
2 AMSA 정규과정 수강(6~15개월)
3 정규과정 포트폴리오 등록
4 포트폴리오 및 실물 심사
5 정규과정 인증시험 합격
6 소잉아트 디자이너 자격 취득
7 MSET 수료 또는 소잉 관련학과 졸업과 심사
8 소잉마이스터 자격 취득
9 정규과정 교육운영(강사용 교재 수령)

AMSA 소잉아틀리에 과정

1 취미반 수강(2~6개월)
2 AMSA 소잉아틀리에과정 수강(6~12개월)
3 소잉아틀리에 포트폴리오 등록
4 포트폴리오 심사 합격
5 소잉아틀리에 강사 회원 등록
6 소잉아틀리에 교육운영(강사용 교재 수령)

※AMSA협회원 자격은 관리 규정에 따라 매년 갱신됩니다.

협회원 누적 15,000명이 먼저 경험한 검증된 정규 운영 과정입니다.
취미반부터 소잉 지도강사 자격증까지 쭉 경험해 보세요.

여러분도 창업이 가능한 소잉강사가 될 수 있습니다.
지금 바로 문의하세요~

AMSA 사무국 전화번호 070.8281.8958 팩스 062.522.8827 이메일 amsa2009@naver.com 홈페이지 amsa.or.kr
사무국 주소 - 광주광역시 북구 서암대로 133, 3층 교육장 주소 - 대전광역시 서구 탄방동 768, 5층 501호

AMSA From KMSA